Schuhe sind nicht bloß ein Teil der Kleidung wie Jacke und Hose, Hemd und Halstuch, sondern ein Stück unserer Identität, Abbild unserer Persönlichkeit, Spiegel unserer Träume und Sehnsüchte. Keine Frage, daß der Schuh auch ein erotischer Gegenstand ist, Symbol und Stimulanz zu gleichen Teilen: »Schicke mir mit nächster Gelegenheit deine letzten, neuen, schon durchgetanzten Schuhe, von denen Du mir schreibst, daß ich nur wieder etwas von Dir habe und an mein Herz drücken kann«, bettelte Johann Wolfgang Goethe, als seine Christiane im Sommer 1803 allein zur Kur nach Lauchstädt gefahren war. Schuhe und Stiefel, Galoschen und Pantoffeln in Literatur und Kunst, Film und Philosophie: das ist ein Thema für sich in allen Varianten, und es reicht vom *Gestiefelten Kater* über Chaplins *Goldrausch* bis zu Arthur Millers *Zeitkurven*. Vom *Robinson Crusoe* über das *Aschenputtel* bis zu Peter Handkes *Schuhputzer von Split*, von der *Frommen Helene* über Heines *Traum* bis zu Aigremonts *Schuh-Symbolik und -Erotik*.

Schuhe geben uns Wärme und Geborgenheit, Schutz und Selbstgefühl, Sicherheit und den Halt, den wir brauchen, wenn die Dinge oder die Menschen um uns ins Schwanken geraten. »Der Schuh weiß, wo der Strumpf Löcher hat«, flüstert ein Sprichwort. In Wahrheit weiß er alles von uns.

Franz Josef Görtz ist Redakteur des *Frankfurter Allgemeine Magazins*.

insel taschenbuch 1699
Stiefelknechte und Pantoffelhelden

Stiefelknechte und Pantoffelhelden

Poetisches Schuhwerk

Herausgegeben von Franz Josef Görtz

Mit zahlreichen Abbildungen

Insel Verlag

insel taschenbuch 1699
Erste Auflage 1995
Originalausgabe

Text- und Bildnachweise am Schluß des Bandes
Vertrieb durch den Suhrkamp Taschenbuch Verlag
Umschlag nach Entwürfen von Willy Fleckhaus
Satz: Hümmer, Waldbüttelbrunn
Druck: Nomos Verlagsgesellschaft, Baden-Baden
Printed in Germany

1 2 3 4 5 6 – 00 99 98 97 96 95

Vorwort

Die Beute war lächerlich: ein Haufen ausgelatschter Stiefel. Schlaftrunken hatten deren Besitzer hastig zu Hemd und Hose, Helm und Flinte gegriffen – und waren Hals über Kopf durch den Wüstensand davongestolpert. So verloren die Ägypter den Sinai-Krieg und die Soldaten mit dem in panischer Eile zurückgelassenen Schuhwerk ihr Gesicht. Denn barfuß, daran ließen die von den Siegern in alle Welt verschickten Bilder aus El-Arisch und Bir Hasana keinen Zweifel, waren diese Krieger eine Schande für ihr Volk.

Wer sich noch an die Belagerung von Dortmund im Jahre 1532 erinnert, wird wissen, daß diese Niederlage nicht minder peinlich ausfiel. Damals zog das Militär, weil die Mode das so wollte, mit überlangen Schnabelschuhen gegen den Feind, in der Gewißheit natürlich, daß eine ordentliche Bataille gemessenen Schritts allemal zum Sieg führen werde. Die schiere Hoffart, wie sich rasch erwies. Um nicht furchtbare Prügel zu beziehen, haben die eitlen Belagerer vor der unerwarteten Übermacht der Westfalen schließlich Reißaus genommen – und ihren Stolz, die wunderschönen, aber sperrigen Schnäbel, mit der Klinge einfach abgeschlagen wie morsche Äste. Schon in der Schlacht vor Sempach, anno 1386, sei es den österreichischen Rittern im Handgemenge mit den trutzigen Schweizer Bauern genauso ergangen, berichtet das Volkslied. Für die im Felde verbliebenen eisernen Fußspitzen, die abgeschnittene Ehre der Rittersleute, habe ein vierrädriger Karren gerade ausgereicht.

Eine denkwürdige Geschichte erzählt man sich auch vom Grafen Schlabrendorf. Der hatte in Frankfurt an der Oder und in Halle die Rechte studiert, danach einige Zeit in Leipzig und Göttingen verbracht und schließlich im Mai des Jahres 1789 in der französischen Hauptstadt Station gemacht. Der

Postillion fuhr ihn zum Hotel des Deux Siciles in der Rue de Richelieu, wo Schlabrendorf ein winziges Appartement im zweiten Stock bezog. Es blieb seine Wohnung bis zuletzt: viele Jahre lang ein geheimer Mittelpunkt der Stadt, eine Wallfahrtsstätte für deutsche Dichter wie für deutsche Offiziere. Gustav von Schlabrendorf galt als Kauz, als ein ebenso eigensinniger wie eigenwilliger Zeitgenosse, der auf den ersten Blick ziemlich umständlich wirkte und sich allemal, und zu seinem Glück, als Pedant erwies. Dafür steht die Legende von seiner wundersamen Rettung vor der Guillotine, in den Wirren der Revolution. Weil er seine Stiefel nicht finden konnte und barfüßig den Gang zum Schafott nicht antreten mochte, bat er um einen Tag Aufschub. Am nächsten Morgen war er gerüstet. Allein, auf den Henker wartete er vergebens. Man hatte einfach vergessen, ihn abermals auf die Liste zu setzen.

Wenn die Seele des Soldaten (und der martialische Teil seiner Männlichkeit) im Stiefel sitzt, wie die alten Troupiers zu schwadronieren pflegen, zählt der barfüßige Legionär weniger als ein Mensch und allenfalls so viel wie ein ausgewachsener Affe. Der Mensch nämlich beginnt beim Schuh. Die Fußbekleidung ist es, die ihn vom Tier unterscheidet. Hat man nicht schon Schimpansen in Weste und Hose, mit Fliege und Zylinderhut öffentlich auftreten sehen, augenzwinkernd und grimassierend wie ein Straßenbengel, mit der Zigarette in der Hand oder sogar im Mundwinkel, und dazu die wildesten Tänze aufführen? Das ist, mit Georg Büchner zu reden, Viehsionomik. Es fehlen die Schuhe. Obwohl sie den Affen alsbald zu Fall brächten, weil er naturgemäß nicht wie unsereiner aufzutreten vermag, sondern immer noch wie ein Baumbewohner, wie ein Klettertier, das sich auf dem Erdboden bewegt, als sei er unsicheres Terrain.

Solange nur die Götter Schuhe tragen durften, hielten die

Menschen den Blick gesenkt und den Rücken gebeugt, aus Furcht vor Wurzeln, spitzen Steinen und gefährlichem Getier. Dann banden sie sich Baumrinde unter die Sohlen und versuchten den aufrechten Gang. So wurden sie beweglich, ließen ihrer Neugierde freien Lauf und machten sich die Erde ebenso untertan wie den Mond: in Schuhen.

»Ein Kleidungsstück, das einem die Hoden einzwängt«, erklärt uns der Schriftsteller Umberto Eco, »läßt einen anders denken. Die Frauen, wenn sie ihre Regel haben, die Kranken, die an Hämorrhoiden, Orchitis, Urethritis, Prostatitis und dergleichen leiden, kennen den Einfluß, den Kompressionen oder Interferenzen in der Lendenregion auf die Stimmungslage und die geistige Regsamkeit haben. Aber dasselbe gilt (vielleicht in geringerem Maße) auch für den Hals, den Rücken, den Kopf, die Füße. Eine Menschheit, die in Schuhen herumzulaufen gelernt hat, hat ihr Denken anders orientiert, als sie es getan hätte, wenn sie barfuß geblieben wäre. Traurig zu denken, besonders für Philosophen der idealistischen Richtung, daß der Geist seinen Ursprung in solchen Konditionierungen haben soll.«[1]

Was sind wir denn, wie fühlen wir uns denn ohne Schuhe? Es sind die stillsten Stunden und die einsamsten, aber auch die intimsten, die wir barfuß verbringen: in der Sauna, im Bad, unter der Dusche oder im Bett. Für alles andere gibt es Hausschuhe, Straßenschuhe, Arbeitsschuhe, Wanderschuhe, Sportschuhe und Tanzschuhe, dazu Stiefel für die Gartenarbeit und den Verteidigungsfall, als Bekleidungsstück oder, nach Bedarf, als Fetisch. Schuhe geben uns Wärme und Geborgenheit, Schutz und Selbstgefühl, Sicherheit und den Halt, den wir brauchen, wenn die Dinge oder die Menschen um uns ins Schwanken geraten. In festen Schuhen ist niemand einsam, belehrt uns Robinson Crusoe. Dann erschrickt er: vor dem Abdruck, den ein nackter Fuß hinterlassen hat.

Noch einmal zurück in die Vorzeit? Das wäre das Schlimmste.

Der Äthiopier Bikile Abebe gewann 1960 bei den Olympischen Spielen in Rom den Marathonlauf mit blanken Füßen. Das war eine Sensation und hat die Manager der Sportschuh-Fabriken in Herzogenaurach und anderswo mächtig verstört. Denn längst waren superleichte Rennschuhe aus weichem Känguruh-Leder im internationalen Handel und gehörten, seit Jesse Owens 1936 in Berlin damit als erster im Ziel anlangte, zur obligatorischen Ausrüstung der Sprinter ebenso wie der Langstreckenläufer. Keine Frage, daß Abebe in Tokio, vier Jahre später, abermals an den Start ging und, weil er unbedingt siegen wollte, lieber Schuhe anzog. So gehe es ihm besser, soll er erklärt haben. Obwohl die Fußsohlen, wie sonst nur Achselhöhlen und Stirn im Übermaß mit Schweißdrüsen ausgestattet, während eines Marathonlaufs annähernd dreihundert Gramm Feuchtigkeit ausscheiden.

Pfarrer Kneipp hätte mißbilligend den Kopf geschüttelt: »Erwachsene Leute der ärmeren Klassen, insbesondere auf dem Lande, brauche ich nicht zu ermahnen; dieselben gehen viel barfuß und beneiden nicht den reichsten Städter um seine vornehmen, ausgeschnittenen oder nicht ausgeschnittenen, lackierten oder geschnürten Fußfoltern, die pressenden und die Füße fesselnden Schuhe und Strümpfe. Törichte Landleute mit städtischen Manieren, die sich schämen, es den Ihren gleichzutun, sind durch ihren Eigendünkel gestraft genug; die altmodischen Konservativen sollen an der guten Tradition treu festhalten.«[2] Recht hatte er, muß sagen, wer die Schuhmoden der vergangenen zweitausend Jahre Revue passieren läßt und die Annoncen studiert, mit denen man noch im vergangenen Jahrhundert für Pasten, Salben und Tinkturen zur Milderung allfälligen Fußwehs zu werben pflegte. Da gab es feine Herrschaften, die ihre neuen, maßgefertigten Treter dem Kammerdiener aufnötigten, bis das Leder weich und schmiegsam genug schien. Und vornehme Damen, die Blasen und zerdrückte Zehen nicht scheuten, wenn sie Platz in den Schuhen fanden, die eigentlich viel zu klein für ihre Füße waren.

Wer über Johnny Mokes lacklederne Springerstiefel oder Vivienne Westwoods Rocking Horses die Nase rümpft, ahnt nichts von den grotesken Seitensprüngen, mit denen die Schuhmacher aller Zeiten der geschätzten Kundschaft auf den Fersen zu bleiben trachteten. Die abenteuerlichste Erfindung in der wechselvollen Geschichte dieses Kunsthandwerks stammt aus Venedig und war ausschließlich Damen zugedacht, den echten wie den falschen gleichermaßen. Um trockenen Fußes durch die Gassen flanieren zu können, schnallten sie sich gegen Ende des fünfzehnten Jahrhunderts Sockelschuhe unter, die sie Zoccoli nannten und auf denen sie daherstolzierten wie auf Stelzen. Die Geistlichkeit übrigens geizte nicht mit Beifall: Sie hoffte, auf diese Weise endlich der epidemischen Tanzwut Einhalt zu gebieten. Das gelang tatsächlich, doch profitierten davon vor allem die Dirnen – die sich, glaubt man zeitgenössischen Berichten, auf den Zoccoli zu den tollkühnsten Verrenkungen, Verbiegungen und Verbeugungen aufgeschwungen haben sollen.

In Frankreich machten die Zoccoli als Chopinen Furore, in England waren sie lange Zeit unter der Bezeichnung Patte geläufig. An der Kirche von Hawkesbury in der Grafschaft Gloucestershire mahnt, wenn der Küster nicht gestorben ist, immer noch ein Hinweis: »Personen, die diese Kirche betreten, mögen bitte ihre Hunde daheimlassen, und Frauen mögen die Kirche nicht in ihren Patten betreten.« Die ersten Modelle bestanden aus einem zurechtgedrechselten Holzblock, einem Unterschuh gleichsam, in den der Lederschuh schlüpfte, bevor sein Träger sich auf die morastigen Wege und

Straßen wagte. Später wurden die Holzblöcke durch Eisenringe ersetzt, deren Geklapper noch in der englischen Literatur des neunzehnten Jahrhunderts deutlich zu vernehmen ist.

Schuhe sind nicht bloß Teil der Kleidung wie Jacke und Hose, Hemd und Halstuch, sondern ein Stück unserer Identität, Abbild unserer Persönlichkeit, Spiegel unserer Träume und Sehnsüchte, Ängste und Enttäuschungen. »Der Schuh weiß, wo der Strumpf Löcher hat«, flüstert ein Sprichwort. In Wahrheit weiß er alles von uns. Zeige mir deine Schuhe, und ich sage dir, wer du sein willst: »Als ich die Blicke auf meinen Schuhen weilen ließ, war es, als hätte ich einen guten Bekannten getroffen oder einen losgerissenen Teil meiner selbst zurückerhalten. Ein Gefühl des Wiedererkennens durchzittert meine Sinne, die Tränen kommen mir in die Augen, und ich empfinde meine Schuhe wie einen leise sausenden Ton, der auf mich eindringt.« Das ist in Knut Hamsuns Roman *Hunger* aus dem Jahre 1890 nachzulesen und findet folgende Fortsetzung: »Als ob ich nie meine Schuhe gesehen hätte, beschäftige ich mich jetzt damit, ihr Aussehen zu studieren, ihre Mimik, wenn ich den Fuß bewege, ihre Form und die abgenützten Oberteile, und ich entdecke, daß die Falten und weißen Nähte ihnen Ausdruck verleihen, ihnen Physiognomie geben. Es war etwas von meinem eigenen Wesen in die Schuhe übergegangen, sie wirkten auf mich wie ein Hauch, gegen mein Ich, ein atmender Teil meiner selbst.«[3]

Wer in Chopinen auftrat, wollte als Dame von Stand gelten. Die Herren trugen Schnabelschuhe und gaben ihrem Rang durch die Länge der Fußspitzen Ausdruck: Sechzig Zentimeter waren dem Adel und dreißig dem Bürger zugestanden, das einfache Volk beschied sich an Sonn- und Feiertagen mit albernen fünfzehn. Werktags ging man in Holzschuhen seiner Arbeit nach, in deutschen Landen nicht anders als in Frankreich, wo solch derbe Schuhe Sabots hießen. Aufständische Bauern sollen ihren Fürsten und Grafen darin wiederholt die Ernte zertreten haben – weshalb diese gern von Sabotage sprachen.

Die distinguierten Schnabelschuhe, kein Zweifel, waren von anderer Art, und darum tat der Klerus sich auch so schwer damit. »Der lange spitze Schnabel war eindeutig phallisch, besonders wenn er mit Roßhaar ausgepolstert und hochgebogen war«, plaudert Colin McDowell in seinem Standardwerk zur Phänomenologie der Fußbekleidung. »Ein junger Lebemann konnte schon Vergnügen daran finden, seinen Fuß unter den Rock einer Frau gleiten zu lassen, die ihm bei Tisch gegenüber saß, oder anzüglich mit der Fußspitze zu wackeln, wenn er mit seinen Freunden an einer Straßenecke stand und ein junges Mädchen vorüberkam.«[4] Aber wehe, die jungen Damen wackelten selber mit der großen Zehe an der männlichen Eitelkeit. Das wäre dann, entnehmen wir Martin Walsers Roman *Jagd*, buchstäblich der Gipfel.[5]

Schuhe und Stiefel, Galoschen und Pantoffeln in Literatur und Kunst, Film und Philosophie: Das ist ein Thema für sich und reicht vom *Gestiefelten Kater* über Chaplins *Goldrausch* bis zu Heideggers *Holzwegen*, in denen ausdauernd über van Goghs Bauernschuhe nachgedacht wird: »Aus der dunklen Öffnung des ausgetretenen Inwendigen des Schuhzeugs starrt die Mühsal der Arbeitsschritte. In der derb-gediegenen Schwere des Schuhzeugs ist aufgestaut die Zähigkeit des langsamen Ganges durch die weithin gestreckten und immer gleichen Furchen des Ackers, über dem ein rauher Wind steht. Auf dem Leder liegt das Feuchte und Satte des Bodens. Unter den Sohlen schiebt sich hin die Einsamkeit des Feldweges durch den sinkenden Abend.«[6]

Soweit der Philosoph. Im richtigen Leben sind die Zeichen, die sich mit Schuhen setzen lassen, oft deutlich drastischer. Anders als die ordinären Straßendirnen, die sich im antiken Griechenland auf den Marktplätzen anboten und an den Tischen der Wechsler ihre festen Quartiere hatten, trieben es die Hetären, wenn sie nach zahlenden Gästen Ausschau hielten. Mit Hilfe von Nägeln oder winzigen Kerben unter ihren Sandalen drückten sie unmißverständliche Botschaften in den Sand: »Folge mir« steht zum Beispiel auf dem Frauenschuh, den es im Pariser Louvre zu besichtigen gibt und der als Grabbeigabe gedacht war. Nicht einmal in der Unterwelt, so darf man daraus schließen, haben die Hellenen also auf die Annehmlichkeiten des Alltags verzichten müssen.

Keine Frage, daß der Schuh ein erotischer Gegenstand ist, Symbol und Stimulans zu gleichen Teilen und von allem Anfang an. »Durch den Absatz am Schuh wird die gesamte Körperhaltung verändert«, entnehmen wir der *Illustrierten Sittengeschichte* von Eduard Fuchs, »der Bauch geht hinein, die Brust geht heraus. Um das Gleichgewicht zu erhalten, muß der Rücken eingezogen werden, dadurch markiert sich aber ganz von selbst das Becken, seine bevorzugte Schwellung wird auffälliger; weil die Knie durchgedrückt werden müssen, wird die gesamte Haltung gleichzeitig jugendlicher und unternehmender, der vorgedrängte Busen erscheint strotzender; ebenso wird die Linie der Schenkel straffer und dadurch deren Formen plastischer und klarer. Dem ist noch hinzuzusetzen: Alle diese Reize erscheinen im Zustand der Aktivität. Weil aber diese Aktivität bei mehreren dieser Reize, so vor allem beim Busen, in erster Linie mit der Geschlechtsbetätigung zusammenhängt, so ist ihre Wirkung auf die Sinne in diesem Zustand am provozierendsten.«[7]

Wer es nicht glaubt, studiere die Werke der Literatur und beginne in der Antike, zum Beispiel mit den Schelmenstükken des Aristophanes. Denn die Dichter haben es faustdick hinter den Ohren. »Schicke mir mit nächster Gelegenheit Deine letzten, neuen, schon durchgetanzten Schuhe, von denen Du mir schreibst, daß ich nur wieder etwas von Dir habe und an mein Herz drücken kann«[8], bettelte Johann Wolfgang Goethe, als seine Christiane im Sommer 1803 allein zur Kur nach Lauchstädt gefahren war. Ein Fetischist, wie alle Männer mit ausgeprägtem Geschmack, und ebenso sensibel wie verletzlich. Marianne von Willemer, die ihn zu durchschauen dachte und sich frivole Scherze mit ihm erlaubte, hat es zu spüren bekommen. Sie schickte ihm zum Weihnachtsfest 1816 ein Paar Pantoffeln ins Haus und bekam zum Dank einen Stiefeltritt: »Ist es doch unerhört, daß man eine würdige Person durch magische Zeichen nötige, die Hülle seines eigenen Fußes zu verehren, wozu moralisch und physisch gar wunderbare Gebärden nötig wären.«[9]

Ein ebenso einverständiger wie verschwiegener Dialog über die delikaten Spielarten der Liebe, den die beiden miteinander führen, über den Stellungskrieg der Geschlechter und die Wahl der Waffen. Pantoffeln? Tanzschuhe wären ihm lieber, der peinsamen Eifersucht wegen, die er dann in sich gären spüren dürfte. Der Mann nämlich, im allgemeinen, läßt sich gern quälen, wenn das in seiner Macht steht, und am liebsten offenbar mit Stiefeln, die nach frisch gefettetem Leder riechen. Die gestrenge Juliette in Klaus Manns Roman *Mephisto*, mit grauem Pelzjäckchen, viel Modeschmuck, schwarzen Seidenstrümpfen, grünen Schaftstiefeln und Reitpeitsche, »leuchtend rot, aus geflochtenem Leder«[10], ist ein Modepüppchen für Softies. Richtige Dominas, so der Zeichner Tomi Ungerer, der sie Schutzengel der Hölle[11] nennt, wenn nicht mit Zuneigung, dann doch mit unverhohlenem Respekt – richtige Dominas sehen anders aus, sind ganz Stiefel, vom Scheitel bis zur Sohle. Jedenfalls hat er sie so gezeichnet, und Allan Jones hat sie so gemalt. Ein apartes

Stück Literatur zum Leder-Motiv findet sich, unter dem Titel *Die stiefelwichsende Madonna*[12], im Werk von Emile Zola: eine unaufdringliche Erzählung, die zeigt, wie sehr der Mann die Schläge verdient, nach denen er verlangt.

Gleichwohl, was vermag zärtlicher zu sein als die Hand, die einem Fuß ins Schuhwerk hilft? Zweifellos ein Akt von ausgesuchter Intimität, dieser Griff an Ferse und Wadenbein, und nach dem Gatten allein dem Medikus und dem Schuhmacher gestattet. Weshalb man vor dem einen den Hut zog und den anderen, auf offener Straße, mit der gleichen Verachtung strafte wie die Bader, die Barbiere und Coiffeure. Sie gelten als lüsterne, flüsternde Verführer, in der Oper zumindest und gelegentlich auch auf dem Theater, wo die Schuster sonst gern das Schlitzohr spielen wie Wilhelm Voigt in Carl Zuckmayers *Hauptmann von Köpenick*. Die erzählende Literatur zeichnet den Schuhmacher wesentlich vorteilhafter: »Es ist nicht leicht, eine gute Predigt zu machen; aber leicht ist es auch nicht, einen guten Stiefel anzufertigen. Zu beiden gehört Geschick, viel Geschick, und Pfuscher und Stümper sollten zum Besten ihrer Mitmenschen lieber ganz davonbleiben. Ich für meinen Teil habe eine ungemeine Vorliebe für die Schuster, sowohl in der Gesamtheit bei ihren feierlichen Aufzügen wie auch in ihrer Eigenschaft als Individuen«, gesteht der Erzähler in Wilhelm Raabes Roman *Der Hungerpastor*. »Kein anderes Handwerk bringt so treffliche und kuriose Eigentümlichkeiten bei seinen Gildegliedern hervor. Der niedrige Arbeitstisch, der niedrige Schemel, die wassergefüllte Glaskugel, welche das Licht der kleinen Öllampe auffängt und glänzender wieder zurückwirft, der scharfe Duft des Leders und des Pechs müssen notwendigerweise eine nachhaltige Wirkung auf die menschliche Natur ausüben, und sie tun es auch mächtig.«[13]

An Selbstbewußtein, lehrt Adolf Glaßbrenners Genrebild

aus der Werkstatt des fortschrittlich gesonnenen Schuhmachermeisters Schmidt, fehlt es durchaus nicht: »Wer is mehr als Schuster? frag' ich! Der Eene macht Jesetze, der Andre Röcke, der Dritte baut Häuser, der Vierte macht Wissenschaft, der Fünfte ackert un ich mache Stiebeln! Des is Mus wie Miene! Im Staat tauschen wir einander aus, was wir können, un im jesellschaftlichen Leben, was wir sind.«[14] Und wer war nicht alles Schuster von Beruf! Der Mystiker Jakob Böhme und der Poet Hans Sachs zum Beispiel; auch Adolf Kolping und Paul Joseph Nardini, der Stifter der Fransziskanerinnen von Mallersdorf; oder Melchior Wienand, einer der Hauptleute im großen deutschen Bauernkrieg; oder Carl Joseph August Haetzel, Berliner Leiter des Bundes der Kommunisten; oder Georg Odger, Mitglied des Nationalrats der 1. Internationale und später dessen Präsident. Auch an Friedrich Ebert, den Reichskanzler, wollen wir erinnern, obwohl er nicht eigentlich Schuster, sondern Sattler war. Und nicht verschwiegen sei, was wir einer Studie über das Berufsbild des Schusters in der deutschen Literatur entnommen haben: daß im Revolutionsrat der Pariser Kommune nicht weniger als fünf Schuhmacher gesessen haben.[15] Damit mag zusammenhängen, daß auch unter den literaturwürdigen Vertretern dieser Zunft nicht nur »Sinnierer und Sektierer, Spintisierer und Spekulierer«[16] anzutreffen sind, sondern gleich viele »aufbrausende Charaktere«[17], »Anhänger des Anarchismus«[18], »Protestler gegen die Weltordnung aus innerstem Bedürfnis«[19].

Doch zurück zu den Schuhen. Sie sind, wie Schnauzbärte oder Hüte, Bestandteil der Persönlichkeit, so unverwechselbar wie Nase, Mund und Ohren. Man denke an Heideggers Zipfelmütze, Bölls Baskenmütze oder Joachim Kaisers Pudelmütze, an die Brogues der Garbo, die Stöckelschuhe von Ginger Rogers, die Stiefeletten der Bardot. Kann man sich

Marilyn Monroe auf Sneakers vorstellen, eine Femme fatale in robusten Flachmännern? Es muß ja nicht unbedingt ein Stiletto sein oder ein Hochplateau, mit dem die Damen ihren Herren auf der Nase tanzen. Den gleichen Zweck erfüllt auch die auf den Kopf gestellte Messing-Pyramide an den Ferragamo-Absätzen aus den dreißiger Jahren. Oder die atemraubenden Spiralen von Perugia aus den Fünfzigern. Nur landläufig darf es niemals zugehen am weiblichen Fuß, der schließlich unseren Blick fangen, unserem Auge schmeicheln, unsere Neugierde wecken und necken soll.

Ein williges Herz macht leichte Füße, spricht der Volksmund, weil er noch nie von Salvatore Ferragamo, Roger Vivier oder Johnny Moke gehört hat. Das sind die Meister der Zunft, die Couturiers, die Künstler. Der Florentiner Ferragamo studierte Medizin, bevor er – für Gloria Swanson, Mary Pickford und Bette Davis, später auch für die Dietrich und Anna Magnani – Schuhwerk entwarf. Der Franzose Vivier besuchte die Kunstakademie, um Bildhauer zu werden, bevor er 1937 in der Rue Royale zu Paris seine erste Boutique eröffnete. Die Stiefeletten der Bardot, und nicht nur die im roten Vichy-Karo, stammen aus seiner Werkstatt, ebenso die schwarzen Satinsandaletten mit den verrückten Plisseefächern der Herzogin von Windsor und übrigens auch die perlenbesetzten Pumps, die Kaiserin Farah einst zur Krönung ihrer Füße trug.

Wilhelm Buschs fromme Helene hätte sich geschüttelt vor soviel Modetorheit: »Fort! Ihr falschgesinnten Zöpfe, / Schminke und Pomadentöpfe! / Fort! Du Apparat der Lüste, / Hochgewölbtes Herzgerüste! / Fort vor allem mit dem Übel / Dieser Lust- und Sündenstiebel!«[20] Und sich das Mieder vom Leib, die Stiefel von den Füßen gerissen, nach den Pantoffeln und, in gottesfürchtiger Behaglichkeit, zu einem guten Buch gegriffen.

1 Umberto Eco: Das Lendendenken. In: Umberto Eco: Über Gott und die Welt. Essays und Glossen. A. d. Ital. v. Burkhart Kroeber. München 1985, S. 222
2 Sebastian Kneipp: Das Barfußgehen. In: Das große Kneippbuch. Ein Volksbuch für Gesunde und Kranke. München 1928, S. 316 (in dieser Ausgabe S. 27)
3 Knut Hamsun: Hunger. Roman. Deutsch v. J. Sandmeier und S. Angermann. München 1982, S. 20
4 Colin McDowell: Schuhe – Schönheit, Mode, Phantasie. A. d. Engl. v. Bettina Runge. München 1989, S. 27
5 Martin Walser: Jagd. Roman. Frankfurt am Main 1988, S. 43
6 Martin Heidegger: Holzwege. 6. Aufl. Frankfurt am Main 1980, S. 18.
7 Eduard Fuchs. Illustrierte Sittengeschichte. Vom Mittelalter bis zur Gegenwart. Bd. 2. München 1910, S. 166 (in dieser Ausgabe S. 179)
8 Johann Wolfgang Goethe: Goethes Briefe und Briefe an Goethe. Hamburger Ausg. in sechs Bänden. Hrsg. v. Karl Robert Mandelkow. Bd. II: 1786–1805. 3. Aufl. München 1988, S. 451 (in dieser Ausgabe S. 252)
9 Johann Wolfgang Goethe: Briefwechsel mit Marianne und Johann Jakob Willemer. Hrsg. v. Hans-J. Weitz. Frankfurt am Main 1986, S. 55 (in dieser Ausgabe S. 262)
10 Klaus Mann: Mephisto. Roman einer Karriere. München 1981, S. 95
11 Tomi Ungerer: Schutzengel der Hölle. Zürich 1986
12 Emile Zola: Gesammelte Novellen in zwei Bänden. 1. Bd. München 1976, S. 126ff. (in dieser Ausgabe S. 213–220)
13 Wilhelm Raabe: Der Hungerpastor. Gesammelte Werke. Romane und Erzählungen. 1. Bd. München 1980, S. 132 (in dieser Ausgabe S. 112–113)
14 Adolf Glaßbrenner: Welt im Guckkasten. Ausgew. Werke in zwei Bänden. Hrsg. u. mit einer Einl. vers. v. Gert Ueding. Bd. 1. Berlin 1985, S. 272 (in dieser Ausgabe S. 84–85)
15 Johannes Werner: »Du Müller, du Mahler, du Mörder, du Dieb!« Berufsbilder in der deutschen Literatur. München 1990, S. 31ff.

16 Ebd. S. 33
17 Christa Wolf: Kindheitsmuster. Roman. Darmstadt/Neuwied 1977, S. 405
18 Lena Christ: Erinnerungen eines Überflüssigen. München 1946, S. 209
19 Alfred Polgar: Kleine Schriften. Hrsg. v. Marcel Reich-Ranicki in Zusammenarbeit m. Ulrich Weinzierl. Bd. 3. Reinbek b. Hamburg 1984, S. 222f.
20 Wilhelm Busch: Die fromme Helene. In: Ausgewählte Werke. Hrsg. v. Gert Ueding. Stuttgart 1988, S. 206f. (in dieser Ausgabe S. 237)

Wann man durch Wälder und Wüstensand barfuß geht

Die Berufung Moses

1. Mose aber hütete die Schafe Jethros, seines Schwiegervaters, des Priesters in Midian, und trieb die Schafe hinter die Wüste und kam an den Berg Gottes, Horeb.
2. Und der Engel des Herrn erschien ihm in einer feurigen Flamme aus dem Busch. Und er sah, daß der Busch mit Feuer brannte und ward doch nicht verzehrt;
3. und sprach: Ich will dahin und beschauen dies große Gesicht, warum der Busch nicht verbrennt.
4. Da aber der Herr sah, daß er hinging, zu sehen, rief ihm Gott aus dem Busch und sprach: Mose, Mose! Er antwortete: Hier bin ich.
5. Er sprach: Tritt nicht herzu, zieh deine Schuhe aus von deinen Füßen; denn der Ort, darauf du stehst, ist ein heilig Land!
6. Und sprach weiter: Ich bin der Gott deines Vaters, der Gott Abrahams, der Gott Isaaks und der Gott Jakobs. Und Mose verhüllte sein Angesicht; denn er fürchtete sich, Gott anzuschauen.

Sebastian Kneipp
Das Barfußgehen

Das natürlichste und einfachste Abhärtungsmittel besteht im Barfußgehen.

Dieses kann entsprechend den verschiedenen Ständen und Lebensaltern, auf die mannigfaltigste Weise geübt werden.

Ganz kleine Kinder, welche noch gänzlich auf die Hilfe anderer angewiesen und in die Windeln, ins Tragekissen, ans Zimmer gebannt sind, sollen womöglich nie eine Fußbekleidung tragen. Könnte ich doch dieses allen Eltern, besonders den allzu besorgten Müttern, als Kanon, als feststehende, unumstößliche Regel tief einprägen! Mit Vorurteilen behaftete Eltern, die sich dazu nie verstehen wollen, mögen sich der kleinen Unbeholfenen erbarmen und zum mindesten für eine solche Fußbekleidung sorgen, durch welche die frische Luft leicht auf die Haut dringen kann!

Kinder, welche bereits stehen und gehen können, wissen sich schon selbst zu helfen. Ohne alle Menschenrücksichten werfen sie die lästigen, die Füße quälenden Schuhe und Strümpfe von sich und sind ganz glückselig, besonders zur Frühjahrszeit, wenn man sie sich frei herumtummeln läßt. Manchmal blutet eine Zehe; doch das hält sie nicht ab, bald wieder barfuß zu gehen. Die Kinder tun dies ganz instinktiv, einem gewissen Naturtriebe folgend, den wir Alte auch verspüren würden, wenn die überfeinerte, schablonierende, Schraubstockdienst tuende, alles Natürliche wegdrechselnde Bildung uns nicht vielfach allen gesunden Sinn genommen hätte.

Die Kinder der Armen werden in ihrem Vergnügen selten gestört. Weniger vom Glücke begünstigt sind die Kinder der Vornehmen und Reichen, und sie fühlen wahrlich das Bedürfnis nicht weniger als ihre Kameraden aus armem Stande. Ich sah einst die Knaben eines hohen, angesehenen Beamten. Kaum glaubten sie sich aus der Schußweite der durchdringenden Augen des gestrengen Herrn Papa, da flogen auch schon die feinen Schühchen und die noch feineren, roten, gelben, weißen Strümpfchen über alle Hecken, und fort ging's im Galopp über die saftig grüne Wiese. Die Mama, eine Frau von gesundem Sinne, sah dieses nicht ungern; erblickte aber zufällig der Papa seine Prinzen in solchem ungehörigen Aufzuge, dann gab es lange Strafpredigten und noch längere Standesunterweisungen über Unbildung und Bildung und

Standesgefühl und Standesehre. Das ging den Kleinen so tief zu Herzen, daß sie andern Tags noch munterer barfuß im Grase hüpften. Nochmals sage ich: Lasse man wenigstens den noch nicht verbildeten Kindern ihre Freude!

Einsichtige Eltern, welche solches gerne gestatten wollten, aber in der Stadt leben und keinen einsamen Garten oder Rasenplatz besitzen, können den Kleinen das Barfußgehen zu gewissen Zeiten in irgend einem Zimmer, auf irgend einem Gange usw. gestatten, wenn nur die Füße wie Gesicht und Hände zuweilen einmal frei aufatmen, nach Fußeslust frische Luft einsaugen, sich in ihrem Elemente bewegen können.

Erwachsene Leute der ärmeren Klassen, insbesondere auf dem Lande, brauche ich nicht zu ermahnen; dieselben gehen viel barfuß und beneiden nicht den reichsten Städter um seine vornehmen, ausgeschnittenen oder nicht ausgeschnittenen lackierten oder geschnürten Fußfoltern, die pressenden und die Füße fesselnden Schuhe und Strümpfe. Törichte Landleute mit städtischen Manieren, die sich schämen, es den Ihrigen gleichzutun, sind durch ihren Eigendünkel gestraft genug; die altmodischen Konservativen sollen an der guten Tradition treu festhalten. In meiner Jugendzeit ging auf dem Lande alles barfuß: Kinder und Erwachsene, Vater und Mutter, Bruder und Schwester. In die Schule, zur Kirche waren die Wege stundenweit; die Eltern gaben uns ein Stück Brot und einige Äpfel zur Reisezehrung, so auch Schuhe und Strümpfe als Fußbekleidung. Doch diese hingen wir bis zum Eintritt in die Schule oder in die Kirche über die Arme oder über die Achsel, nicht allein zur Sommers-, selbst in der kalten Jahreszeit. Kaum machte im beginnenden Frühling auf der Höhe meiner Heimat der Schnee Miene, sich zurückzuziehen, da traten unsere bloßen Füße schon ihre Spuren in den mit seinem Wasser getränkten Boden, und wir fühlten uns froh, heiter und gesund dabei.

Erwachsene in den Städten, gar solche, welche besseren, ja den vornehmen Ständen angehören, können dieser Übung sich nicht unterziehen, das ist klar. Wenn sie in ihrem Vorurteile bereits so weit gekommen sind, daß sie meinen, sie könnten, wenn ihre zarten Füße beim Aus- oder Ankleiden nur einen Augenblick auf dem bloßen Boden des Salons, nicht auf warmen, weichen Teppichen stehen, Rheumatismus, Katarrh, Halsleiden oder Ähnliches sich zuziehen, so lasse ich sie vollkommen ungestört. Wenn aber manche doch etwas tun und sich abhärten wollten, was hindert sie, abends unmittelbar vor dem Schlafengehen oder in der Frühe beim Aufstehen zehn Minuten, eine Viertelstunde, eine halbe Stunde lang eine derartige Promenade zu machen? Dieselbe könnte die ersten Male, damit der plötzliche Beginn nicht zu stark empfunden wird, in den Strümpfen, später mit bloßen Füßen und noch später barfüßig also geschehen, daß vor dem Zimmerspaziergange die Füße bis über die Knöchel einige Augenblicke in kaltes Wasser getaucht werden.

Bei guter Einteilung, bei gutem Willen, bei wahrem Streben nach Erhaltung seiner Gesundheit wird ein jeder, selbst der Vornehmste, selbst der in seinem Berufe Angestrengteste noch so viel Zeit gewinnen, um sich selbst diese Wohltat zu spenden.

Daniel Defoe
Spuren von Menschen

Eine seltsame Unruhe trieb mich immerfort nach jener Spitze der Insel, wo ich auf meiner Segelfahrt den Hügel erstiegen hatte, um die Küste und den Lauf der Strömung zu überschauen. Ich beschloß endlich, dem wachsenden Verlangen zu folgen und die Reise dahin zu Lande zu machen.

So begab ich mich denn eines Tages abermals auf die Wanderschaft.

Ich ging zuerst immer der Küste entlang, bis ich jene vorgeschobene Höhe erreichte, auf der ich damals Umschau über das Meer gehalten hatte. Ich sah zu meinem Erstaunen, daß die See völlig stille und glatt war wie ein Spiegel und gewahrte nichts von Brandung oder Strömung, weder hier noch an irgendeiner andern Stelle. Lange suchte ich vergeblich nach einer Erklärung. Ich vermutete endlich, es möchte der Strom, der mich damals ergriffen hatte, bloß durch die eingetretene Ebbe veranlaßt worden sein. Da ich mir jedoch darüber noch nicht ganz klar war, wollte ich wie ein Naturforscher der Sache auf den Grund gehen. Ich stieg deshalb am Nachmittage, als die Ebbe eintrat, hinauf auf den Hügel und sah auch jetzt wieder ganz deutlich die ungestüme Strömung. Zugleich bemerkte ich aber, daß sie eine halbe Stunde von der Küste entfernt dahinrauschte, während sie früher dicht an der Sandbank hinlief. Von diesen Beobachtungen nahm ich ab, daß ich die Insel ohne Schwierigkeiten mit einem kleinen Fahrzeug umschiffen könnte, wenn ich nur genau auf Flut und Ebbe achtete. Indes, als ich an die Ausführung dachte, überfiel mich die Erinnerung an die ausgestandenen Gefahren dennoch mit solchen Schrecken, daß ich vorzog, einen gefahrloseren, wenn auch mühsameren Weg einzuschlagen.

Ich beschloß, mir recht bald eine neue Piroge zu bauen, um auf jeder Küste meiner Insel ein Fahrzeug zu besitzen.

Mit solchen Plänen nachdenklich beschäftigt, stieg ich wieder die Höhe hinab und schlenderte weiter. Am Abend kam ich an einen breiteren Fluß, den ich nicht anders als schwimmend passieren konnte. Ich gelangte darnach an eine wilde und öde, teils hügelige, teils felsige Küste, die dicht mit kniehohem Gestrüpp bewachsen war.

Schon brach die Nacht herein, als ich endlich mein Fahrzeug auffand; ich machte es mir darin so bequem als möglich und war bald in tiefen Schlaf versunken.

Kaum hatte mich die Morgensonne aus meinem Schlummer erweckt, als ich wohlgemut meine Reise fortsetzte. Nachdem ich einige Meilen zurückgelegt hatte, begab es sich, daß ich in dem nassen Sande des Ufers zu meiner größten Überraschung den Eindruck eines nackten menschlichen Fußes entdeckte! Wie vom Donner gerührt, oder als hätte ich ein Gespenst gesehen, stand ich davor und starrte auf die Spur! Ich horchte, ich sah mich um, aber es war nichts zu hören noch zu erblicken.

Ich erstieg in der Nähe einen kleinen Hügel, um mich weiter umschauen zu können; dann ging ich wieder an das Ufer des Meeres hinab und untersuchte die Küste von einer Seite zur andern, um zu sehen, ob noch andere Fußtritte im Sand abgedrückt wären, aber ich konnte nichts entdecken. Ich untersuchte die zuerst erblickte Spur noch einmal, um mich zu vergewissern, ob mich vielleicht meine Sinne getäuscht hätten. Allein Zehen, Ferse, Ballen, kurz alle Teile eines Menschenfußes waren ja deutlich abgedrückt. Woher mochte diese Stapfe kommen?

Es schien fast unmöglich, das Geheimnis zu enträtseln. Entsetzen durchfuhr meine Glieder, wenn ich daran dachte, daß hier Kannibalen gelandet sein möchten, und völlig verstört schlug ich den Heimweg ein. Jetzt erschrak ich vor jedem Strauche, der im Winde sich regte, vor jedem Baume, dessen Stamm mir entgegenschimmerte, ich fürchtete bei dem Rascheln eines Blattes einen Wilden auf mich losstürzen zu sehen. Jedes aufgeschreckte Tier machte das Blut in meinen Adern erstarren. Als ich endlich meine Behausung erreicht hatte, flüchtete ich hinein wie ein Verfolgter. Ob ich mittels der Leiter hineinstieg oder durch das Felsenloch kroch, weiß ich heute noch nicht. Kein gejagter Fuchs, kein gescheuchtes Kaninchen floh hastiger je in seinen Bau, als ich in jenem Augenblick in meine Klause stürzte.

Vor Sorgen kam die ganze Nacht kein Schlaf in meine Augen. Meine erregte Einbildungskraft erschreckte mich durch die furchtbarsten Spukgestalten, und ich glaubte sogar einen Augenblick, daß jene Spur von dem leibhaftigen Teufel herrührte. Konnte denn irgendein menschliches Geschöpf ohne Fahrzeug meine Insel erreichen? Wo aber war irgendein Schiff zu sehen, und wie kam es, daß ich nur eine einzige Fußspur entdeckte, da doch der Boden ringsum ganz dieselbe sandige und lockere Fläche zeigte?

Die Stapfe im Sand kam mir nicht aus dem Sinn. Sollten vielleicht die Kannibalen von jenem Festlande, das ich drüben gesehen hatte, von widrigen Winden auf meine Insel verschlagen worden sein? Vielleicht fühlten sie, da sie gerade an dem ödesten Teile der Insel landeten, keine sonderliche Lust, hier Hütten zu bauen; sie konnten aber sehr wahrscheinlich meine Piroge gesehen und hieraus geschlossen haben, daß die Insel von Menschen bewohnt sei. Wie, wenn sie nun in größerer Anzahl von neuem erschienen, mich gefangennahmen und nach ihrer barbarischen Weise schlachteten und verzehrten? Und wenn sie auch mich selbst nicht finden würden, so konnten sie doch meine Ziegen wegtreiben, meine Felder verwüsten und mich Hungers sterben lassen.

Solche und ähnliche Besorgnisse vergifteten nun meine Tage, und ich wagte nicht, mich auch nur einen Schritt weit von meiner Felsenburg zu entfernen. Indessen gingen meine Vorräte an Wasser, Milch und Gerstenkuchen völlig zu Ende, und überdies fiel mir ein, daß seit drei Tagen meine Ziegen nicht gemolken waren. So stand zu befürchten, daß ihnen die Milch vergehen möchte. Die armen Tiere hatten in der Tat viel zu leiden gehabt. Bei den einen war, als ich wieder auf meine Meierei kam, das Euter ganz verhärtet, bei anderen die Milch ganz vertrocknet.

Hätte mich jemand auf dieser Reise gesehen, so hätte er glauben müssen, ich würde von einem bösen Gewissen herumgetrieben; denn mit sichtbarer Furchtsamkeit schaute ich mich hundertmal um, stand still, setzte meinen Milchtopf auf den Boden, horchte mit gehaltenem Atem und lief dann wieder vorwärts, als ob der leibhaftige Gottseibeiuns hinter mir her wäre. Wie seltsam sind doch wir Menschen! Heute lieben wir, was wir morgen vielleicht hassen, heute suchen wir das, was wir gleich darauf fürchten, ja wovor wir beim bloßen Gedanken daran zittern! Ich, dessen einziger Kummer darin bestanden hatte, daß ich aus der menschlichen Gesellschaft ausgeschlossen und verurteilt schien, einsam und allein, nur umgeben von dem unermeßlichen Ozean, zu leben, abgeschnitten von allem Verkehr und verdammt, in einem sozusagen stummen Dasein dahinzuleben, als hätte der Himmel mich nicht würdig gehalten, unter seinen übrigen Geschöpfen zu wandeln: ich erzitterte jetzt bei der bloßen Vorstellung, einen Menschen zu sehen, und hätte in die Erde sinken mögen bei der bloßen Vermutung, bei dem stummen Zeichen, daß ein Mensch die Insel betreten hatte!

Zwar wurde ich allmählich wieder etwas ruhiger und dreister. Ich streifte wieder mit meiner Flinte umher, besichtigte meine Pflanzungen und melkte meine Ziegen wie zuvor; aber meine frühere Unbefangenheit war dahin. »Die Fußspur! die Fußspur!«

Inzwischen begann ich zu überlegen, ob nicht das Ganze vielleicht eine Täuschung gewesen und kein anderer als mein eigener Fuß die Spur in den Sand gedrückt habe. Konnte ich doch keineswegs versichern, wohin ich getreten und wohin nicht. Am Ende, wenn es sich herausstellte, daß es wirklich meine eigene Fußstapfe gewesen, hatte ich die Rolle jener

Narren gespielt, die Gespenster- und Geistergeschichten erfinden und sich dann selbst am meisten davor entsetzen. So wappnete ich mich denn mit dem Glauben, ich sei gleichsam vor meinem eigenen Schatten erschrocken, und entschloß mich endlich, noch einmal eine genaue Besichtigung vorzunehmen. Als ich indes die Stätte des Schreckens erreichte, überzeugte ich mich zunächst, daß ich bei meiner Landung mit dem Boote unmöglich diese Gegend berührt haben konnte, sie lag weit davon entfernt. Nachdem ich vollends die rätselhafte Spur mit meinem Fuß gemessen hatte, ergab sich's deutlich, daß es die meine nicht sein konnte. Sie war viel länger und breiter als die Eindrücke meines Fußes, auch konnte ich ganz genau die Ferse, den Ballen und die Zehen eines nackten Fußes erkennen. Nun stellte es sich für mich als klar und unumstößlich heraus: das Merkmal rührte von einem fremden und sicherlich wilden Menschen her.

Darüber bemächtigte sich meiner von neuem Angst und Bangen, eisiger Frost schüttelte mich wie einen Fieberkranken: ich wußte nicht, was ich beginnen sollte. Die Furcht gab mir die unsinnigsten Pläne ein.

In der ersten Bestürzung wollte ich meine Umzäunungen niederreißen und alles Vieh in den Wald hinauslassen, aus Furcht, daß der unbekannte Feind es finden und verlockt werden möchte, öfter hierher zurückzukehren. Dann wollte ich meine Pflanzungen, mein Zelt, meine Hütte und das schützende Wäldchen darum vernichten, um jede Spur einer menschlichen Niederlassung zu tilgen. Das Schlimmste, was meinen Besitzungen von den Wilden widerfahren konnte, war ich also bereit, mir selbst zuzufügen. Ich schrie in meiner Angst zu Gott, statt ruhig auf seine Vorsehung zu bauen.

Die fürchterliche Verwirrung meiner Gedanken hielt mich die ganze nächste Nacht wach, und erst gegen Morgen schlief ich zum Tode ermattet ein. Als ich erwachte, dachte ich ruhiger und weniger befangen über meine Lage nach. Die Vernunft sprach wieder an mein Herz. Ich kam nach scharfem Streite mit mir selbst zu dem tröstlichen Schlusse, daß meine anmutige und fruchtbare, nur in mäßiger Entfernung vom Festlande gelegene Insel nicht so durchaus verlassen sein könne, als ich bisher geglaubt hatte, und daß sie wenigstens zuweilen von Wilden, die entweder absichtlich oder durch widrige Winde gezwungen mit ihren Kanoes hier landeten, besucht würde. Freilich hatte ich bereits seit fünfzehn Jahren noch nie den Schatten eines Menschen hier gesehen; doch mochte dies ohne Zweifel daher rühren, daß diejenigen, welche aus irgendeinem Grunde hierherkamen, keinen Grund fanden, länger zu verweilen. Die einzige Gefahr für mich war eine zufällige Landung einzelner verirrter Bewoher des Festlandes. Da es aber wahrscheinlich war, daß diese Wilden nicht leicht aus eigenem Antriebe die Insel besuchen würden, so beeilten sie sich auch wohl, sie schnell zu verlassen, und mochten sich nicht einmal eine Nacht an der Küste aufhalten, aus Furcht, die günstige Strömung und die Tageshelle zur Rückfahrt entbehren zu müssen. Sonach hatte ich also für den Fall, daß ich die Landung von Kannibalen hier erleben sollte, nichts weiter zu tun, als mich in meine Festung zurückzuziehen und mich hinter den Wällen still zu verhalten.

Allein die immer wiederkehrende Furcht überwältigte bald alle meine gläubige Hoffnung. Mein ganzes Vertrauen auf Gott, dessen Güte mich bis dahin so wunderbar geschirmt hatte, fiel wieder über den Haufen; Trübsal und Verwirrung umschatteten meinen Geist so sehr, daß er sich nicht aufzurichten vermochte in einem Gebet zu dem, der da spricht: »Rufe mich an in der Not, so will ich dich erretten!« Hätte ich nur auf diese Stimme gehört und den Herrn in meiner Not angerufen, es wären sicherlich Mut und Vertrauen aufs neue in meine arme Seele eingezogen.

Jetzt bereute ich es, daß ich mir ein Tor zu meiner Höhle gegraben hatte, das nicht durch Verschanzungen gesichert war. Ich nahm mir daher sogleich vor, in einiger Entfernung von der Mauer eine zweite feste Umzäunung im Halbkreise aufzuführen, gerade da, wo ich vor zwölf Jahren eine doppelte Reihe von Bäumen angepflanzt hatte. Diese standen ohnehin schon dicht genug, daß es nicht mehr viel bedurfte, um die Zwischenräume zwischen ihnen auszufüllen, so daß nach wenigen Jahren ein undurchdringliches Gehege emporwuchs. So schützte mich eine doppelte Mauer, und die äußere verwahrte ich überdies noch durch Bohlen, Schiffslatten, alte Taue, Schutt und Erdreich. Diesen Wall führte ich nicht nur über den Ausgang, sondern auch über die Quelle hinaus, damit ich nie Gefahr liefe, daß es mir an Wasser mangelte.

Nachdem dies alles geschehen war, besteckte ich im Laufe des Jahres den ganzen Abhang der kleinen Wiese vor meinem zweiten Befestigungswerke mit mehr als 2000 Schößlingen von jenem weidenähnlichen, schnellwachsenden Holze, ließ aber überall zwischen denselben und meinem Baumwall einen beträchtlichen freien Raum, damit ich den Feind herankommen sehen könnte. Schon nach wenigen Jahren bildeten jene Stecklinge um meine Festung ein dickes Gehölz, das so ungewöhnlich dicht und stark wurde, daß kein Mensch hinter diesem Wald eine menschliche Wohnung vermuten konnte.

Über den äußeren Wall gelangte ich nur mit Hülfe zweier Leitern. Die eine lehnte ich gegen einen sehr hohen Teil des Felsens, auf dem ich die zweite unterbringen konnte. Waren beide Leitern weggenommen, so konnte kein Mensch zu mir gelangen, ohne sich der größten Gefahr auszusetzen. Denn in der inneren Verschanzung brachte ich sieben Schießlöcher an, nicht größer als nötig, um den Arm hindurchzustecken.

In diese Öffnungen brachte ich sieben mir noch übrig gebliebene Musketen, richtete Gestelle für sie auf, auf denen sie so ruhten, wie Kanonen auf ihren Lafetten, und war somit imstande, in weniger als zwei Minuten meine ganze Artillerie gegen den Feind abzufeuern.

Auf diese Weise hatte ich alle Maßregeln ergriffen, welche die Klugheit eingeben konnte, und ich fand später, daß sie mir von Nutzen waren. Während dieser Arbeit versäumte ich jedoch meine übrigen Angelegenheiten nicht; besonders war ich um meine Ziegenherde besorgt.

Ich beschloß, für den Fall, daß meine Herde von irgendeinem Unfall betroffen werden möchte, mir einige kleinere Herden zur Reserve heranzuziehen.

Darum suchte ich sorgfältig nach den verborgensten Plätzen der Insel und machte auch glücklich bald einen ausfindig, der so heimlich gelegen war, wie ich es nur wünschen konnte. Es war ein kleiner, etwas feuchter Wiesengrund mitten im dichtesten Walde. Die Stämme des Forstes standen so nahe zusammen, daß sie fast schon einen natürlichen Wildzaun bildeten. Die Umfriedigung des Platzes machte mir daher wenig Mühe. Auf diese Weide trieb ich nun zehn junge weibliche Ziegen und zwei Böcke.

Darnach durchwanderte ich die Insel nach einem zweiten verborgenen Platze, um noch einen zweiten Park gleicher Art anzulegen. Diesmal geriet ich weiter nach der Westspitze der Insel als je vorher, und da geschah es, daß ich, als ich einmal von einer Höhe aus auf das Meer hinausschaute, in weiter Entfernung ein paar Kanoes wahrzunehmen glaubte.

Ans Ufer zurückgekehrt, blieb ich plötzlich starr vor Schrecken und Entsetzen stehen. Mit unbeschreiblichem Grauen fand ich dort den Boden mit Schädeln, Händen, Füßen und anderen Gliedern menschlicher Leiber übersäet.

In der Mitte glimmten die Reste eines Feuers, und rings herum waren Sitze in die Erde gegraben. Hier hatten augenscheinlich jene wilden Scheusale im Kreise bei ihrem abscheulichen Kannibalenmahle gesessen.

Dieser Anblick entsetzte mich so, daß ich einen Augenblick wie versteinert stand. Mein ganzes Gefühl empörte sich gegen diese unmenschliche, teuflische Brutalität. Ich wandte mich von dem grausigen Schauplatze ab, mir wurde ganz übel, und ich wäre ohnmächtig hingesunken, wenn sich nicht die Natur durch ein heftiges Erbrechen geholfen hätte. Nachdem ich mich erholt, lief ich, so schnell meine Knie mich tragen konnten, meiner Wohnung zu. Als ich etwa eine halbe Meile gelaufen war, blieb ich eine Weile wie betäubt stehen; als ich dann wieder zu mir gekommen war, blickte ich in tiefster Ergriffenheit zum Himmel und dankte unter Tränen meinem Gotte, daß er mich an einem Orte der Welt hatte geboren werden lassen, wo ich ein anderer wurde, als es diese schrecklichen Menschen waren. –

Nun verhielt ich mich fast zwei Jahre lang in meinen Behausungen eingezogen wie ein Gefangener; kaum daß ich mich zu meinen drei Pflanzungen, meinem Lusthause und meiner Weide im Walde hinwagte, die ich nur besuchte, um Ziegen zu fangen. In beständiger Besorgnis, daß die Wilden meinen Aufenthalt auswittern möchten, suchte ich alles zu vermeiden, was ihnen die Spur meines Daseins verraten konnte.

Vor allen Dingen unterließ ich jetzt, ein Feuergewehr abzuschießen, weil ich fürchtete, sein Knall möchte von den Wilden gehört werden. Ja, ich scheute mich sogar, einen Nagel einzuhauen oder einen Holzstecken abzuschlagen. Ein anderes gefährliches Ding war der Rauch, der aus meinem Verstecke aufstieg! Wie leicht konnte er mich den Falkenaugen der Kannibalen verraten! Wenn ich daher Brot zu backen oder irdene Geschirre zu brennen hatte, so wandte ich Holzkohlen an. Ich hatte nämlich als Knabe in der Heimat gesehen, wie man Holz unter Torferde anzündet und durch Glühen in Kohlen verwandelt.

Auch ging ich während dieser Zeit nicht mehr aus, um nach meinem Kanoe zu sehen; denn unter den jetzigen Umständen durfte ich nicht daran denken, das andere Fahrzeug zurückzuholen. Stets unternahm ich meine Ausflüge nur unter dem Schutze von zwei oder drei guten Pistolen sowie eines langen, blanken Sarras, zu dem ich mir ein eigenes Bandelier gemacht hatte. Man wird mir glauben, daß ich in diesem Aufzuge ganz gefährlich anzuschauen war.

Die schreckenerregende Figur, die ich machte, ließ mich schließlich die Furcht überwinden, und ich bekam Lust, die Kannibalen selber anzugreifen, wenn sie zu solcher scheußlichen Menschenschlachterei meine Insel wieder heimsuchen würden, und bei ihrem Blutfeste mitten unter sie zu feuern. Auf der Rückseite des bekannten Hügels fand ich einen Ort, wo ich die Wilden, falls sie landen sollten, unbemerkt beobachten, mich auch durch das dichte Gebüsch heranschleichen, in einem hohlen Baume verbergen und ihrem barbarischen Treiben zuschauen konnte. Von dort aus glaubte ich sicher mit jedem Schuß wenigstens zwei bis drei von ihnen zu töten oder zu verwunden. Wenn ich alsdann mit meinen drei Pistolen und meinem Degen über sie herfiele, so könnte ich gewiß, davon war ich überzeugt, alle, und wären es ihrer zwanzig, umbringen. Dieser Gedanke beschäftigte mich ein paar Wochen lang Tag und Nacht, und ich war davon so erfüllt, daß ich sogar davon träumte, zuweilen schoß ich sogar im Schlafe unter die Wilden.

Jede meiner Musketen lud ich mit Kugeln und zerhacktem Blei, die Jagdflinte mit grobem Schrot und die Pistolen mit kleineren Kugeln. Nachdem ich alles zu einem Kriegszuge ausgerüstet hatte, wanderte ich jeden Morgen auf einen Hügel, der ungefähr eine Meile von meiner Burg entfernt war, um zu erspähen, ob sich nicht ein Boot auf der See zeigte, das meiner Insel zusteuere. Drei bis vier Monate lang hielt ich hier Tag für Tag Wache und spähte auf das Meer hinaus, ohne indes die geringste Spur eines Fahrzeuges zu entdecken. – Nach so vielen fruchtlosen Bemühungen war es natürlich, daß sich mein Eifer abkühlte; ich fing an, mit ruhigerem und kühlerem Blute über die abscheulichen Sitten jener Wilden nachzudenken und meine Ansicht von der Sache zu ändern.

Welches Recht, so fragte ich mich, hatte ich denn, mich zum Richter und Henker über diese Menschen aufzuwerfen und einen förmlichen Religionskrieg wider sie zu eröffnen? Wie konnte ich mir anmaßen, sie für eine Tat zu bestrafen, die nur in meinen Augen ein Verbrechen war und welche die Gottheit vielleicht viel nachsichtsvoller beurteilte, weil doch diese Menschen offenbar nicht wider ihr Gesetz und ihr Gewissen handelten? Ist es doch bei diesen Völkern ererbter Kriegsbrauch, Gefangene mit sich zu führen und sie zu töten, und scheint ihnen das doch ebensowenig strafwürdig, als wenn wir ein unschuldiges Tier schlachten, weil solche Greuel in den Augen dieser Menschen durch die lange Gewohnheit ganz ihre Abscheulichkeit verloren haben.

Allerdings geben sich die Wilden einem blutdürstigen Gottesdienste hin, der Menschenopfer fordert; aber ist diese Barbarei zu vergleichen mit den Greueln, welche die Spanier in Mexiko und in Peru verübt haben, wo sie ganze Völkerschaften hinmordeten? Als ich daran dache, was mir mein Vater aus jenen grausamen Zeiten erzählt hatte, wurde ich milder gegen die unglücklichen Kannibalen gestimmt, und ich fand es selbst von meiner Seite unmenschlich, sie in feindseliger Absicht anzugreifen, solange sie mich nur selbst in Ruhe ließen. Was gab mir also den Beruf, meine Hände in Blut zu tauchen?

Außerdem hätte ich wahrscheinlich durch ein allzu rasches Handeln mein eigenes Verderben herbeigeführt. Denn gesetzt, es wären dreißig Wilde auf mich eingestürmt, war ich denn wirklich so sicher, sie alle zu töten? Ja, wenn nur ein einziger mir entkam, um seinen Kriegsgefährten in der Heimat Kunde zu bringen, so würden gewiß bald Hunderte, vielleicht Tausende gelandet sein, um den Tod ihrer Brüder an mir zu rächen. Aus alledem zog ich den Schluß, daß die Klugheit und die Menschlichkeit mir in gleicher Weise verböten, mich in die Angelegenheiten jener halbtierischen Menschen überhaupt einzumischen.

Die Religion vereinigte sich mit der Besonnenheit, um mich zu warnen, meine Hände nicht in unschuldiges Blut zu tauchen; denn in Hinsicht auf mich war es wirklich unschuldiges Blut. Hatten die Wilden aber Gottes Zorn erregt, so war es bei ihm, sie zu bestrafen. Ich dankte nun Gott auf den Knien dafür, daß er mich vor Blutschuld bewahrt hatte. Ich flehte ihn inbrünstig an, mich vor diesen Barbaren zu schützen und gelobte, nur dann Hand an sie zu legen, wenn meine Selbstverteidigung es erforderte. Bei solchen Gesinnungen beharrte ich fast ein ganzes Jahr und war so wenig gegen die schlimmen Nachbarn ungehalten, daß ich während dieser Zeit nicht einmal den Hügel bestieg, um zu sehen, ob sich ihre Fahrzeuge in der Ferne zeigten, oder ob sie kürzlich auf der Insel gewesen wären.

Achtzehn Jahre lebte ich nun schon auf meiner Insel, und noch hatte ich nicht mehr als einen einzigen Fußabdruck im Sande und die Reste einer einzigen Blutmahlzeit angetroffen. Ich durfte daher wohl annehmen, daß die Besuche der Wilden auf dem Eilande sehr selten stattfanden und daß ich auch in der Folgezeit unentdeckt bleiben würde. Indessen hielt ich mich vorsichtshalber doch eingezogener als je und verließ meine Behausung meist nur, um meine Ziegen zu melken und meine kleine Herde in den Wald zu treiben. Mein kleines Boot schaffte ich auf die östliche Spitze der Insel in eine durch Felsen geschützte Bucht, wohin die Fremden wegen der widrigen Strömung nicht gelangen konnten. Inzwischen war mein Vorrat an Kohlen zu Ende gegangen, und ich mußte darauf bedacht sein, denselben wieder zu erneuern. Deshalb wanderte ich in jenes Felsental, wo meine Ziegenherden untergebracht waren und wo ich in einer Höhle am Fuße eines Berges einen passenden Platz für meine Kohlenbrennerei gewählt hatte. Als ich nun einst wieder mit Holzhauen für meine Köhlerei beschäftigt war, gewahrte ich hinter einem dichten Gesträuch eine dunkle Höhlung in der Bergwand, die sich ziemlich tief in den Berg verlief. Meine Neugier trieb mich hinein. Die Höhle war ziemlich geräumig und so hoch, daß ich aufrecht darin stehen konnte. Indem ich aber tiefer ins Innere drang, funkelten mir plötzlich aus einem Winkel wie flammende Sterne zwei große, furchtbare Augen entgegen. Ich war starr vor Schreck! War das ein Mensch, oder war es ein Teufel? Mir war es einerlei; ich fürchtete mich vor dem einen so sehr wie vor dem andern und stürzte atemlos wieder zur Höhle hinaus.

Man sieht, ich war ein erbärmlicher Held; ich schämte mich auch selbst meiner Schwachheit und suchte mich wieder zu fassen. Warum sollte der Teufel, von dem ich zwanzig Jahre lang nichts auf dieser Insel gesehen, gerade jetzt in dieser Höhle stecken? Ich ermutigte mich auch mit den Worten, wer sich fürchte, dem Teufel ins Auge zu sehen, passe nicht dazu, zwanzig Jahre allein auf einer Insel zu leben. Und war es ein Mensch, so war er gewiß nicht fürchterlicher gewappnet als ich selbst. Ich schalt mich einen Narren, raffte mein bißchen Mut zusammen, nahm einen großen Feuerbrand und trat in die Grotte ein. Kaum hatte ich jedoch drei bis vier Schritte getan, als ich erschrocken zurückfuhr. Kalter Schweiß drang mir aus allen Poren. Meine Haare sträubten sich empor, denn aus dem Innern der Höhle klang es wie Klagelaute eines schmerzgequälten Menschen, dann folgt ein Stöhnen und tiefes Seufzen.

Ich sammelte alle meine Kräfte und ermutigte mich durch den Gedanken, daß Gott allgegenwärtig sei und sein mächtiger Arm mich auch wohl in dieser Höhle beschützen könne. Noch einmal trat ich mit dem Feuerbrand in die Höhle zurück, und nun erst gewahrte ich, daß es nichts weiter war, als ein ungeheurer, greulicher alter Ziegenbock, der hier im Sterben lag. Er schnappte nach Luft, als ob er vor bloßer Altersschwäche sterbe. Vergebens bemühte ich mich, ihn aufzurütteln, er sank immer wieder in seine klägliche Lage zurück. Ich ließ ihn also liegen und forschte mit meinem Fackellichte weiter. Die Höhle war unregelmäßig wie alle Werke der Natur und lief nach innen immer enger zu. Im Hintergrunde entdeckte ich eine Öffnung, die noch tiefer in die Erde ging, indes so niedrig war, daß ich nur auf allen vieren hätte hineinkriechen können. Ich nahm mir vor, das Abenteuer zu bestehen, nicht aber heute, sondern ein andermal, wenn ich mich erst mit Lichten und einem Fahrzeug versehen haben würde, denn es wäre ganz unklug gewesen, mich ohne solche Vorrichtungen in finstere, unterirdische Gänge zu wagen.

Schon am andern Tage kam ich mit sechs dicken Talglichten an demselben Orte an. Ich muß hier einfügen, daß ich schon seit mehreren Jahren ganz leidlich Kerzen aus Bocksfett herstellte, zu deren Dochten ich teils alte Lumpen oder Tauenden, teils die getrockneten Stengel einer Nesselpflanze verwandte. Der alte Bock hatte sich während meiner Abwesenheit bis an die Öffnung der Höhle geschleppt, wo er liegengeblieben war und ausgelitten hatte. Ich schaffte das schwere Tier beiseite und begrub es. Dann zündete ich zwei Lichte an und trat in die Höhle. Als ich an die enge Öffnung im Hintergrunde kam, duckte ich mich nieder und kroch auf Händen und Füßen ungefähr zehn Fuß in das Loch hinein; da erweiterte sich die Öffnung, und meine Augen wurden durch ein prachtvolles Schauspiel gefesselt. Ich befand mich nämlich in einer herrlichen Wölbung, an deren Wänden sich der Strahl meiner beiden Kerzen in tausendfachem Schimmer brach. Waren es Diamanten oder Goldkörner, die sich vielleicht an die Felsenwände kristallisiert hatten? Ich konnte es nicht entscheiden. Der Boden war trocken und eben, mit feinem Kies bedeckt, und nirgends eine Spur von Feuchtigkeit, von schädlichen, übelriechenden Ausdünstungen oder widerwärtigem, giftigem Getier. Der einzige Übelstand war der dunkle und beschwerliche Eingang. Aber eben hierauf beruhte meine Sicherheit, wenn ich hier ein Magazin anlegen oder einen Zufluchtsort suchen würde. Ich beschloß also sogleich, diejenigen Gegenstände, die mir am wertvollsten schienen, ohne Zögern hierherzuschaffen.

Vor allem brachte ich meinen Vorrat an Pulver und Blei, zwei Jagdflinten und drei Musketen nach der Grotte. Bei dieser Gelegenheit öffnete ich auch mein letztes Pulverfäßchen, das ich aus der See aufs Trockene gerettet hatte, und bemerkte, daß das Meerwasser zwar ein Stück eingedrungen, das Pulver soweit zu einer harten Schale zusammengebacken, der Rest von etwa sechzig Pfund aber ganz wohl erhalten war, wie der Kern in einer Nußschale. In meiner Festung behielt ich nur soviel Pulver und Blei zurück, als zu meiner Verteidigung hinlänglich sein würde. Ich gewann nun die Überzeugung, daß, wenn mich die Kannibalen auf der Insel auszuspähen versuchten, sie mich hier kaum finden würden; jedenfalls glaubte ich nun vor Angriffen sicher zu sein. Ich konnte mich jetzt den Riesen der Vorwelt vergleichen, die in unzugänglichen Höhlen und Felsenklüften Zuflucht suchten.

Samuel Beckett
Warten auf Godot

Erster Akt

Landstraße. Ein Baum. Abend.
Estragon sitzt auf der Erde und versucht, seinen Schuh auszuziehen. Er braucht beide Hände dazu und stöhnt dabei. Erschöpft gibt er den Versuch auf, erholt sich schnaubend und versucht es von neuem. Das Spiel wiederholt sich. Wladimir tritt auf.

ESTRAGON *gibt es wieder auf:* Nichts zu machen.
WLADIMIR *nähert sich auf gespreizten Beinen, mit kurzen, steifen Schritten:* Ich glaub es bald auch.
Er bleibt stehen. Ich hab mich lange gegen den Gedanken gewehrt. Ich sagte mir: Wladimir, sei vernünftig, du hast noch nicht alles versucht. Und ich nahm den Kampf wieder auf. *Er verharrt bei dem Gedanken an den Kampf. Zu Estragon:* Du bist also wieder da!
ESTRAGON Meinst du?
WLADIMIR Ich freue mich, dich wiederzusehen. Ich dachte, du wärst weg für immer.
ESTRAGON Ich auch.
WLADIMIR Wie wollen wir dies Wiedersehen feiern? *Er überlegt.* Steh auf, laß dich umarmen!
Er streckt seine Hand nach Estragon aus.
ESTRAGON *gereizt:* Wart schon! Wart schon!
Schweigen.

WLADIMIR *gekränkt, kühl:* Darf man fragen, wo der Herr die Nacht verbracht hat?

ESTRAGON Im Graben.

WLADIMIR *verblüfft*: Im Graben! Wo denn?

ESTRAGON *ohne Geste:* Da hinten.

WLADIMIR Und man hat dich nicht geschlagen?

ESTRAGON Doch ... nicht so schlimm.

WLADIMIR Wieder dieselben?

ESTRAGON Dieselben? Ich weiß nicht.

Schweigen

WLADIMIR Wenn ich bedenke ... die lange Zeit ... da frag ich mich ... was wohl aus dir geworden wäre ... ohne mich ... *Mit Nachdruck.* Du wärst jetzt nur noch ein Häufchen Knochen, das steht fest!

ESTRAGON *gereizt:* Na, und?

WLADIMIR *entmutigt:* 's ist zuviel für einen allein. *Pause, dann lebhaft.* Andererseits, wozu gerade jetzt den Mut aufgeben, das sage ich mir auch. Man hätte vor einer Ewigkeit daran denken sollen, so um 1900.

ESTRAGON Hör auf. Hilf mir die Dreckschuhe ausziehen.

WLADIMIR Hand in Hand hätten wir uns vom Eiffelturm runtergestürzt, mit den ersten. Da sah man noch anständig aus. Jetzt ist es zu spät. Die würden uns nicht einmal rauflassen.

Estragon versucht mit aller Gewalt, den Schuh auszuziehen.

Was machst du da?

ESTRAGON Ich zieh die Schuhe aus. Ist dir wohl noch nie passiert, wie?

WLADIMIR Ich hab mir immer schon gesagt, daß man sie jeden Tag ausziehen soll. Du solltest besser auf mich hören.

ESTRAGON *mit schwacher Stimme:* Hilf mir doch!

WLADIMIR Tut's weh?

ESTRAGON Weh! Er fragt mich, ob es weh tut!

WLADIMIR *aufbrausend:* Nur du leidest, nur du! Ich zähle nicht. Ich möchte dich mal an meiner Stelle sehen. Du würdest mir was erzählen.

ESTRAGON Tat dir was weh?

WLADIMIR Weh! Er fragt mich, ob mir was weh tat!

ESTRAGON *mit ausgestrecktem Zeigefinger:* Das ist kein Grund, die Hose offenzulassen.

WLADIMIR *beugt sich nach vorn herüber:* Du hast recht. *Er knöpft die Hose zu.* Nur keine Nachlässigkeit in den kleinen Dingen.

ESTRAGON Was soll ich dazu sagen? Du wartest immer bis zum letzten Moment.

WLADIMIR *träumerisch:* Der letzte Moment... *Er denkt nach.* Was lange währt, wird endlich gut. Wer hat das noch gesagt?

ESTRAGON Willst du mir nicht helfen?

WLADIMIR Manchmal sag ich mir, es kommt von allein. Dann fühl ich mich ganz komisch.

Er nimmt seinen Hut ab, schaut hinein, steckt seine Hand hinein, schüttelt ihn aus und setzt ihn wieder auf.

Wie soll man's sagen? Erleichtert und zugleich... *Er sucht...* zerschmettert. *Emphatisch.* Zer-schmettert. *Er nimmt seinen Hut wieder ab und schaut hinein.*

Na, sowas!

Er schlägt auf den Hut, als wolle er etwas daraus entfernen, schaut wieder hinein und setzt ihn wieder auf.

Na, wenn schon!...

Estragon gelingt es unter Aufbietung aller Kraft, seinen Schuh auszuziehen. Er schaut hinein, dreht seine Hand hinein, dreht den Schuh um, schüttelt ihn aus, sucht, ob nicht etwas auf die Erde gefallen ist, findet nichts, steckt seine Hand nochmal in den Schuh; indem er wie abwesend vor sich hinblickt.

Was ist denn?

ESTRAGON Nichts.
WLADIMIR Laß sehen.
ESTRAGON Es gibt nichts zu sehen.
WLADIMIR Versuch, ihn wieder anzuziehen.
ESTRAGON *nachdem er seinen Fuß untersucht hat:* Ich laß ihn etwas an der frischen Luft.
WLADIMIR So ist der Mensch nun mal: er schimpft auf seinen Schuh, und dabei hat sein Fuß schuld.

Weshalb ein Schuster sich von Zechern fernhalten sollte

Manfred Peter Hein
Stunk

Du,
sagte der Zeh
zum Schuh,
nimm Vernunft an,
drück mich nicht!

Nee,
sagte der Schuh,
nicht ich,
der Strumpf
hat keine Vernunf.

Der auch nicht, nee,
sagte der Zeh.
Ihr nich!
sagte der Strumpf.
Oje! sagte der Zeh.

Johann Wolfgang Goethe
Die Anatomie des Fußes

Rom, den 14. März.

Die nächste Woche ist hier nichts zu denken noch zu tun, man muß dem Schwall der Feierlichkeiten folgen. Nach Ostern werde ich noch einiges sehen, was mir zurückblieb, meinen Faden ablösen, meine Rechnung machen, meinen Bündel packen und mit Kaysern davonziehn. Wenn alles geht, wie ich wünsche und vorhabe, bin ich Ende Aprils in Florenz. Inzwischen hört ihr noch von mir.

Sonderbar war es, daß ich auf äußere Veranlassung verschiedene Maßregeln nehmen mußte, welche mich in neue Verhältnisse setzten, wodurch mein Aufenthalt in Rom immer schöner, nützlicher und glücklicher ward. Ja, ich kann sagen, daß ich die höchste Zufriedenheit meines Lebens in diesen letzten acht Wochen genossen habe und nun wenigstens einen äußersten Punkt kenne, nach welchem ich das Thermometer meiner Existenz künftig abmessen kann.

Diese Woche hat sich ungeachtet des üblen Wetters gut gehalten. Sonntags hörten wir in der Sixtinischen Kapelle ein Motett von Palestrina. Dienstag wollte uns das Glück, daß man zu Ehren einer Fremden verschiedene Teile der Karwochsmusik in einem Saale sang. Wir hörten sie also mit größter Bequemlichkeit und konnten uns, da wir sie so oft am Klavier durchsangen, einen vorläufigen Begriff davon machen. Es ist ein unglaublich großes simples Kunstwerk, dessen immer erneuerte Darstellung sich wohl nirgends als an diesem Orte und unter diesen Umständen erhalten konnte. Bei näherer Betrachtung fallen freilich mancherlei Handwerksburschentraditionen, welche die Sache wunderbar und unerhört machen, weg, mit allem dem bleibt es etwas Außerordentliches und ist ein ganz neuer Begriff. Kayser wird dereinst Rechenschaft davon ablegen können. Er wird die Vergünstigung erhalten, eine Probe in der Kapelle anzuhören, wozu sonst niemand gelassen wird.

Ferner habe ich diese Woche einen Fuß modelliert nach vorgängigem Studio der Knochen und Muskeln und werde von meinem Meister gelobt. Wer den ganzen Körper so durchgearbeitet hätte, wäre um ein gutes Teil klüger; versteht sich in Rom, mit allen Hülfsmitteln und dem mannigfaltigen Rat der Verständigen. Ich habe einen Skelettfuß, eine schöne auf die Natur gegossene Anatomie, ein halb Dutzend der schönsten antiken Füße, einige schlechte, jene zur Nachahmung, diese zur Warnung, und die Natur kann ich auch zu Rate ziehen, in jeder Villa, in die ich trete, finde ich Gelegenheit, nach diesen Teilen zu sehen, Gemälde zeigen mir, was Maler gedacht und gemacht haben. Drei, vier Künstler kommen täglich auf mein Zimmer, deren Rat und Anmerkung ich nutze, unter welchen jedoch, genau besehen, Heinrich Meyers Rat und Nachhülfe mich am meisten fördert. Wenn mit diesem Winde auf diesem Elemente ein Schiff nicht von der Stelle käme, so müßte es keine Segel oder einen wahnsinnigen Steuermann haben. Bei der allgemeinen Übersicht der Kunst, die ich mir gemacht habe, war es mir sehr notwendig, nun mit Aufmerksamkeit und Fleiß an einzelne Teile zu gehn. Es ist angenehm, auch im Unendlichen vorwärts zu kommen.

Ich fahre fort, überall herumzugehen und vernachlässigte Gegenstände zu betrachten. So war ich gestern zum erstenmal in Raffaels Villa, wo er an der Seite seiner Geliebten den Genuß des Lebens aller Kunst und allem Ruhm vorzog. Es ist ein heilig Monument. Der Fürst Doria hat sie akquiriert und scheint sie behandeln zu wollen, wie sie es verdient. Raffael hat seine Geliebte achtundzwanzigmal auf die Wand porträtiert in allerlei Arten von Kleidern und Kostümen; selbst in den historischen Kompositionen gleichen ihr die Weiber. Die Lage des Hauses ist sehr schön. Es wird sich artiger davon erzählen lassen, als sich's schreibt. Man muß das ganze Detail bemerken.

Dann ging ich in die Villa Albani und sah mich nur im allgemeinen darin um. Es war ein herrlicher Tag. Heute nacht hat es sehr geregnet, jetzt scheint die Sonne wieder, und vor meinem Fenster ist ein Paradies. Der Mandelbaum ist ganz grün, die Pfirsichblüten fangen schon an abzufallen, und die Zitronenblüten brechen auf dem Gipfel des Baumes auf.

Mein Abschied von hier betrübt drei Personen innigst. Sie werden nie wieder finden, was sie an mir gehabt haben, ich verlasse sie mit Schmerzen. In Rom hab' ich mich selbst zuerst gefunden, ich bin zuerst übereinstimmend mit mir selbst glücklich und vernünftig geworden, und als einen solchen haben mich diese dreie in verschiedenem Sinne und Grade gekannt, besessen und genossen.

Fridericus Frisius
Ceremoniel der Schuster

In welchem nicht alleine dasjenige, was bei dem Aufdingen, Lobsprechen und Meisterwerden nach denen Artikulsbriefen unterschiedener Örter von langer Zeit her in ihren Innungen und Zünften observiret worden, sondern auch diejenigen lächerlichen und bisweilen bedenklichen Actus wie auch Examina bei dem Gesellenmachen ordentlich durch Fragen und Antwort vorstellen und mit nützlichen Anmerkungen zufälliger Gedanken ausführen wollen.

Das Schusterhandwerk.
Vorbericht.
Was ist von diesem Handwerk voraus zu bemerken?

Daß es eines von den alleräItesten, in dem ja Moses schon Schuhe getragen, als er den brennenden Busch gesehen.

Abhandlungen.
I. Von den Lehrjungen.

Was ist bei diesen zu bemerken?

Es muß das ganze Handwerk, bei Aufdingung eines Jungen, beisammen sein, welches nach Erlegung des gewöhnlichen Fordergeldes zusammen gefordert wird, zuvor aber muß der Junge vierzehn Tage probiret und solches, ehe er zum Lehrmeister kommt, dem Handwerksmeister zu wissen getan werden, daß nämlich ein Junge auf die Probe solle genommen werden. Stehet nun dem Meister der Junge nicht an, so können sie beide wieder voneinander kommen.

Was ist bei dieser Gewohnheit sonderlich anzumerken?

Daß die Probierzeit sehr nützlich, indem junge Gemüter vielmal eine Lebensart unbedächtlich erwählen, hernach aber die Hand wieder vom Pfluge ziehen.

II. Wer ist auf des Jungens Seite?

Der Vater oder sonst einer von seinen Freunden, nebst einem Bürgen; hat er aber keinen Vater mehr, so muß er zwei Bürgen haben, welche, wenn er etwa entlaufen möchte, ihn wieder herbei zu schaffen gehalten sein.

Was ist hierbei zu wissen?

Daß nicht allein die leiblichen Eltern, sondern auch alle diejenigen, so derer Eltern Stelle vertreten und ihre Sorge über sich nehmen, in dem IV. Gebote mitbegriffen werden.

III. Was geschiehet alsdenn?

Der Junge darf niemals von dem versammelten Handwerke entweichen, solange sich die Meister miteinander unterreden. Nach diesem aber muß er mit seinem Vater und dem Bürgen hinein kommen.

Was ist hierbei erinnert worden?

Daß der Pythagoras eine sonderliche Wahl unter seinen

Wie der Leisten, so der Schuh: in Salvatore Ferragamos Werkstatt kümmert der Meister sich um den Absatz selbst

Lehrlingen angestellet und nur diejenigen, so ganzer fünftes Jahr stilleschweigen können, vor capabel in seiner Schule zu sein erachtet.

IV. Was muß der Lehrjunge hierbei tun?

Wenn er aufgedinget wird, so muß er etwas Bier zu vertrinken, dem Meister aber, nach dem sein Vermögen ist, ein gewisses zum Lehrgelde und ein Bette geben; ist er aber arm, so muß er, wenn die sonst gewöhnlichen Lehrjahre aus sind, noch ein Jahr bei dem Meister umsonst arbeiten. Überdies muß auch der Junge, wenn er außer der Stadt oder dem Amte ist, einen Geburtsbrief ausweisen.

Was ist hier erinnert worden?

Daß die zeitlichen Güter heutzutage, etwas zu lernen, erfordert werden und bisweilen über die Örter, wo Unterweisung geschiehet, geschrieben stehe:

Si nihil attuleris, ibis, Homere, foras.
Der, welcher nichts kann schenken,
darf nicht auf Künste denken.

V. Wie wird es bei dem Aufgedinge gehalten?

Es stehet allezeit eine offene Lade auf dem Tische, weil darinnen das Register liegt, in welches alles notiret wird. Die Meister sitzen alle, die Gesellen aber kommen nicht dazu, und wenn der Aufdingungsakt zu Ende ist, so gibt er wiederum etwas Bier zu trinken.

Was ist hierbei angemerket worden?

Daß die Bundeslade im alten Testament allezeit zugegen sein müssen, wenn die Kinder Israel etwas Wichtiges vornehmen wollen.

VI. Wie wird es bei der Lobsprechung gehalten?

Wenn des Jungens Zeit um ist, so gibt er ein gewisses Fordergeld, alsdann wird das ganze Handwerk oder es werden nur die oben angeführten Personen von dem Jungmeister gefordert.

VII. Nehmen die Gesellen hierbei auch etwas vor?

Nein. Die Gesellen kommen gar nicht dazu.

VIII. Was haben die Gesellen bei der Lobsprechung vor Ceremonien?

Weil es kein geschenkt Handwerk ist, so wird auch nichts vorgenommen, sondern er wird in dem Nahmen Gottes des Vaters Sohnes und Heiligen Geistes von dem Obermeister losgesprochen. Darauf gibt er einen Schmaus oder an dessen statt ein gewisses Geld.

Was ist hierbei vorkommen?

Die nötige Vermahnung des Apostels Pauli zum Coliss. III, 17. Alles was ihr tut mit Worten oder mit Werken, das tut alles in dem Nahmen Jesu Christi und danket Gott und dem Vater durch Ihn.

III. Von den Meistern

I. Wieviel Jahre muß einer, der Meister werden will, gewandert haben?

Wenn es eines Meisters Sohn ist, wandert er ein Jahr; ist es aber ein Fremder, so wandert er zwei Jahr.

II. Was muß er tun, wenn er will Meister werden?

Er muß bei dem Ladenmeister sich anmelden, hernach läßt er das Handwerk fordern; wann nun die Ältesten (oder alle Meister) da sein, so kommt er und klopfet an die Türe. Darauf wird er gefraget, was sein Begehren sei. Alsdenn spricht er: er verlange vor ein ehrbar Handwerk, ob er könne vorkommen? Hernach sagt er auch, daß er seine Jahre hätte ausgewandert, ob sie ihm wollten die Mutung schreiben, und darauf weiset er seinen Geburtsbrief auf. Wenn solches geschehen, muß er einen Abtritt nehmen, und es wird unterdessen eine Umfrage gehalten: Ob einer oder der andere etwas Unrechts auf ihn wisse? Ob er etwa seine Jahre nicht verwandert habe? Ist nichts wider ihn aufzubringen, so wird er wieder herbeigerufen und der Ladenmeister spricht zu ihm: Weil niemand nichts Ungebührliches von dir weiß, so kannst du deinen Mutgroschen legen. Wenn nun derselbe angenommen, so gibt er etwas zu vertrinken und darf nicht mehr als einen Mutgroschen legen.

III. Was geschiehet ferner?

Wenn er also seinen Mutgroschen geleget hat, muß er alsdenn dasselbeVierteljahr aus der Stadt; will er aber in der Stadt bleiben, so muß er dem Handwerk etwas Gewisses vom Biere zu vertrinken geben. Wenn nun sein Vierteljahr vorüber, so stellt er die Hochzeit an. Sobald diese vorbei, muß er zu dem Ladenmeister gehen und vermelden, daß sein Ehrentag vollführet, nunmehr wolle er auch das Meisteressen geben (dazu sowohl die Weiber als auch hinterlassenen Witwen kommen). Will er aber keine Mahlzeit geben, so muß er davor ein gewisses Geld erlegen. Ist dieses auch vorbei, so gibt er denen Meistern einen halben Eimer Bier, dabei ihm dann das Meisterrecht zugesaget wird.

IV. Wer gibt ihm das Meisterstück auf?

Das ganze Handwerk gibt ihm das Meisterstück auf, welches also zugehet: erstlich muß er ein gut stark Kalbfell mit eigener Hand präparieren und ausarbeiten, hernach aber dem Handwerk ausweisen, ob es zu dem Meisterstück brauchbar sei oder nicht. Wird es gut befunden, so wird ihm das Meisterstücke vorgesetzt, das mag er beschauen solange er will, wenn er aber den Schnitt anfangen will, so nehmen sie das Meisterstücke weg.

V. Was sind es für Stücke, die so ein junger Meister machen muß?

Bei uns werden sechs Stücke gemachet, als

1. ein paar Reitstiefeln

2. ein paar Bauernstiefeln

3. und 4. zwei paar Modeschuhe

5. und 6. zwei paar Bauernschuhe nämlich Manns- und Weibesschuhe.

VI. Ist bei Verfertigung des Meisterstückes jemand zugegen?

Dabei sind zwei Ratsherren, die zwei Vor- und Mitmeister wie auch zwei aus ihrem Mittel. Diese muß er, so lange er darüber machet, mit Essen und Trinken versehen, welches ziemlich hoch kömmet.

Was ist hierbei erinnert worden?

Daß die Obrigkeit allerdings Ursache habe, wohl Achtung zu geben, daß in allen Professionen geschickte Leute mögen erzogen und befördert werden, damit in dem gemeinen Wesen desto weniger Stimper anzutreffen.

VII. In wieviel Zeit muß das Meisterstücke verfertigt werden?

Er darf gemeiniglich nicht länger als drei oder vier Tage darüber zubringen; machet er aber länger, so gehet ihm desto mehr im Essen und Trinken auf.

Was ist hierbei angemerket worden?

Daß ein jeder in seiner Profession sich sein expedit und hurtig gewöhnen solle.

VIII. Ist etwas Sonderliches hierbei zu merken?

Er muß einen Meister um den Ort ansprechen, ob er ihm vergönnen wolle in seiner Werkstatt das Meisterstücke zu verfertigen.

IX. Hat etwa eines Meisters Sohn einige Freiheit hierbei?

Ist er eines Meisters Sohn oder nimmt eines Meisters Tochter oder Wittfrau, so darf er kein Meisterstücke machen.

X. Was geschiehet, wenn das Meisterstücke fertig?

Nach der Verfertigung wird es von denen zwei Ratsherren und von denen Vormeistern besichtiget. Wird es nun vor tüchtig gefunden, so ist es gut vor ihm; bestehet er aber nicht damit, so muß er noch ein Jahr gemeiniglich mit vier oder mehr Talern verstrafen.

XI. Hat denn auch beim Absterben eines Meisters die hinterlassene Witwe Macht und Freiheit das Handwerk fortzutreiben?

Ja. Sie mag bei denen anderen Meistern den besten Gesellen nach ihren Belieben sich ausheben, welcher alsdenn der Bretmeister genennet wird.

Daß das Schusterhandwerk von Gott geordnet, beweisen folgende Berufssprüche:
Apostel Geschichte XII.V.8.

Der Engel sprach zu Petro: Gürte dich und tue deine Schuhe an, und er tat also. Luc. XV.V.22. Gebet ihm Schuhe an seine Füße. Ezech. XXIV.V.17. Du sollst deinen Schmuck anlegen und deine Schuhe anziehen. II. Buch Mosis XII.V.II. Also sollt ihr das Osterlamm essen, um eure Lenden sollt ihr umgürtet sein und eure Schuhe an euren Füssen haben.

Daß Gott dieses Handwerk auch segnen wolle, zeiget folgender Trostspruch: Psal. CXXIIX.V.2. Du wirst dich nähren deiner Hände Arbeit, wohl dir, du hast es gut.

Corollaria
I. Ne futor ultra crepidam, was man nicht verstehet, davon soll man nicht urteilen.

II. Infanti Herculis cothurnos applicare, mit einem etwas vornehmen, dem er doch nicht gewachsen.

III. De tuo luditor corio, es gehet über dich hinaus.

IV. Bei denen Lacedämoniern durften die Jünglinge keine

Schuhe tragen, damit sie zum Laufen desto geschickter wären.

V. Wenn die Römer oder Griechen einen fruchtbaren Regen von denen Göttern erbitten wollten, so gingen sie barfuß und nenneten solche Feste Nudipedalia.

VI. Die beiden Brüder Crispinus und Crispinianus entflohen bei der Verfolgung des Kaisers Diocletiani in Frankreich und trieben daselbst das Schusterhandwerk. Ob nun dieser Crispinus (nach dem gemeinen Sprichwort) ehemalen das Leder gestohlen und hernach die Schuhe um Gottes Willen gegeben, halten wir billig vor eine Fabel und überlassen es dem Heiligen Crispino, welcher bei denen Paptisten der Schuster ihr Schutzpatron ist.

VII. Als verwichene Messe zu Leipzig ein neuangekommener Studiosus ein Leichenbegängnis und dabei den Männerprozeß mit dem Schusterhandwerk beschließen sahe, sagte einer, der dabei stunde zu seinem Kameraden: Gehe fort Bruder, itzo kommen lauter Böhmisten; behüte Gott! versetzte der Neuangekommene, die Böhmisten werden ja nicht so öffentlich allhier gedultet werden. Darauf bekam er zur Antwort:

Jacob Böhme war ein Schuster, Ergo,
kann ein Schuster wohl ein Böhmiste sein.

Da merkte er den Possen und gab sich zufrieden.

Wohlgemeinte Erinnerung.

Weil man in Erfahrung kommen, daß etzliche, und zwar absonderlich geschenkte Handwerke, die Beisorge tragen, es könnten die herausgegebenen Blätter einem liederlich gesinnten Landstreicher Gelegenheit geben, ein ehrliches Handwerk zu berücken und eine Geldschneiderei vorzunehmen: allermaßen ein kühner Bube die Formuln auswendig lernen und also in allen Städten bei der sogenannten Gesellenschenk' einen Schmarutzer abgeben könnte. So ist vor nötig erachtet worden, diesen unvorgreiflichen Vorschlag zu tun, daß bei dergleichen Fall die Wahrheit gar leichte werde an Tag kommen, wenn nämlich ein solcher verdächtiger Landstreicher nach geschehener genauer Nachfrage in die Werkstatt des Handwerksmeisters geführet und angehalten wird, eine kleine Probe desjenigen, was er vorgegeben, zu machen. Da denn gar bald erscheinen wird, ob die Faust den Werkzeug zu gebrauchen und die Zunge solchen recht zu nennen sich getraue. In übrigen kann ein jeder aus denen geringschätzigen Blättern selber ersehen, daß man nicht gesonnen sei, die so alten Gebräuche entweder hönisch zu halten oder gänzlich zu verwerfen; sondern nur hierinne den wohlgemeinten Vorschlag des gelehrten und berühmten Herrn Wagenseils zu observiren, als welcher junge Prinzen und Standespersonen wie auch die studirende Jugend zuweilen in die Werkstätte derer Künstler und Handwerker bei müßigen Stunden zu führen, nicht ohne Vorbedacht geraten.

Robert Knöfel
Was ist Alles dem Schuhmacher zu wissen nöthig?

Wenn ein junger Mensch sich entschlossen hat, oder wenn die Nothwendigkeit an ihn herantritt, einen Lebensberuf zu erwählen, so betrachtet man es stets als eine gute Vorbedingung, wenn er zu dem fraglichen Berufe Neigung und Liebe besitzt. Er hat sich einmal in den Kopf gesetzt, das und nichts Anderes zu werden, obgleich ihm in vielen, ja wohl in den meisten Fällen, nicht gründlich bekannt ist, welche Aufgaben seiner harren, welche Forderungen der gewählte Beruf an ihn stellen wird. Und doch wäre dies, wenn die »verfehlten«

Berufe seltener werden sollten, äußerst nöthig; es wäre nöthig, daß der junge Mann mit klarem Blicke erkennen würde, wie es sich mit dem zu ergreifenden Berufe verhält, ob er sich für denselben qualificirt, und auch, ob er das, was er sucht, in dem Berufe finden wird. Im Publicum begegnen wir nun vielfach der falschen Ansicht, daß das Schuhmacherhandwerk eines der geringsten und jedenfalls das leichteste sei; daß Diejenigen, die Schuhmacher werden wollen, gewiß nur ganz geringe Kenntnisse nöthig hätten. Daß diese Meinung eine durchaus falsche ist, davon sind alle Jene überzeugt, die einen Einblick in die Verhältnisse der Schuhmacherei erhielten, und alle Schuhmacher, die in der Ausübung ihres Berufes die mannigfachsten Schwierigkeiten und Hemmnisse, welche das Fach bietet, zu überwinden haben. Wir wissen Alle, welche Anforderungen an uns herantreten, und wir wissen auch, wie schwierig es oft ist, ihnen Genüge zu leisten. Dessenungeachtet ist es nothwendig, daß wir den Gegenstand einer gründlichen Beachtung unterziehen, daß wir Schuhmacher, und insbesondere die jüngeren Schuhmacher, erkennen lernen, welchen Aufgaben wir zu entsprechen haben, daß wir sozusagen klar überschauen, welches die Grundbedingungen unseres Gewerbes sind, von Anfang bis zu Ende. Es ist deshalb nicht bloser Zufall, daß wir die oben gestellte Frage in erster Linie einer Beantwortung unterziehen, es ist dies vielmehr eine Nothwendigkeit, sollen wir in der Folge unser Ziel stets vor Augen behalten.

Wenn wir uns die Frage: »Was muß der Schuhmacher Alles wissen?« richtig beantwortet haben, dann werden wir auch Umschau halten, wie jene Kenntnisse, jenes Wissen zu erlangen ist. Wenn wir sie beantwortet haben, steht auch klar vor unserem Auge, daß die Schwierigkeiten in vielfältiger Weise sich gehäuft, vermehrt haben, wir sehen, daß die heutigen Anforderungen ganz andere, schwierigere geworden sind, nicht allein nach einer Seite hin, sondern allenthalben. Wie der Bauherr genau wissen muß, welchen Bedingungen ein zweckmäßiges Gebäude zu entsprechen hat, um in Bezug auf Bequemlichkeit, zweckmäßige Einrichtung und Anordnung aller seiner Theile den billigen Anforderungen zu entsprechen, so muß auch der Schuhmacher die nothwendige Beschaffenheit eines richtigen Schuhwerkes kennen. Wie Jener demnach Bedacht zu nehmen hat auf den zweckentsprechenden Aufbau, auf die leichte Zugänglichkeit, auf die Anordnung der Fensteröffnungen und vieles Andere, so hat der Schuhmacher seine Aufmerksamkeit dahin zu lenken, eine allseits gute »Wohnung« für den Fuß zu erstellen. Das kann er nur, wenn ihm die Beschaffenheit des Fußes in jeder Weise bekannt ist. Es genügt nicht, daß er die Form des Fußes, wie sie in normalen Verhältnissen sich zeigt, kenne, gerade so nöthig ist auch die Kenntniß der Abweichungen. Diese aber sind bei jedem Fuße fast wieder andere, also dürfen und können die Kenntnisse in dieser Beziehung auch nicht blos einseitige, sondern sie müssen sogar sehr vielseitig sein.

Wenn wir uns über die Beschaffenheit des Fußes ganz genau vergewissert haben, so ist unsere nächste Aufgabe, wissen zu lernen, auf welche Weise wir die Maßverhältnisse am sichersten ermitteln. Nächstdem wird es nöthig, eine Gegenform zu gewinnen, für die Anfertigung des Schuhwerkes, eine Wiedergabe des Fußes, die diesem möglichst getreu nachzubilden ist, die aber doch auch wieder jene in der Praxis nothwendigen Eigenschaften besitzen muß, die eben nöthig sind, um eine allseits praktische Bekleidung des Fußes zu gewinnen, eine Bekleidung, die ihn auf keine Weise beeinträchtigt, jedoch auch dem guten Geschmack, dem Schönheitssinn in vollster Weise Rechnung trägt. Alle Fachmänner sind sich darin einig, daß dies die erste, schwierigste, aber gleichzeitig auch die vornehmste Aufgabe sei, welcher der zeitgemäße Meister Genüge zu leisten hat. Es gehören aber auch vielfache Beobachtungen, gründliche Untersuchungen dazu, dahin zu gelangen, mit Geschick und Erfolg zu operiren: ob der Stiefel paßt oder ob er nicht paßt. Beides ist abhängig von der Art und Weise, wie der Schuhmacher sich sein Urtheil über den Fuß, seinen Plan für sein Vorgehen gebildet hat. Bald sind es Verkrüppelungen, bald andere schmerzende Schäden, die diesem oder jenem Fuße anhaften, bald begegnen uns flache, bald hochspannige Füße, bald ist es der Platt-, bald der Klumpfuß, der unsere besondere Aufmerksamkeit beansprucht. Um schnell, schon beim ersten Blick auf den Fuß, diesen auf seine Beschaffenheit beurtheilen zu können, ist erforderlich, daß der Schuhmacher sein Auge geübt habe, geübt auf die sofortige Wahrnehmung der besonderen Erscheinungen, geübt im Geschmacke, um seinen Erzeugnissen auch die Zugabe der Schönheit verleihen zu können. Das wird nicht anders zu verlangen sein, als durch Pflege des Geschmacksinns und durch die Uebung im Zeichnen. Wir werden später verschiedenfach Gelegenheit haben, zu sehen, wie gerade Letzteres, das Zeichnen, geeignet ist, den Schuhmacher in seiner Leistungsfähigkeit in hohem Maße zu fördern, wie es aber auch geeignet ist, in allgemeiner intellectueller Beziehung günstig einzuwirken.

Wenn wir an eine fertig zu stellende Arbeit denken, uns vergegenwärtigen, wie die einzelnen Vorgänge aufeinander folgen, so kommen wir jetzt an eine weitere Aufgabe, die an den Schuhmacher herantritt, die Fähigkeit, zu dem Leisten ein Modell herzustellen, das in Bezug auf die Maße, die Absatzstellung des Leistens, wie in Bezug auf die verschiedenartige Gestaltung der Schnittform paßt. Wir erreichen dies mit Hilfe der Geometrie. Sie zeigt uns, wie dieses oder jenes Muster, so oder so sein muß, und wie es nicht anders sein kann. Wie die verschiedensten Wissenschaften anderen Gewerben schon lange dienten und wie sie dieselben zu Kunstgewerben zu stempeln vermochten, so hat sich auch die geometrische Wissenschaft unserem Gewerbe vermählt, nicht ohne dasselbe in der gedachten Weise zu heben, nicht ohne den günstigsten Einfluß auf dasselbe auszuüben. Es ist deshalb unerläßlich, daß der Schuhmacher so weit wie nöthig sich die Kenntniß der Geometrie zu eigen macht, umsomehr als sie, wie wir später sehen, ihm in seinen Arbeiten wichtige Anhaltspunkte bietet, nach deren genauen Befolgung es beinahe ausgeschlossen ist, daß eine Arbeit, die mittelst der Geometrie ausgeführt wurde, ungenügend ausfällt.

Die Kenntniß der Rohmaterialien, der günstigsten Bezugsquellen, der ökonomischen Verwerthung aller Stoffe ist für den Schuhmacher umso nothwendiger, als alle seine Bedarfsartikel sehr theuere Waaren sind und somit die peinlichste Sorgfalt in Einkauf und Verwerthung erfordern. Wie selten bei einer Waare, kann in qualitativer Hinsicht beim Leder, wie bei den übrigen Bedarfsartikeln des Schuhmachers, von Seiten unreeller Producenten und Händler schädigender Betrug verübt werden, welcher Umstand es ganz besonders nötig macht, daß sich der Meister mit gründlichem Kennen und Fachwissen wappnet.

Von einem nach jeder Seite hin tüchtigen Meister darf auch verlangt werden, daß er durch geschmackvolle Zusammenstellung der Obertheile, durch gediegene Ausführung seiner Arbeiten den Anforderungen einer in cultureller Beziehung hochentwickelten Gesellschaft vollauf entsprechen könne. Es gehört hier mehr dazu, als man selbst in Fachkreisen anzunehmen scheint. Zu Großvaters Zeiten war ja manches anders, als es heute ist, aber Großvaters Zeiten kommen nicht wieder, und wer will beweisen, daß es schlimm ist, daß sie nicht wieder kommen? Hat die Forderung, der heutige Schuhmacher müsse der neuen Zeit Rechnung tragen, er müsse sich die Errungenschaften der Neuzeit in seinem Geschäfte verwerthen, er müsse sich den heutigen Verhältnissen anzupassen suchen, sich emancipiren, hat diese Forderung nicht mehr Berechtigung, hat sie nicht viel mehr Aussicht auf Verwirklichung, als der Wunsch und das Verlangen nach der Rückkehr der Verhältnisse, wie sie in früherer Zeit bestanden haben? Muß nicht selbst dem Kurzsichtigsten sich die Ueberzeugung aufdrängen, daß solche Wünsche in's Blaue gehen? Viel besser wird es für den Meister sein, er kann die Wünsche seiner Kunden erfüllen, er vermag sich den heutigen Verhältnissen anzupassen, und mit klarem Blick erkennen, welche Mittel zur Bessergestaltung der materiellen Verhältnisse erforderlich sind.

Selten ist ein Schuhmacher in der Lage, bei Begründung und zur Weiterführung seines Geschäftes über große Mittel verfügen zu können. Er muß daher mit seinem geringen Vermögen sehr sorgfältig und gewissenhaft umgehen und umsichtig wirthschaften. Beim Einkaufe der Rohmaterialien, beim Zuschneiden, bei der Feststellung des Arbeitslohnes, des Verkaufspreises, überall muß er gründlicher Rechner sein, überall muß er rechnen und berechnen. Zu diesem Zwecke müssen wir vom Schuhmacher die Fähigkeit, eine einfache aber geordnete Buchführung besorgen und richtige Geschäftsbriefe schreiben zu können, mit in erster Linie fordern. Man sollte glauben, daß es heute, nachdem bereits Jahrzehnte verflossen sind, seitdem der erste Anstoß zur fortschrittlichen Bewegung gegeben wurde, gar nicht mehr nöthig sei, an die Nothwendigkeit der Buchhaltung auch im Kleingewerbe zu erinnern. Aber es ist nöthig. Gar nichts seltenes ist es, selbständige Schuhmacher zu treffen, die in altväterischer Weise, so gut und so schlecht es gehen mag, die geschäftlichen Vorfälle, die fertigen Arbeiten, die Einnahmen und die Ausgaben auf einem kleinen Täfelchen verzeichnen. Wie armselig sieht doch so etwas aus! Welchen kläglichen Eindruck muß das auf die, in die Werkstatt des Meisters tretenden Kunden oder Geschäftsleute machen. Es wäre gewiß nicht zu viel verlangt, wenn man die allgemeine Einführung einer geordneten Buchführung bei den Kleingewerbetreibenden forderte. Und es ist ja so herzlich wenig Mühe und nur etwas guter Wille nöthig, um eine Buchführung, wie sie der Handwerksmeister braucht, einrichten und besorgen zu können. Die Gelegenheit, die zur Erlernung derselben sich bietet, ist auch so häufig, daß man wirklich vergebens nach einer Entschuldigung sucht, man könne es nicht lernen. Auch in dem vorliegenden Lehrbuche ist diese Gelegenheit wieder geboten, und würde es im eigensten Interesse eines jeden Einzelnen liegen, dem bisher die Buchführung noch fremd war, sich dieselbe zu Nutze zu machen.

Zu dem Weiteren, was dem Schuhmacher noch zu wissen nöthig ist, gehört eigentlich auch die Fähigkeit des rationellen Geschäftsbetriebes, die Fähigkeit, ein Geschäft zweckentsprechend einzurichten, zu leiten, Kundschaft zu erwerben, sie durch reelle Bedienung, durch freundliches Entgegenkommen zu fesseln. Es muß Jeder zu der Wahrnehmung gelangen, daß dem Schuhmacher sehr vieles zu wissen nöthig ist, daß er in der Ausbildung nicht genug zu thun vermag, denn, wenn irgend der Satz: »Man lernt nie aus«, Geltung hat, so ist es bei der Schuhmacherei. Wir hören heute sehr oft Klagen über die ungünstigen Verhältnisse, unter denen die Schuhmacher leiden. Wir verkennen die Berechtigung mancher dieser Klagen durchaus nicht, aber wenn man so einen Blick auf die große Masse der Schuhmacher wirft, die heute auf der gleichen Stufe wie vor der Bewegung, also wie zu Großvaters Zeiten, stehen, so können wir uns der Ansicht nicht verschließen, die Schuhmacher tragen zu einem großen Theile selber die Schuld an ihrer mißlichen Lage. Sie haben es nicht zur rechten Zeit eingesehen, daß eine neue Welt zu entstehen begann, daß somit auch sie in andere Bahnen einzulenken haben.

Hinsichtlich des Geschäftsbetriebes, der Etablirung muß der Schuhmacher reiflich erwägen, was gut und was nicht gut. Man hat Gelegenheit, junge Leute zu beobachten, wenn sie sich geschäftlich niederlassen. Wie vielen fehlen die so nöthigen Fachkenntnisse fast total. Ist es dann ein großes Wunder, wenn sie schon nach wenig Jahren nicht nur ihr Vermögen verloren haben, sondern auch tief in Schulden gerathen sind? Sie haben vielleicht als Gehilfen ganz gute Arbeiten geliefert und waren für das bekannt. Aber wie die Aufgaben, die der Meister zu bewältigen hat, an sie herantraten, mußten sie einsehen, daß sie denselben in keiner Weise gewachsen waren. Statt darüber nachzudenken, ob nicht vielleicht am eigenen Ich die Schuld lag, ging's über die Fabriken und alles Andere los, diese verursachten allein die Lage, in denen sich der junge Meister befand. Wir wollen damit hervorheben, wie nothwendig es ist, daß auch schon der Geselle, ja der Lehrling selbst, jede Gelegenheit, die sich zur Ausbildung bietet, wahrnimmt. Die in vielen Städten in den Wintermonaten in's Leben gerufenen Fachcurse sind hiebei unbedingt sehr zweckmäßig und empfehlenswerth. Wenn auch nicht Alles, so ist doch gewiß recht Vieles damit zu erreichen. Die Construction der Modelle, die nothwendige Beschaffenheit der Beschuhungen in Bezug auf die natürliche Gestalt der Füße wird, wenn auch nicht gründlich gelehrt, so doch so weit erklärt werden können, daß der Theilnehmer bei eigenem guten Willen sich selber leicht weiter üben zu können in die Lage kommt.

Nicht zu vergessen ist endlich auch die Ausbildung in allgemeiner Hinsicht. Dahin gehört die Schulbildung. In späteren Jahren hat man von dem, was man in der Schule lernte, vieles wieder vergessen. Der Ernst des Lebens trat an den jungen Mann heran, und selten greift er jetzt noch zur Feder, vielleicht nur um einige Zeilen zu schreiben. Dadurch verliert er aber seine einstige Fertigkeit, und wenn er selbstständig wird, kann er kaum mehr leserlich schreiben. Das ist sehr schlimm und nicht oft genug kann der Rath ertheilt werden, auch dann noch, wenn man der Schule schon entwachsen ist, hin und wieder Schreibübungen zu machen. Wer als Gehilfe in größeren Städten arbeitet, hat günstige Gelegenheit, sich das Schönschreiben anzueignen. Ebenso pflegen verschiedene Bildungsvereine andere Gebiete des praktischen Wissens, wie Zeichnen, Rechnen, Sprachen und Schnellschrift (Stenografie). Alle diese Kenntnisse kommen dem Schuhmacher bei seiner Thätigkeit als selbstständiger Meister sehr zu statten und dürfen auch umsomehr empfohlen werden, als derartige Curse ja nur ganz wenig, vielfach gar nichts kosten und in den Abendstunden abgehalten werden, also keine Zeitversäumniß verursachen. Ein weiteres zweckmäßiges und ebenfalls billiges Mittel, sich weiter zu bilden, ist die Lectüre guter Bücher. Da gibt es nun Leute, die über das Lesen nur die Achseln zucken oder sich gar abfällig darüber äußern, wohl auch das »viele« Geld, das die Bücher kosten, hervorheben. Dabei vergessen sie aber ganz, daß die Kneipabende viel kostspieliger sind, als eine ganze Bibliothek. Ja, ein einziger Abend kostet oft viel mehr als ein gutes Buch. Von jenem hat man weiters nichts, als andern Tags einen schweren Kopf, diese aber behalten für ihren Leser lange Jahre ihren Werth, vom anderen Nutzen, den sie stiften, ganz abgesehen. Ein anständiges Vergnügen darf sich jeder Mensch gönnen, er muß es haben. Aber wenn die Grenzen überschritten werden, dann kann auch von einem Vergnügen nicht mehr die Rede sein. Ein Spaziergang in Gottes freie Natur erhebt den Menschen und kräftigt seine Gesundheit, zudem bietet er ein viel größeres Vergnügen, als eine wüste Zecherei. Im vollsten Bewußtsein der Wahrheit dieser Worte sagen wir deshalb auch am Schlusse dieser Betrachtung in der neuen Auflage: »Beherzigt die wohlgemeinten Worte, ihr jüngeren Gewerbegenossen, denn Euch namentlich sind sie gewidmet. Sorgt für die Gesundheit Eures Körpers und für die Ausbildung Eures Geistes, dadurch sammelt Ihr Schätze, welche Euch Niemand verkümmern kann, welche Euch in allen Lagen des Lebens zum Heile und Segen gereichen werden.«

Adolf Glaßbrenner
Eine Werkstatt

Genrebild

Personen:

Schuhmachermeister Schmidt. Seine Frau. Heinrich, Wilhelm, Marie, Luise, seine Kinder. Kruse, Hekler, Scheerenthal, Bratscheck, Gesellen. Fritze, Lehrbursche. Caroline, Dienstmädchen. Ein armes Kind. Ein Herr.

Eine Schuhmacher-Werkstatt. Am Fenster links, auf einer Erhöhung, sitzen vier arbeitende Gesellen; ihnen zur Seite steht eine große Wanduhr und ein altmodischer Sorgenstuhl. Am andern Fenster schneidet der Meister Leder zu; in der Ofen-Ecke sitzt der Lehrling auf dem Schemel, über seinem Kopfe hängt ein Vogelbauer, in welchem ein Staar umherhüpft. An der Wand rechts Schränke mit Leisten, Lederzuschnitten etc., an der andern gegenüber prangen verschiedene werthlose Lithographien, bunte Landschaften und Carricaturen. Auf den Schränken Gypsfiguren: ein großer Jagdhund, Schiller's Büste und eine kleine Katze. Das Fenster des Meisters schmücken mehrere Blumentöpfe, von denen sich besonders ein breiter

Geranium und ein Goldlack hervorthun. Die Wand hinter dem Meister bedecken eine Unzahl Maaße, eine schwarze Tafel und fünf Tabackspfeifen. Gegenüber hängen die Röcke der Gesellen und vier Glaskugeln. Auf der Stubenthür steht mit Kreide geschrieben: »Thäten wir, was wir sollten, Gott thäte, was wir wollten.« Der Boden des Zimmers ist mit frischem Sande bestreut. Morgens 7 1/2 Uhr.

MEISTER *brummt sich ein Liedchen bei der Arbeit.* Wenn's Singen nich erfunden wäre, wär's uf diesen kleenen Stern jar nich auszuhalten. Ich möchte man blos wissen, ob se uf die andern Sterne ooch singen. So! *er betrachtet seine Arbeit* Der Jeheime Regierungsrath wäre nu ooch wieder zujeschnitten; nanu will ich mir die Commerzienräthin zurecht schneiden. *reibt die Hände* Wie schön die Sonne in de Werkstelle scheint! Die Jlaskugeln blitzen lauter Diamanten, un zwar vom reinsten Wasser, als ob ich jar keen armer Mann wäre. Die Sonne is wirklich 'ne christliche Sonne, da se eben so freundlich in die Werkstelle eines Schusters wie in's Cabinet des Königs scheint. *Er nimmt sein Käppchen ab und blickt durch's Fenster zum Himmel.* Ju'n Morjen, lieber Jott! Wie jeht's, was machste? *setzt sein Käppchen wieder auf.* Nu wer'n wir bald jar nich mehr einzuheitzen brauchen. Nu kommt bald der flotte Junge, der Frühling, mit de jrüne Hosen un des Rosenbouquet vor de Brust *auf den Ofen deutend*, un denn ärjert sich der schwarze Drachen da in de Ecke, det der liebe Jott uns arme Bürjer die Wärme umsonst jibt. Denn wat det Unjethüm da, das alle Morjen un alle Mittage sein jroßes Maul ufreißt, so'n Winter über vor Holz uffressen kann, det is unjlaublich. Un wem jehören die jrünen Wälder da draußen? Uns Menschen! Un wer darf sich keenen Splitter davon nehmen? Wir Menschen.

BRATSCHECK Bei mir zu Haus, in Bömmen, iß'n auch so!

MEISTER Ja, viel Vorzüge hat Böhmen nich vor uns. Oestreich

is ooch 'ne schöne Jejend! *zum Lehrburschen* Fritze, jib mir mal den Vogelbauer her; Hanswurscht soll ooch de Sonne jenießen. Hast'e ihm schon frisch Wasser jejeben?

FRITZE *thut, wie ihm befohlen.* Ja, der Sänger des Waldes hat ooch schon drei Mal jesoffen.

MEISTER Ja, des Wesen sauft sehre, aber Wasser! Er jehört zum Mäßigkeitsverein, un ich hätt 'en ooch schon Mitjlied werden lassen, wenn ich nich befürchtete, daß er denn nich mehr: Freut Euch des Lebens! sondern: Herr, ich bin en armer Hund! pfeifen möchte. *Er hängt das Bauer am Fenster auf.* So, Hanswurscht, hier haste Sonne un Blumen, un zu freßen un zu saufen haste ooch, Deine Kinder schreien ooch nich: nu kannste Dir 'ne frohe Stunde machen un Jott danken, daß De blos en Staar un keen schlesischer Weber jeworden bist. *Der Staar pfeift die Melodie des Liedes: Freut Euch des Lebens!* Aha, Hanswurscht versteht mir!

BRATSCHECK Ja, is 'e g'scheidtes Viech, selbiges.

MEISTER Ja, er kann doch nu acht Lieder pfeifen, aber er antwortete mir jrade mit: Freut Euch des Lebens. Des is en pfiffiger Kerl, der Hanswurscht.

DIE GESELLEN *lachen.* Guter Witz! Pfiffig!

FRITZE Ja un neulich, wie die Meestern mit 'n Meester zankte, da pfiff er: Kehre Du Di, kehre Du Di an nischt niche!

DIE GESELLEN *lachen.*

MEISTER *lachend.* Fritze, Du sollst nich naseweiß sind! Du weeßt, ich bin nich so 'n Niklas wie de andern Meister; ich habe Dir erlaubt, dann un wann mitzureden, aber Du mußt Dir als Bursche nich um de innern Anjelejenheiten bekümmern. *lachend* Des darf ich kaum! Weder als Ehmann noch als Bürjer.

DIE MEISTERIN *steckt den Kopf durch die geöffnete Thür.* Kannste den Fritzen entbehren, Vater?

MEISTER Wat soll er 'n?

MEISTERIN Er soll man blos die Kleene en Bisken büschen; des Wurm schreit sich sonst de Seele aus 'n Leibe. Die Jungens sind eben nach de Schule jejangen; de Carline muß mal nach Kartoffeln jehen, und ick muß daweile in de Küche bleiben.

MEISTER Jut, da bleibt keen Andrer übrig, da muß der Junge det Kind kriejen. *Die Gesellen lachen.*

MEISTERIN *beinahe lächelnd, indem sie sich zurückzieht.* Schaafskopp!

FRITZE *steht auf und legt seinen Wichsdraht bei Seite, indem er geht.* Na 't is doch 'ne Veränderung! Davor bin ick Mutter. *ab.*

KRUSE Der Junge müßte doch mal nächstens 'ne Portion Knieriem zu jenießen kriejen.

MEISTER Ne, Kruse, Sie sind erst acht Dage bei mir, Sie wißen des noch nich: ich schlage meine Leute nie. Menschen prügeln wie's Vieh, des is 'ne Rohheit, wie se allenfalls blos noch die chinesische Rejierung haben kann. Un en Mensch is Fritze doch eben so jut wie der Kaiser von Fetz un Marokko un der Kurfürscht von Hessen. Ne, so jemeene bin ich nich. Wenn er nich mehr mit Worte zu züjeln is, denn verliert er seine Freistunden. *Der Staar pfeift: »O wie wohl ist mir am Abend!«* Dämelack, es is ja Morjen! Das Thier scheint aus 'ne vornehme Abstammung zu sein, deß es die Zeit so wenig berücksichtigt. Schschsch, Hanswurscht! Irren Se sich nich, Exlenz! Wir jehen nich mehr uf de Nacht zu; wir haben Morjen!

SCHEERENTHAL *laut hämmernd.* Meister, Sie haben ooch diese Woche noch keenen andern Spruch anjeschrieben.

MEISTER Herrjees ja, det hab' ich jestern Morjen verjeßen, weil ich den adligen Jardeleutnant mahnen jehen mußte. Heute haben wir schon Dienstag. Der Jang war ooch umsonst jestern. *Er holt ein Buch aus dem Schranke.* Des war zum sechsten Mal, deß mir der Musje 'ne Stunde von meinen sauern Verdienst jestohlen hat. Un wenn mir denn der bunte Musje Unnütz mal bejejent, denn schämt er sich, mir zu kennen. Jott verzeih' mir die Sünde, diese Deine Welt is doch zu dämlich! Wenn et nach Recht jinge, so müßte sich so 'ne Paradepuppe, die ich mit meinen Schweiß ernähren muß, dief vor mir bücken, un der Kerl schämt sich, mir zu kennen! Na, wenn 't aber mal... wo stehen denn die Sprüche? *Er blättert im Buche*. Aha, hier! Wo is denn wieder die Kreide jeblieben? *ruft zur Stubenthür hinaus* Fritze, wo is de Kreide jeblieben?

FRITZE *kommt mit dem Kinde auf dem Arm herein und überreicht ein Stück Kreide*. Hier is se; die Frau Meestern hatte se jebraucht. *indem er wieder geht, das Kind wiegend* Büsche, büsche, beyken, koch' det Kind en Breiken. *ab*.

MEISTER *lachend*. En verdammter Bengel! Ich muß 'n wahrhaftig mal wieder uf Acht Dage unter östreichsche Preßfreiheit setzen. Jutwillig kann er sein Maul nich halten. *Er wischt mit der Hand den obenbenannten Spruch aus und schreibt einen andern auf*. So! *laut lesend* »Stehend Wasser wird stinkend.« Ein sehr jeistreicher Spruch! Des heeßt: wo keen Fortschritt is, da verfault Allens, Leben un Jlück. *Er macht das Fenster auf und sieht hinaus*. Herrjees, wat stinkt det uf de Straße! *schließt das Fenster wieder*. Un dabei scheint Jottes Sonne so schön! Solch en Dag un um diese Zeit war's, wie ich vor Siebzehn Jahren uf de Wanderschaft nach Erfurt von'n Rhein runter kam, wo ich meinen Hausfreund, den Dischler Kottel kennen lernte, mit den ich noch jetzt een Herz un eene Seele bin. Es war am 30sten März, ich weeß es noch wie heute. Der Winter hatte ooch so schnell Adje jesagt, un sich in seinen weißen Mantel zurückjezogen. Die Frösche steckten schon in de Teiche ihre jroßmäuligen Köppe raus, un des war des Zeichen, deß der Frühling schon an de Dhüre kloppte. Nu hatt' ich freilich man noch en Zweejroschenstück in de Tasche, das mir en allerliebstes schönes Fräulein aus 'n Wagen in den Hut jeworfen hatte; aber ich war doch lustig un wollte eben mein Lieblingslied singen, als neben mir aus des halbjrüne Jejruse 'ne Lerche aufstieg un jauchzend nach 'n Himmel wollte: Halloh! schrie ich, des is mein Glück, die Lerche, un schmiß den Hut so hoch, deß er im Runterfallen auf 'n Appelboom sitzen blieb, un ich erst rufklettern un mir den Flaps wieder runterholen mußte. Und dann sang ich mir mein: 'Naus, 'naus, 'naus und 'naus, zum Potsdammer Dhor hinaus! nahm, wie 's Rejel is, das Felleisen auf die linke Schulter, den Wanderstock in die rechte Hand, und zog in Erfurt ein. Auf der Herberge brauchte der Jungjesell – denn ich war erst seit vier Monaten losjesprochen – nicht lange Feierjesell zu bleiben, und der Altjesell sich gar nich umzuschauen; denn kaum war ich eine halbe Stunde da, so kam ein Meister, dem mein Jesicht jefiel, und da er jrade Arbeit hatte und ich richtije Kundschaft bei mir führte, so nahm er mich. Das is die Lerche! dachte ich unterwejes. Und das is wieder die Lerche! dachte ich, als wir in's Meisters Haus traten, un da ein nettes Stimmchen: Was frag' ich viel nach Jeld und Jut, sang. Und das war erst recht die Lerche, als nu die Sängerin aus de Küche kam: ein blitzblankes Mamsellchen von 16 Jahren mit schwarzen muthwillijen Augen, un en Paar Borschdorfer uf de Backen, deß man jleich zubeißen mochte. Wir wurden uns nachher recht jut, un haben oft zusammen uf de Bank vor de Dhüre jesessen, wenn die Sterne uns zublinkten, un hatten uns Beide jar nischt zu sagen, sondern blos de Hand zu drücken. Ich hätte das Mädchen auch wohl jeheirathet, aber ich war noch zu jung, un Dischler Kottel, den ich da kennen lernte, wollte im nächsten Frühjahr auf die Wanderschaft, un da zog ich mit ihm, un so haben wir uns denn noch en paar Mal Liebesbriefe aus jedruckte Bücher abjeschrieben, un uns denn verjessen.

BRATSCHECK *zu den Gesellen.* Erzällt er sehrr schönn, Herr Master unsriger.

MEISTER Was is 'n Des? *Er nimmt sein Taschentuch.* Ich jloobe jar, mir is 'ne Thräne in's Ooge jekommen. Ja, ja, meine Jugend is dodt, un nu wird der Meester Schmidt wehmüthig, wenn er an seine Wanderjahre denkt. Singen wir en lustijes Lied, Jesellen! Das Heidideldei von der hübschen Bauersfrau und dem schmucken Reiter. Hekler, Sie haben die beste Stimme von uns; fangen Sie an; wir fallen ein.

HEKLER *singend.*

Ein niedliches Mädel, ein junges Blut,
Erkor sich ein Landmann zur Frau;
Doch sie war einem Soldaten gut,
Und bat ihren Alten einst schlau:
Er sollte doch fahren in's Heu,
Er sollte doch fahren in's –
Ha, ha, ha, ha, ha, ha, Heidideldei,
Juchhei, tralalei!
Er sollte doch fahren in's Heu!

ALLE. Er sollte doch fahren in's Heu,
Er sollte doch fahren in's –
Ha, ha, ha, ha, ha, ha, Heidideldei,
Juchhei, tralalei!
Er sollte doch fahren in's Heu!
Allgemeiner Gesang.

MEISTER *während des Gesanges zum Staar.* Schschsch, willste ruhig sind, Hanswurscht! Pfeift der Kerrel: Was frag' ich viel nach Jeld und Jut! während wir hier janz was anders singen! Schschsch! Willste jleich Deinen Schnabel halten, oder Du mußt wieder an'n Ofen!

ALLE *singend.*

Juchhei, tralalei! Da fahre der Teufel in's Heu!

MEISTER So ein Lied zur Arbeit frischt die janze Seele auf. Nun noch das neue Lied, Hekler!

HEKLER *singend.*

Der Schuster, hat er doppelt Pech,
Denkt auch nicht legitim;
Ach, ruft er, deutsche Michelei,
Hätt' ich dich vor dem Pfriem!
Was ich bezweckte, wüßt' ich wohl:
Ich bohrt' ihn dir in's Herz;
Durch diese Leistung heilte ich
Das Vaterland vom Schmerz.
Ein Schuster, der von Stillstand hört,
Wichst giftig seinen Draht;
Bei ihm muß Alles Fortschritt sein.
Sonst wird er desperat!

ALLE *enthusiastisch.*

Bei ihm muß Alles Fortschritt sein,
Sonst wird er desperat!

MEISTER *reißt das Fenster auf und singt hinaus.*

Bei ihm muß Alles Fortschritt sein,
Sonst wird er desperat!

MEISTERIN Aber, Kinder, Ihr weck mir ja mit Euer Jejröle des kleene Wurm immer wieder uf, wenn es kaum einjeschlafen is!

MEISTER Singt et vielleicht ooch patriotsche Lieder? Mütterken, sei doch nich böse; laß' doch des Wurm schreien! Jott, det is ja so in Deutschland so stille! Wenn die Kinder nich noch zuweilen schrieen, wüßte man jar nich, deß des Land bewohnt is. *Er geht zu seiner Frau, gibt ihr einen Kuß und dreht sie der Thür zu.* Ne, singen müssen wir, Mütterken; des is nu mal unsre Natur, un seine Natur vertheidigt jedes Thier, da wird sojar der Deutsche unanjenehm. Du weeßt, Mutter, bis uf jewisse Dinge laß ich mir Dein Pantöffelken janz jemüthlich jefallen; aber wenn die jewißen Dinge eintreten, denn steht Schuster Schmidt der Vierzehnte uf und sagt: des Haus bin Ich!

MEISTERIN *noch halb schmollend.* Na 't is jut, jeh' man, jeh' man! *sich wieder zu ihm wendend* Willste Dein Frühstück?

MEISTER *streicht ihr die Wange.* Ja woll, ehrenwerthes Mitjlied der schönen Hälfte des menschlichen Jeschlechtes! Frühstück is eine der herrlichsten Erfindungen deutscher Bildung. Schick' mir mein Butterbrod und einen kleenen Schluck reenen Jetraidekümmel von Gilka aus de Zimmerstraße. Aber durch Fritzen! Der hat nich länger Zeit; et muß Draht jewichst werden. Außerdem haben ihn mir seine armen Eltern ooch nich jejeben, det er Amme un Dienstmädchen lernen, sondern det er Schuster werden soll.

MEISTERIN Is jut, is jut; ick kann 'n jetzt ooch mißen. De Carline is zurück. *ab.*

Der Staar pfeift: »Kehre Du Di, kehre Du Di an nischt niche!«

MEISTER Ne, sei janz außer Sorgen, Hanswurscht; ich weeß, wie weit die Liebe jeht, un wo der Scepter anfängt. *Zu den Gesellen.* Was ich vorher bei des Lied bemerken wollte: wie ich vor'jes Jahr uf 'n Schützenplatz den besten Schuß dhat un König wurde, un mir bei den Schmaus, den ich jeben mußte, ein Toast jebracht wurde, da sagte der Ausbringer: Diesen König wollen wir aus voller Seele leben lassen, denn Schmidt is ein König, der Alles leistet, was er bezweckt!

DIE GESELLEN *lachend.* Sehr jut!

FRITZE *mit dem Frühstück.* Das jüngste Fräulein hat sich beruhigt, und die Madam schickt hier Jenuß.

MEISTER Hör' mal Fritze, nu will ich Dir mal wat sagen: wenn

De nu nich Deine Dummheiten läßt, denn weeßte, wie et in Beziehung uf Deine Freistunden steht. Det merke Dir! Un nu jib mir mal den Ort da her un denn wichse Drath un mach' Borschten an.

FRITZE Einige Drähte sind noch da, die schon borschtig sind. *Die Gesellen lachen. Der Meister hat eben sein großes Butterbrod in die Hand genommen. Man klopft.* Herein!

MEISTER Herein! *nach einer Pause* Herein!! Na, et hat doch gekloppt! Seh' mal zu, Fritze, wer da is!

FRITZE Des scheint blos en Jeist zu sind, der uns jedroht hat. *Er öffnet die Thür.*

EIN ARMES KIND *von ungefähr sechs Jahren, halb nackt, vor Kälte zitternd, weinend.* Ach, schenken Sie mir en bischen Brod! Ich habe nichts zu eßen, un mir friert so, ach!

MEISTER O mein Jott, mein Jott! *Er legt sein Butterbrod auf den Teller, und führt das Kind nach dem Ofen.* Komm' hierher, armes Wurm, wärme Dir! So, soo! Haste denn keene Eltern?

DAS ARME KIND Ja, mein Vater sitzt; er hat beim Bäcker en paar Brodte stehlen wollen, weil wir Alle seit zwee Dagen nischt jejessen hatten. *faltet die Händchen* Ach, en bischen Brod, mir hungert so fürchterlich!

MEISTER Fritze, jib mein Butterbrod her, un jeh' raus nach de Küche un laß noch eens schmieren! *zum Kinde* Wo wohnt Ihr denn, Würmeken; wat macht denn Deine Mutter?

DAS ARME KIND *das Brod verschlingend.* Wir wohnen Alle in 'n Keller vor's Hamburjer Dhor, meine Brüder un meine Schwestern ooch. Mutter ligt schon seit drei Wochen an de Erde un is krank. Sie soll in en Bette kommen, aber wir haben keens; die zwee Brüder von mir ooch nich, die sind ooch krank. Un nu frieren se so schrecklich, weil ich un meine Schwestern allens Zeug anhaben, was da is, weil wir betteln gehn müßen.

MEISTER Allens Zeug? *Er gibt dem Kinde das zweite Butterbrod, das Fritze gebracht hat.* Des nennt sie Zeug, was sie anhat, o Gott, o Gott! Warte mal, mein Würmeken! Dir kann det jleich sind, ob De als Junge oder als Mächen uf de Straße rumloofst. Mächens hab' ich nich so jroße, aber die Jungens haben noch en überflüßgen Anzug. Fritze, hole mal die alten Hosen von Heinrichen un den alten Rock von Wilhelmen! Rasch! Meine Frau soll' se Dir jeben; ich hätt's befohlen! *steht mit zornigem Gesicht auf* Det is zu doll! *wieder mild zum Kinde* Un nu sage mir, Würmeken, jnau, wo Du wohnst; die Sache muß untersucht werden! *Er notirt sich die Wohnung des Kindes.* So! *zornig* Solche Armuth, solch Elend darf nich existiren! Daran sind Wir schuld! Wir sind die Verbrecher! Jott läßt jenug wachsen, aber Wir nehmen uns zu viel! Beten, ja beten können se vor de Unjlücklichen, aber... Himmeldausendzapperment, des halt' ich nich aus! Des...

MEISTERIN *mit den Kleidern.* Na, wat is den nu los? Wir können noch nich mal den Schneider bezahlen, un nu willste... *sie erblickt das Kind* Ach, du lieber Jott! Ach, du meine Barmherzigkeit, in so 'ne Kälte! Biste satt, mein Engelken, oder willste noch 'ne Stulle haben?

DAS ARME KIND *lächelnd.* Ne, ich bin satt, Aber – zu Hause...

MEISTERIN Sei stille, Du sollst en janzes Brod mitkriejen. Sage mal Puttken, jeben dir denn die Reichen Leute nischt, wenn De bettelst?

DAS ARME KIND Ne, da stoßen mir die Bedienten jleich aus't Haus raus.

Der Staar pfeift: »Ein freies Leben führen wir, ein Leben voller Wonne!«

MEISTER Schschsch! Halt's Maul, Hanswurscht! *Er geht wüthend auf und ab.* Ja, Die!

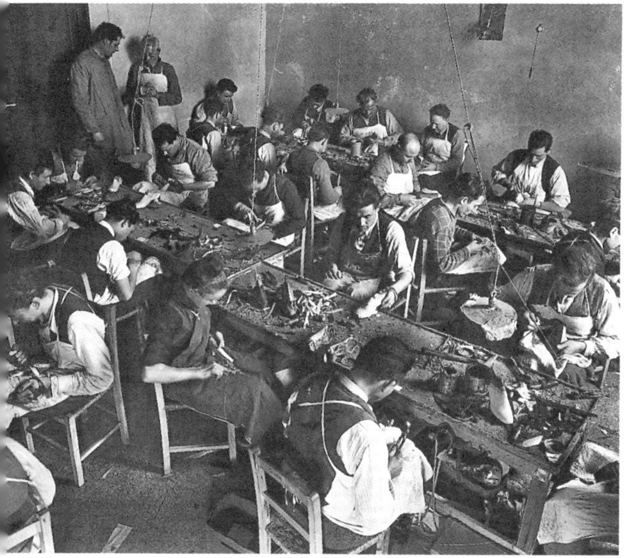

Wo kein Leder ist, da gibt's keine Schuhe: Schnallen und Riemchen sind Beiwerk, für den Auftritt wichtiger ist die Sohle

BRATSCHECK Herr Master, hab'm mer z'sammeng'leckt a vor das armes klanes Madel. Wir wulln mir heut nit fruhstukken.

MEISTER *nimmt das Geld.* Danke, danke schön! Ich lege auch noch en Achtjroschenstück zu, obschon... Ende diese Monats Miethe un Miethsabjaben un Schuljeld zu zahlen un keen Holz mehr im Keller is. Na, wir sind doch wenigstens noch jesund un haben Arbeit, da jeht's! Freilich Arbeit und immer Arbeit von früh an bis in die späte Nacht, um mit Sorjen ehrlich durchzukommen, während die Schurken...

MEISTERIN Komm, mein Kind, ich will Dir anziehen un des Brod jeben, un denn mach', daß De zu Hause kommst.

DAS ARME KIND *freundlich.* Adje! Jott soll's Ihnen danken!

MEISTER Ja... adje, adje, mein Kind! Morjen früh bin ich bei Euch. *Meisterin und Kind ab.* Solche Noth!! Wie lange wird Des noch halten?

Der Staar pfeift: »Es kann ja nicht immer so bleiben hier unter dem wechselnden Mond!«

Ja, Du hast Recht, Hanswurscht, es muß anders werden. Wie klug der Vogel immer zufällig die Hauptlieder aus meinen Leben singt, die ich ihm jelernt habe! Wenn der Vogel mal eines Morjens auf 'n Rücken liegt, wird es woll mit Meister Schmidten ooch zu Ende sind. Es kann ja nich immer so bleiben! Ne, des kann es ooch nich! 'Mal wird's des Volk doch einsehen. Es heißt zwar: Schuster, bleib' bei Deinem Leisten! aber des Sprichwort hat jewiß so 'n Mukkebold von Pfaffe oder Rejierungsmensch erfunden, der nur Herren un Sclaven in der Welt wollte, keene Menschen. *Er stemmt die Arme in die Seite.* Wer is mehr als Schuster? frag' ich! Der Eene macht Jesetze, der Andre Röcke, der Dritte baut Häuser, der Vierte macht Wissenschaft, der Fünfte ackert un ich mache Stiebeln! Des is Mus wie Miene! Im Staat tauschen wir einander aus, was wir können, un im jesellschaftlichen Leben, was wir sind.

Der Staar pfeift: »Wir Menschen sind ja alle Brüder!«

Ja woll, Hanswurscht! Wer is mehr als en Schuster? Hans Sachs war en Schuster, un war dabei en Dichter, von den man noch heutzudage spricht, während um ihn rum sojenannte Jroße un Vornehme jelebt haben, die so dodt un so verjeßen sind, deß se eijentlich jar nich hätten leben brauchen! Ne, Schuster, bleib' nich bei Deinem Leisten! Wenn Du jearbeit't un Deine Pflicht als Familienvater erfüllt hast, denn denke an Deine Pflichten als Mensch un Bürjer! Bekümmere Dir um Deine Stadt, um Deinen Staat, um die janze Menschheit, denn Deinentwejen is die Erde von Jott eben so jut erschaffen worden, wie um den Hofrath Soundso mit den rothen Adlerorden! Haste die neuen Stiebeln fertig jewichst, Fritze?

FRITZE *sie ihm überreichend.* Ja, die Sonne spiejelt sich in ihren Jlanze.

MEISTER *stellt die Stiefel auf seinen Tisch.* Da stehen se! Muß sich nu der Staat nich freuen, deß so 'n Paar prächtige Stiebeln aus meine Werkstelle hervorjejangen sind? Warum jibt er mir keenen Orden? Was? Objleich ich die Orden … *Die Uhr schlägt Zwölf.* Was, schon der Vormittag vorüber?

FRITZE *im Tone des Nachtwächters.* Zwölf schlägt die Glock'!

MEISTER Halt's Maul!

DIE GESELLEN *stehen von der Arbeit auf, reinigen sich, ziehen ihre Röcke an, nehmen den Hut und gehen ab.* 'Mahlzeit!

BRATSCHECK Gutten Appetiet wünsch' ich Ihne!

MEISTER Mahlzeit!

HEINRICH und WILHELM *stürzen herein und werfen ihre Mappen ab.* Da sind wir! Die Schule is aus! *küssen ihren Vater* Ju'n Dag, Vater!

MEISTER Ju'n Dag, Jungens! Na, man nich so unjebachert!

Immer hübsch ruhig un anständig. Was habt Ihr 'n heut jelernt?

HEINRICH Jelernt? Des weeß ich nich.

WILHELM Wir haben deutsche Stunde jehabt, un...

MEISTER *für sich.* Die jlückliche Jugend, die man blos deutsche Stunde hat! *laut* Da kommt de Mutter! Nu macht, un helft den Eßdisch ufziehen!

HEINRICH und WILHELM *auf diesen losspringend.* Ja!

MEISTERIN Na na, na na, laßt man't Haus noch uf'n alten Fleck stehen! *Sie betrachtend.* Seht 'mal, wie Ihr wieder ausseht! Wo habt Ihr 'n Euch wieder 'rumjesielt, he? Jewiß wieder Kieler oder Murmel jespielt? *Zum Dienstmädchen* Dreh des Dischtuch um, Carline: uf die Seite jeht et nich mehr.

WILHELM Wat jibt et 'n heute, Carline?

CAROLINE Det wirste sehen!

WILHELM *macht ihr ein schiefes Gesicht.* Aeh! Olle...

MEISTER *drohend.* Du, Wilhelm, ich habe Dir schon ofte jesagt: wenn De jejen Carlinen nich artig bist, denn verjeß' ick mir mal, denn jibt et en Jericht, was De nich jerne eßt: Knallschoten! Lieber kannste mal zu Muttern unartig sind, aber nich zu Dienstleuten.

Alle gruppiren sich um den Tisch. Der Staar hüpft auf und nieder und pfeift: »'Naus, 'naus und 'naus, zum Potsdamer Thor hinaus!«

MEISTER Aha, der merkt wieder, deß es Mittag is. Fritze, mach' ihm des Potsdammer Dhor uf!

FRITZE *thut's.* Freiheit, schöner Jötterfunken! *Der Staar fliegt nach dem Tische und setzt sich zur Seite des Meisters, an dessen Teller pickend.*

MEISTER Ruhig, Hanswuscht, bis et wat jibt! *zu den Kindern* Beten! *Er faltet, wie Alle, die Hände.*

LUISE Will heut nich beten, ne, will nich!

MEISTERIN Stille, Louiseken, falte die Händchen so!

HEINRICH Wir sagen Dir, für Speis' und Trank,
Herr Jott im Himmel unsern Dank;
Behüte uns vor Sünd' und Noth,
Und schenk' uns einen sel'gen Tod.

LUISE *auf eine Schüssel deutend, während des Gebetes.* Katoffeln!

Nach dem Mittagessen setzt sich der Meister in den Sorgenstuhl; der Staar läßt sich neben ihm nieder; die Meisterin und die Kinder gehen leise hinaus und, nachdem der Tisch abgedeckt und das Fenster ein wenig geöffnet ist, auch Fritze und Carline. Der Meister schlummert eine halbe Stunde.

DIE GESELLEN *treten wieder ein, ziehen die Röcke aus, hängen sie auf und gehen an die Arbeit.*

MEISTER *sich reckend.* Aaaaach! Fffff! *reibt sich die Augen* Das war en schöner Traum! *steht auf* Marsch, Hanswurscht, in Deinen Pallast! *Er geht zum Bauer und pfeift, worauf der Staar hineinhüpft.* Mir träumte, ich wäre jestorben un nach'n Himmel jekommen, un da kam mir der liebe Jott entjejen un sagte zu mir: Ju'n Dag, Herr Schmidt, wie jeht's Ihnen? Na, antwortete ich, wie Sie sehen! Mit unten is et nanu alle; wie es et nu aber hier oben: muß ich hier ooch arbeiten? I Jott bewahre! sagte der liebe Jott: hier oben müssen Die arbeiten, die unten nischt jedhan haben, un Die, die unten jearbeit't haben, die haben hier bis in die jraue Ewigkeit nischt als lauter Verjnügen! Un nanu war ich mit een Mal in 'ne lustije Jesellschaft von lauter reichen Engeln, die hier unten arme Deibel waren, un des war ein Land voll lauter Blumen un jrünen Bäumen, un die Blumen sangen alle wunderschöne Freiheitslieder und dufteten so, deß man in Seligkeit schwamm. Un aus hundert Quellen sprudelte Champagner, un wie ich mir eben einen joldnen Becher von schöpfen wollte, da kamen Sie, meine Herren Jesellen, un weckten mich un – nu bin ich wieder der Schuhmachermeister Schmidt in seiner Werkstelle un muß arbeiten, deß Frau un Kinder Kartoffeln un Brod haben. Na, schad't nischt! Ich weeß doch nu, wie es mit uns wird, wenn wir erst den letzten, den jrünen Ueberrock mit de Vergißmeinnich anhaben. Freilich könnten wir Menschen uns den Himmel schon hier machen aber... die Sterne!

HEKLER Aber wir sind zu dämlich!

FRITZE *eintretend.* Die Frau Jeheime Ober-Mezinal-Räthin von Kaltmacher lassen den Herrn Meister sagen, er möchte oogenblicklich bei ihr kommen und ihr Maaß nehmen!

MEISTER Schön! Ich würde mir jleich anziehen un kommen.

FRITZE Schön! *für sich* Nu jeht der Meister fort, nu jeht die Jeselligkeit an. *ab.*

MEISTER *nachrufend.* Die Meisterin soll mir mein Zeug 'rauslegen! *lächelnd* Frau Jeheime Ober-Medezenal-Räthin! Nu möcht' ich wissen, was Die von de Arzneikunde versteht; wie Vielen Die schon de Kur jemacht hat. Der Deutsche is doch en Esel mit seine Titel! *zu den Gesellen* Ich bin bald wieder hier, atje! *ab.*

SCHEERENTHAL Man keene Uebereilung!

HEKLER *läßt die Arbeit und reckt sich.* Aeh! Immer arbeeten, det weeß der Deibel! Ick jloobe jar nich, det der Mensch eejentlich arbeeten soll, denn sonst hätte ihn Jott die Lust dazu anjebären lassen. Anstatt haben wir blos Hang zum Verjnüjen. *Stößt seinen Nachbar Kruse heimlich an und deutet auf Bratscheck.* Na, Bratscheck, wie is et 'n mit Deine Jräfin? Mit die schöne reiche Wittwe, die nebenan wohnt, wo Du in Schlafstelle ligst, un die Dir immer so ansieht als ob? Seid Ihr noch nich verlobt?

BRATSCHECK Ach, Ihr spaßt!

HEKLER I, soll mir Eener en Dhaler schenken, wenn ick spaße! Die Jräfin is in Dir verliebt, wat ick Dir sage! Wat is 'n ooch da dabei? Du jloobst woll, weil Du blos en Schusterjeselle bist un sie 'ne Jräfin? Aeh herrjeses! Du weeßt man jar nich Bescheid, Du bist blos en Böhme; aber davor kannste nich, darüber mach' ick Dir keenen Vorwurf. Ick sage Dir, die Jräfins un alle die vornehme Damen haben jetzt 'ne wahre Wuth, Schusterjesellen zu heirathen! Vielleicht, weil se... Ick sage Dir, et sind jetzt kaum so viel Schusterjesellen ufzudreiben, wie die Gräfinnen un Baronessen heirathen wollen!

BRATSCHECK *erstaunt.* Alle bitt' ich Ihne!

SCHEERENTHAL *sehr ernst ihm zunickend.* Ja, Hekler hat Recht; et is so.

KRUSE Wir werden Dir det doch nich sagen, Bratscheck, wenn et nich so wäre. Wir sind so rechtschaffene Jemüther: laute drei Mal jenähte Ehrlichkeit. Wat sagste dazu, det sich mir neulich 'ne medisirte Fürschtin von 17 Jahren, wunderschön, un mit en Vermögen von 7 Millionen hat antragen lassen? Wat?

BRATSCHECK Alle Sakramentzki! Und hast sie nit g'heirath't?

KRUSE Ick habe ihr ausjeschlagen. Erschtens darum, weil ick mir sollte in den Freiherrnstand bringen lassen, wat ick wejen mein Jewerk nich dhun wollte, un zweetens, weil ick meinen alten Jejenstand, die Dörthe, die bei'n probirten Zahnarzt Pundsdag dient, mein Wort jejeben habe un weil blos Schurken ihr Wort nich halten. Aber ick sage Dir, wie mir die medisirte Fürschtin jeliebt hat; ick sage Dir: doller kann keen Fürscht seine Unterthanen lieben! Des war 'ne Liebe! Da is Deine ihre jar nischt jejen! Seh' mal: heute, wie sie mir noch hoffnungsvoll liebte, war se frisch un jesund un et fehlte ihr jar nischt. Nu kriegt se meine abschläjige Antwort, wo ich ihr ihr Herz refusire: bumms, war se alle! Ick sage Dir, Bratscheck, Dein Schatten, wenn

De uf de Straße jehst, des is en Viehmäster jejen die Fürschtin, so mager is se in zwee Dagen aus Jram unerhörter Liebe eines Schusterjesellen jeworden. Wenn se jeht, klappern ihr alle Knochen un ihr schönes schwarzes Seidenhaar sieht wie Kümmel un Salz aus.

BRATSCHECK O arme, arme Narr! Herr Vatter meiniger hat Frau Mutter meiniges auch nit g'nommen. Ich, hätt' ich gnädges Fürschtin doch...

KRUSE *stolz thuend.* Ne! Als Schuster nie! Wenn nich die Bedingung bei jewesen wäre, deß ich hätte Freiherr werden müssen, denn hätt' ich villeicht die 7 Millionen mitjenommen, un hätte meine Dörthe einen Posementirladen jekooft. Aberscht Schuster sein, wirklich Schuster sein, alleweile anjetzt, wo der Handwerker der erste Stand is, un der Schuster am ersten, un Freiherr werden: nü!

SCHEERENTHAL *ein Stück Leder in's Weichfaß tauchend.* Jott bewahre! *hämmernd* Wer es ein Mal bis zum Schusterjesellen jebracht hat, der muß ooch seinen Stolz haben.

HEKLER Ja woll! Bratscheck, wenn ich wie Du wäre, der Du nich so uf de Schusterei versessen bist, ich nähme ihr, die Jräfin. Seh' mal, der Kruse hat nu schon 'ne Fürschtin uf sein Jewissen, un wenn Du nu ooch die Jräfin aus unjlücklicher Neijung umbringst, so jeht am Ende der janze Adel aus, un des wäre schrecklich.

BRATSCHECK Aber wenn is 'e nur wahrr, daß is gnädiges Frau Gräfin so narrisch in mich verliebt?

HEKLER I, det müßten wir nich wißen! Frage man Krusen, der hat et jesehen. Mensch, wo haste denn Deine Oogen? Wahnsinnig is se in Dir jeschossen! Wie Du neulich mit uns durch de Heiljejeist-Straße nach den Kröcherschen Schnapsladen jingst, un die Jräfin fuhr mit ihre vier Schimmel an uns vorüber: Kruse, erinnerste Dir?

KRUSE Na ob!

HEKLER Ne, so was von Liebe is mir noch jar nich vorjekommen! Der Jäger, den se hinten uf hat, der jloobte, sie fiele in Ohnmacht, so seufzte se, als sie Dir erblickte, un mit den Worten »Mein Bratscheck!« hielt sie sich ihren Battist vor de feine Nase. *Fritze tritt ein, Hekler gibt ihm ein Zeichen.*

FRITZE *für sich.* Aha! *Er zieht ein Billet aus der Tasche, laut.* Da hat mir draußen ein mit Jold un Silber einjefaßter Bediente en Billet *er besieht dasselbe und liest* »An Herrn Herrn Fußbekleidungskünstler Bratscheck« jejeben. Det kann doch nich an Ihnen sind, Herr Bratscheck?

KRUSE Na, det versteht sich, Schaafskopp!

BRATSCHECK *sich entfärbend.* Für mich Brief?

SCHEERENTHAL *zu Fritze.* An wen soll et sonst sind, dummer Junge! *zu Bratscheck* Des is von Ihr! Des hört man schon an die vornehmen Ausdrücke!

HEKLER *zu Fritze.* Jib her! Des is von de Jräfin. *Will Bratscheck den Brief übergeben.* Nu wirste sehen, deß wir Recht haben.

BRATSCHECK Nein, kann ich allweil nit lesen, les' Du! Bin ich so erschrucken, trifft mich beinah Schlak!

HEKLER *den Brief erbrechend.* Na, meinetwejen! Aber deß Du Dir darüber so wunderscht, des is mir unerklärlich!

SCHEERENTHAL Mir ooch.

KRUSE Ja, mir ooch.

HEKLER *Bratscheck betrachtend.* Du bist freilich etwas kleene von Statur un etwas zu stark im Verhältniß zu de Länge, un wenn ooch Dein Jesicht jrade nich zu zart is un Dein Mund un Deine Nase nich zu unbedeutend un Deine Beene in der Kniejegend etwas Annäherungsneijung haben, so hast Du doch immer krauses Haar un bist en anjenehmer Mensch! *Er liest.* »Holder Bratscheck!« – Na ja, da haben wir's! *fortfahrend* Seit zwei Monaten schwärme ich mich bald die Seele nach Sie ab. Nicht allein man blos Ihr schönes Wösen, wenn auch klein – siehste woll! – bezauberte mich, sondern auch Ihr Stand, da sich seit Jahren alle meine Jefühle vor die Fußbekleidungskünstleer erweiterten, und meinen Busen nur Ein Jedanke durchflammte, an die Seite eines Solchen durch dieses Erdenleben zu wandeln. Da erblickte ich Ihnen, holder Bratscheck, welcher Sie, wie ich in Erfahrung jebracht, von wirklicher böhmischer Abkunft sind, und mein Herz flog in Ihren Busen und die leere Stelle erwartet nun das Ihrige. Die erröthende Wange meiner Schamhaftigkeit verbot mich bis jetzt, Ihnen mein zartes Jeständniß zu Ihren schönen Füßen zu legen, aber der Schmerz unerhörter, nie dajewesener Liebe besiegte öndlich meine Angst und so rufe ich Dir zu: reizender Fußbekleidungskünstleer, Bratscheck, Böhme, sei mein! nenne mir Du! sei Jraf! – Wenn Sie diese Knospe meiner Liebe aufblühen, und sie und mich nicht verwelken lassen wollen, so erwarte ich Ihnen morgen Mittag um 12 Uhr bei mir. Mein Jäger wird Ihnen melden. Ihre in Liebe und Sehnsucht schmachtende, Ihnen bekannte Jräfin!«

DIE ANDERN Is es möglich!

FRITZE Herrjeeses so 'n Jlück!

HEKLER *halb ärgerlich.* Wenn De nu morgen nich um punkte 12 Uhr bei de Jräfin bist, denn verdienste, deß man Dir nich mehr ansieht!

BRATSCHECK *der sich kaum zu fassen weiß.* Alle bitt' ich Ihne um fünf Wunden Christi, lassens mich!

FRITZE *steckt die Lampe auf dem Arbeitstische der Gesellen an, und hängt die Glaskugeln auf; horchend.* Der Meister kommt!

BRATSCHECK *schnell.* Will ich hingehen, aber sagts nix Herrn Master unsrigen!

KRUSE Ne, verlaß Dir druf, wir sagen nich 'ne Sylbe, ehr die Sache nicht janz in Ordnung is. Aber eens bitt' ick Dir nur:

nimm Deinen janzen Stolz zusammen und sei nich etwa kriechend! Du bist Schuster! un des will was sagen! *Der Meister tritt ein.* Der Schusterstand is ein sehr achtungswerther.

Der Staar pfeift: »Gott grüß' Dir, Bruder Straubinger!«

MEISTER Ju'n Abend, Hanswurscht! *Hängt seinen Hut auf; zu den Gesellen* Streit't Einer von Euch, deß unser Stand ein achtungswerther? Oho, den wollt' ich! Nich allein, daß Hans Sachs, un noch en Philosoph, den ich verjeßen habe, Schuster waren, auch Crispin un Crispinianus, zwei Brüder aus Rom, die nach Frankreich jingen, um dort des Christenthum zu verbreiten, waren Schuster. Den 25sten October, an welchen sie als Märtyrer hinjerichtet wurden, feiern wir noch. Das Sprichwort sagt zwar: Crispin stahl den Reichen das Leder, um den Armen Schuhe draus zu machen, aber ... woher hatten die Reichen das Leder? Un Kaiser Karl V., ein Kaiser, der noch was darauf jab, was das Volk über seine Rejierung dachte, jing einst incognito in Brüssel umher und kam am heiljen Crispintage, weil er sich einen Stiefel zerrißen hatte, in die Kneipe der Schuhflikker. »Oho!« antworteten sie ihm, »heute wird nich jearbeit't! Jo nich! Aber wollt Ihr mit uns saufen, so seid Ihr willkommen!« Das that denn der Kaiser auch, jab sich zu erkennen un verlieh den Schustern ein Wappenschild: einen Stiefel mit einer Kaiserkrone drunter. So ehrte ein Kaiser im 16ten Jahrhunderte die Jewerke! *höhnisch lachend* Un wie sieht's heute aus, wo wir um drei Jahrhunderte klüger un besser sein sollten!! *Er wirft sein Käppchen auf die Erde.* Schändlich! Schändlich! Aber is denn das nich ein historischer Adel, den die Schuster besitzen? Ein Wappenschild mit einen Stiefel und einer Kaiserkrone drunter, von einem deutschen Kaiser verliehen – is des nich en Adelsdiplom so jut wie irjend en andres? *auf den Tisch schlagend.* Ja, bei meiner armen Seele: wir sind adlig, wir Schuster!

KRUSE, HEKLER *fortarbeitend.* Hurrah!

FRITZE *springt auf und tanzt.* Hurrah!

MEISTER Fritze, deß ich Dir nich zum Ritter schlage!

Der Staar pfeift: »Ach wär' ich doch fröhlich so gerne, und kann doch recht fröhlich nicht sein!«

SCHEERENTHAL *ohne von seiner Arbeit aufzusehen.* Wenn's dem Meister recht wäre, machten wir Jesellen heut 'ne Stunde früher Feierabend, wo möglich jleich, un feierten unsern Adel im Wirthshause.

KRUSE Ja!

HEKLER Ja, des is 'ne jute Idee!

MEISTER Ne, Kinder! So jern ich Euch un allen Menschen lustije Stunden jönne, et jeht nich. Ihr habt bei mir ohnehin zwee Stunden früher Feierabend als anderswo. Die anjefangene Arbeit muß fertig, erschtens, weil ich se meine Kunden versprochen habe, un zweetens, weil ich Jeld brauche. Ja, wenn ich nich so 'n armer Deibel wäre, der immer arbeiten muß, um mit Frau un Kinder ehrlich durchzukommen: en Jrillenfänger bin ich bei Jott nich! Im Jejentheil, wenn ich 'mal in's Wirthshaus jerathe, denn drink' ich un singe un juble, un falle alle Menschen so lange um 'n Hals, bis ich unter'n Disch falle. Darum muß ich mir in Acht nehmen. *schlägt auf seinen Tisch.* Aber den nächsten blauen Montag, da wollen wir zusammen verjnügt sein! Da jeh' ich mit Euch!

SCHEERENTHAL Der Meister?

HEKLER Sie?

MEISTER Dummes Zeug, ja, Ich! Wir Menschen sind ja alle Brüder! Nich wahr, Hanswurscht? Na, so pfeife doch des hübsche Lied, dummer Kerrel! *Der Staar schweigt.* Nu seh' Eener an, wie tücksch der Bengel heut is! Na, wenn Du nich pfeifen willst, denn pfeif' ich mir bei der Arbeit alleene mein Lied.

Lange Pause.

MEISTERIN *tritt ein und geht zum Arbeitstische ihres Mannes; leise zu ihm.* Du, Vater, ich habe keen Wirthschaftsjeld mehr, Jib mir was!

MEISTER *ebenfalls leise.* Ja, ich habe nich en Jroschen mehr! Jestern mußt ich die Lederrechnung bezahlen un heute Morjen hat mir des arme Kind des Letzte jenommen. Morjen jibt's wieder Jeld. Brauchste denn heute durchaus noch 'was?

MEISTERIN *wie oben.* Ne, aber ich wollte Dir heute Brathechte machen, weil Du die so jerne ißt, un morgen früh brauch' ich Brod un de Milchfrau kommt.

MEISTER *wie oben.* Na, denn muß ich noch... *Man klopft.* Herein!

EIN HERR Guten Abend! *zum Meister* Können Sie mir wohl bis übermorgen früh ein Paar Stiefel machen?

MEISTER O ja, es muß jehen. Wollen Sie sich jefälligst zum Maaßnehmen setzen. *Es geschieht.* So! Wohin befehlen Sie die Stiefel?

DER HERR Luisenstraße Nr. 91, beim Bauconducteur Meißel. Hier haben Sie einen Thaler Draufgeld. *legt das Geld auf den Tisch.* Gute Nacht! *ab.*

MEISTER Wünsche recht wohl zu schlafen! Fritze, leuchte den Herrn! – Mutter!

MEISTERIN Hm?

MEISTER *ihr zublinkend.* Sei so jut un nimm den Dhaler nach Dir; ich habe keene Zeit; ich will die Stiefel jleich noch zuschneiden, damit sie jleich morgen früh in Arbeit kommen.

MEISTERIN *nimmt das Geld.* Jut! *Sie will gehen.*

MEISTER Du, Mutter!

MEISTERIN Na?

MEISTER Bring' die beeden kleenen Jören noch nich zu Bette; ich will se noch erst mal abknuhtschen. *Die Wanduhr schlägt Acht.*

MEISTERIN Na denn komm aber bald! *ab.*

DIE GESELLEN *säubern sich, ziehen die Röcke an, nehmen den Hut und gehen.* Ju'n Nacht, Meister! Wohl zu schlafen! *ab.*

BRATSCHECK Wohl zu schlafen, wünsch' ich Ihne! *ab.*

MEISTER Ju'n Nacht!

Der Staar pfeift: »So leben wir, so leben wir alle Tage!«

Richard Wagner
Hans Sachs, Schuhmacher und Poet dazu

Eva, reich geschmückt, in glänzender weißer Kleidung, etwas leidend und blaß, tritt zum Laden herein und schreitet langsam vor

SACHS Grüß Gott, mein Evchen! Ei, wie herrlich
und (wie) stolz du's heute meinst!
Du machst wohl alt und jung begehrlich,
wenn du so schön erscheinst.

EVA Meister! 's ist nicht so gefährlich:
und ist's dem Schneider geglückt,
wer sieht dann (an), wo's mir beschwerlich,
wo still der Schuh mich drückt?

SACHS Der böse Schuh! 's war deine Laun',
daß du ihn gestern nicht probiert.

EVA Merk wohl, ich hatt' zu viel Vertrau'n;
im Meister hatt' ich mich geirrt.

SACHS Ei, 's tut mir leid! Zeig her, mein Kind,
daß ich dir helfe gleich geschwind.

EVA Sobald ich stehe, will es gehn;
doch will ich gehn, zwingt's mich zu stehn.

SACHS Hier auf den Schemel streck den Fuß:
der üblen Not ich wehren muß.
Sie streckt den Fuß auf den Schemel beim Werktisch
Was ist's mit dem?
EVA Ihr seht, zu weit!
SACHS Kind, das ist pure Eitelkeit,
der Schuh ist knapp.
EVA Das sagt' ich ja:
drum drückt er mich an den (mir die) Zehen da.
SACHS Hier links?
EVA Nein, rechts.
SACHS Wohl mehr am Spann?
EVA Hier, mehr am Hacken.
SACHS Kommt der auch dran?
EVA Ach Meister! Wüßtet Ihr besser als ich,
wo der Schuh mich drückt?
SACHS Ei, 's wundert mich,
daß er zu weit und doch drückt überall?
Walther, in glänzender Rittertracht, tritt unter die Tür der Kammer. Eva stößt einen (leisen) Schrei aus und bleibt, unverwandt auf Walther blickend, in ihrer Stellung, mit dem Fuße auf dem Schemel. Sachs, der vor ihr niedergebückt steht, bleibt mit dem Rücken der Tür zugekehrt, ohne Walthers Eintritt zu beachten. Walther, durch den Anblick Evas festgebannt, bleibt ebenfalls unbeweglich unter der Tür stehen
Aha! Hier sitzt's! Nun begreif ich den Fall!
Kind, du hast recht: 's stak in der Naht.
Nun warte, dem Übel schaff ich Rat.
Bleib nur so stehn; ich nehm dir den Schuh
eine Weil' auf den Leisten: dann läßt er dir Ruh'!
Er hat ihr sanft den Schuh vom Fuße gezogen; während sie in ihrer Stellung verbleibt, macht er sich am Werktisch mit dem Schuh zu schaffen und tut, als beachte er nichts anderes

SACHS *bei der Arbeit.* Immer schustern, das ist nun mein Los;
des Nachts, des Tags komm nicht davon los!
Kind, hör zu! Ich hab mir's überdacht,
was meinem Schustern ein Ende macht:
am besten, ich werbe doch noch um dich;
da gewönn' ich doch was als Poet für mich!
Du hörst nicht drauf? – So sprich doch jetzt!
Hast mir's ja selbst in den Kopf gesetzt.
Schon gut! – Ich merk: »Mach deinen Schuh!«...
Säng' mir nur wenigstens einer dazu!
Hörte heut gar ein schönes Lied;
wem dazu wohl ein dritter Vers geriet?
WALTHER *den Blick unverwandt auf Eva geheftet*
»Weilten die Sterne im lieblichen Tanz?
So licht und klar im Lockenhaar,
vor allen Frauen hehr zu schauen,
lag ihr mit zartem Glanz ein Sternenkranz. –
SACHS *immerfort arbeitend*
Lausch, Kind, das ist ein Meisterlied!
WALTHER Wunder ob Wunder nun bieten sich dar:
zwiefachen Tag ich grüßen mag;
denn gleich zwei'n Sonnen reinster Wonnen
der hehrsten Augen Paar nahm ich da (nun) wahr.–
SACHS *beiseite zu Eva* Derlei hörst du jetzt bei mir singen.
WALTHER Huldreichstes Bild,
dem ich zu nahen mich erkühnt:
den Kranz, vor zweier Sonnen Strahl
zugleich geblichen und ergrünt,
minnig und mild,
sie flocht ihn um das Haupt dem Gemahl.
Dort Huld-geboren, nun Ruhm-erkoren,
gießt paradiesische Lust sie in des Dichters Brust
im Liebestraum.« –

SACHS *hat den Schuh zurückgebracht und ist jetzt darüber, ihn Eva wieder anzuziehen*
Nun schau, ob dazu (dabei) mein Schuh geriet?
Mein endlich doch,
es tät' mir gelingen?
Versuch's! Tritt auf! – Sag, drückt er dich noch?
Eva, die wie bezaubert regungslos gestanden, gesehen und gehört hat, bricht jetzt in heftiges Weinen aus, sinkt Sachs an die Brust und drückt ihn schluchzend an sich. Walther ist zu ihnen getreten; er drückt begeistert Sachs die Hand. Sachs tut sich endlich Gewalt an, reißt sich wie unmutig los und läßt dadurch Eva unwillkürlich an Walthers Schulter sich anlehnen
SACHS Hat man mit dem Schuhwerk nicht seine Not!
Wär' ich nicht noch Poet dazu,
ich machte länger keine Schuh'!
Das ist eine Müh', ein Aufgebot!
Zu weit dem einen, dem andern zu eng;
von allen Seiten Lauf und Gedräng':
da klappt's, da schlappt's,
hier drückt's, da zwickt's!
Der Schuster soll auch alles wissen,
flicken, was nur immer zerrissen;
und ist er (nun) gar Poet dazu,
so (da) läßt man am End' ihm auch da keine Ruh';
doch (und) ist er erst noch Witwer gar,
zum Narren hält (macht) man ihn fürwahr.
Die jüngsten Mädchen, ist Not am Mann,
begehren, er hielte um sie an.
Versteht er sie, versteht er sie nicht,
all eins, ob ja, ob nein er spricht:
am End' riecht er doch nach Pech
und gilt für dumm, tückisch und frech!
Ei, 's ist mir nur um den Lehrbuben leid;

der verliert mir allen Respekt;
die Lene macht ihn schon nicht recht gescheit,
daß aus Töpf' und Tellern er leckt!
Wo Teufel er jetzt nur wieder steckt?
Er stellt sich, als wolle er nach David sehen

EVA *indem sie Sachs zurückhält und von neuem an sich zieht*
O Sachs, mein Freund! Du teurer Mann!
Wie ich dir Edlem lohnen kann?
Was ohne deine Liebe,
was wär' ich ohne dich,
ob je auch Kind ich bliebe,
erwecktest du mich nicht?
Durch dich gewann ich,
was man preist,
durch dich ersann ich,
was ein Geist!
Durch dich erwacht,
durch dich nur dacht'
ich edel, frei und kühn,
du ließest mich erblühn!
Ja (O), lieber Meister, schilt mich nur!
Ich war doch auf der rechten Spur:
denn, hatte ich die Wahl,
nur dich erwählt' ich mir:
du warest mein Gemahl.
Den Preis reicht' ich nur dir! –
Doch nun hat's mich gewählt
zu nie gekannter Qual:
und werd ich heut vermählt,
so war's ohn' alle Wahl!
Das war ein Müssen, war ein Zwang!
Euch (Dir) selbst, mein Meister, wurde bang.

SACHS Mein Kind:

von Tristan und Isolde
kenn ich ein traurig Stück;
Hans Sachs war klug und wollte
nichts von Herrn Markes Glück.
's war Zeit, daß ich den Rechten fand (erkannt):
wär' sonst am End' doch hineingerannt! –
Aha! Da streicht die Lene schon ums Haus.
Nur herein! – He, David! Kommst nicht heraus?
Magdalene, in festlichem Staate, tritt durch die Ladentür herein; David ebenfalls im Festkleid, mit Blumen und Bändern sehr reich und zierlich herausgeputzt, kommt zugleich aus der Kammer
Die Zeugen sind da, Gevatter zur Hand;
jetzt schnell zur Taufe, nehmt euren Stand.
Alle blicken ihn verwundert an
Ein Kind ward hier geboren;
jetzt sei ihm ein Nam' erkoren!
So ist's nach Meisterweis' und Art,
wenn eine Meister-Weise geschaffen ward:
daß die einen guten Namen trag',
dran jeder sie erkennen mag.
Vernehmt, respektable Gesellschaft,
was euch hier (her) zur Stell' schafft!
Eine Meisterweise ist gelungen,
von Junker Walther gedichtet und gesungen;
der jungen Weise lebender Vater
lud mich und die Pognerin zu Gevatter.
Weil wir die Weise wohl vernommen,
sind wir zur Taufe hierher gekommen.
Auch daß wir zur Handlung Zeugen haben,
ruf ich Jungfer Lene und meinen Knaben.
Doch da's zum Zeugen kein Lehrbube tut
und heut auch den Spruch er gesungen gut,
so mach ich den Burschen gleich zum Gesell;

knie nieder, David, und nimm diese Schell'!
David ist niedergekniet: Sachs gibt ihm eine starke Ohrfeige
Steh auf, Gesell, und denk an den Streich;
du merkst dir dabei die Taufe zugleich! –
Fehlt sonst noch was, uns keiner (drum) schilt:
wer weiß, ob's nicht gar einer Nottaufe gilt.
Daß die Weise Kraft behalte zum Leben,
will ich nur gleich den Namen ihr geben:
»Die selige Morgentraumdeut-Weise«
sei sie genannt zu des Meisters Preise.
Nun wachse sie groß, ohn' Schad' und Bruch.
Die jüngste Gevatterin spricht den Spruch.
Er tritt aus der Mitte des Halbkreises, der von den übrigen um ihn gebildet war, auf die Seite, so daß nun Eva in die Mitte zu stehen kommt
EVA Selig, wie die Sonne
meines Glückes lacht,
Morgen voller Wonne
selig mir erwacht!
Traum der höchsten Hulden,
himmlisch Morgenglühn!
Deutung euch zu schulden,
selig süß Bemühn!
Einer Weise mild und hehr
sollt' es hold gelingen,
meines Herzens süß Beschwer
deutend zu bezwingen.
Ob es nur ein Morgentraum?
Selig deut ich mir es kaum.
Doch die Weise, was sie leise
mir vertraut, hell und laut,
in der Meister vollem Kreis
deute sie auf den höchsten Preis!

SACHS Vor dem Kinde lieblich hehr (hold)
möcht' ich gern wohl singen;
doch des Herzens süß Beschwer
galt es zu bezwingen.
's war ein schöner Abend-(Morgen-)Traum:
dran zu deuten wag ich kaum.
Diese Weise, was sie leise
mir anvertraut im stillen Raum,
sagt mir laut:
auch der Jugend ew'ges Reis
grünt nur durch des Dichters Preis.
WALTHER Deine Liebe ließ es mir gelingen,
meines Herzens süß Beschwer deutend zu bezwingen.
Ob es noch der Morgentraum?
Selig deut ich es mir kaum.
Doch die Weise, was sie leise
dir vertraut im stillen Raum,
hell und laut,
in der Meister vollem Kreis
werbe sie um den höchsten Preis!
DAVID Wach oder träum ich schon so früh?
Das zu erklären macht mir Müh':
's ist wohl nur ein Morgentraum?
Was ich seh, begreif ich kaum!
Ward zur Stelle gleich Geselle?
Lene Braut?
Im Kirchenraum wir gar getraut?
's geht der Kopf mir wie im Kreis,
daß Meister gar bald ich heiß'!
MAGDALENE Wach oder träum ich schon so früh?
Das zu erklären macht mir Müh':
's ist wohl nur ein Morgentraum?
Was ich seh, begreif ich kaum!

Er zur Stelle gleich Geselle?
Ich die Braut?
Im Kirchenraum wir gar getraut?
Ja, wahrhaftig! 's geht: wer weiß,
daß ich die Meistrin bald heiß'!

Das Orchester geht sehr leise in eine marschmäßige, heitere Weise über. – Sachs ordnet den Aufbruch an

SACHS *zu den übrigen sich wendend*

Jetzt all am Fleck! *Zu Eva.* Den Vater grüß!
Auf, nach der Wies', schnell auf die Füß'!

Eva verläßt mit Magdalene die Werkstatt.

Zu Walther: Nun, Junker, kommt! Habt frohen Mut! –
David, Gesell! Schließ den Laden gut!

Als Sachs und Walther ebenfalls auf die Straße gehen und David sich über das Schließen der Ladentür hermacht, wird der Vorhang von beiden Seiten zusammengezogen, so daß er die Szene gänzlich verschließt.

Wilhelm Raabe
Meister Unwirrsch

Vom Hunger will ich in diesem schönen Buche handeln, von dem, was er bedeutet, was er will und was er vermag. Wie er für die Welt im ganzen Schiwa und Wischnu, Zerstörer und Erhalter in einer Person ist, kann ich freilich nicht auseinandersetzen, denn das ist die Sache der Geschichte; aber schildern kann ich, wie er im einzelnen zerstörend und erhaltend wirkt und wirken wird bis an der Welt Ende.

Dem Hunger, der heiligen Macht des echten, wahren Hungers widme ich diese Blätter, und sie gehören ihm auch von Rechts wegen, was am Schluß hoffentlich vollkommen klargeworden sein wird. Mit letzter Versicherung bin ich einer weiteren Vorrede, welche zur Gemütlichkeit, Erregung und Aufregung des Lesers doch nur das wenigste beitragen würde, überhoben und beginne meine Geschichte mit unbegrenztem Wohlwollen sowohl gegen Mitwelt und Nachwelt als auch gegen mich selber und alle mir im Lauf der Erzählung vorübergleitenden Schattenbilder des großen Entstehens, Seins und Vergehens – des unendlichen *Werdens*, welches man Weltentwickelung nennt, welches freilich ein wenig interessanter und reicher als dieses Buch ist, das aber auch nicht wie dieses Buch in drei Teilen zu einem befriedigenden Abschluß kommen muß.

»Da haben wir den Jungen! Da haben wir ihn endlich – endlich!« rief der Vater meines Helden und tat einen langen, erleichternden Atemzug, wie ein Mann, der langes, vergebliches Sehnen, schwere Arbeit, viele Mühen und Sorgen getragen hat und endlich glücklich zu einem glücklichen Ziel gekommen ist. Mit klugen, glänzenden Augen sah er herab auf das unansehnliche, kümmerliche Stück Menschentum, welches ihm die Wehemutter in die Arme gelegt hatte, grad als die Feierabendglocke erklang. Eine Träne stahl sich über die hagere Wange des Mannes, und die scharfe, spitze, kluge väterliche Nase senkte sich immer tiefer gegen das unbedeutende, kaum erkennbare Näschen des Neugeborenen, bis sie plötzlich mit einem Ruck wieder emporfuhr und sich ängstlich fragend gegen die gute, hilfreiche Frau, die soviel zu seinem Entzücken beigetragen hatte, richtete.

»O Frau Gevatterin – Gevatterin Tiebus, es ist doch wirklich, wirklich einer? Sagt's noch einmal, daß Ihr Euch nicht irrt – daß dem wirklich, wirklich also ist!«

Die Wehemutter, die bis jetzt mit selbstbewußtem, lächelndem Kopfnicken der ersten zärtlichen Begrüßung zwischen Vater und Sohn zugesehen hatte, hob nun ebenfalls ihre Nase sehr ruckartig, verscheuchte mit einer unnachahmlichen Bewegung beider Arme alle Geister und Geisterchen des Wohlwollens und der Zufriedenheit, von welchen sie bis jetzt umflattert wurde, stemmte die Fäuste in die Seite, und mit Hohn, Verachtung und beleidigtem Selbstgefühl sprach sie: »Meister Unwirrsch, Ihr seid ein Narr! Laßt Euch an die Wand malen!... Ob es einer ist? – Hat die Welt je so was gehört von solchem alten, verständigen Menschen und Hausvater?... Ob es einer ist!? Meister Unwirrsch, ich glaube, nächstens verlernt Ihr noch, einen Stiefel von einem Schuh zu unterscheiden. Da sieht man's recht, was für ein Leiden es ist, wenn die Gottesgabe so spät kommt. Ist das kein Junge, den Ihr da haltet? Ist das wirklich kein Junge, kein richtiger, echter Junge? Jesus, wenn die alte Kreatur nicht das arme Geschöpf in den Armen hielte, so möchte ich ihr schon eine Tachtel um solch 'ne nichtsnutzige, fürwitzige Frage stechen! Kein Junge!? Wohl ist es ein Junge, Gevatter Pechdraht – zwaren keiner von die schwersten, aber doch 'n Junge wie was! Und wieso ist's kein Junge? Ist nicht der Buohnohparteh, der Napohlion, wieder unterwegens übers Wasser, und gibt's nicht Krieg und Katzbalgerei zwischen heut und morgen, und braucht man etwan keine Jungen, und werden nicht etwan in jetziger gesegneter und geschlagener Zeit mehr Jungen als Mädchen drum in die Welt gesetzt, und kommen nicht auf ein Mädchen drei Jungen, und kommt Ihr mir so, Gevatter, und wollt einer gewickelten und gewiegten Perschon nichtswürdige Fragen stellen? Laßt Euch an die Wand malen, Gevatter Unwirrsch, und drunter schreiben, wofür ich Euch halte. Gebt her den Jungen; Ihr seid gar nicht wert, daß er sich mit Euch abgibt – marsch fort mit Euch zu Eurer Frau – am Ende fragt Ihr die auch noch, ob's – ein – Junge – ist!«

Unsanft wurde das Wickelkind aus den Armen des verachteten, niedergeschmetterten Vaters gerissen, und nach abermaligem Atemholen humpelte der Meister Anton Unwirrsch in die Kammer zu seiner Frau, und die Glocken des Feierabends läuteten immer noch; wir aber wollen weder die beiden Ehegatten noch die Glocken stören – sie sollen ihre Gefühle ausklingen lassen, und niemand soll dreinreden und -schreien dürfen. –

Arme Leute und reiche Leute leben auf verschiedene Art in dieser Welt; aber wenn die Sonne des Glücks in ihre Hütten, Häuser oder Paläste fällt, so vergoldet sie mit ganz dem nämlichen Schein die hölzerne Bank wie den Sammetsessel, die getünchte Wand wie die vergoldete, und mehr als ein philosophischer Schlaukopf will bemerkt haben, daß, was Freude und Leid betrifft, der Unterschied zwischen reichen und armen Leuten gar so groß nicht sei, wie man auf beiden Seiten oft, sehr oft, ungemein oft denkt. Wir wollen das dahingestellt sein lassen; uns genügt es, daß das Lachen nicht Monopol und das Weinen nicht Servitut ist auf diesem rundlichen, an beiden Polen abgeplatteten, feuergefüllten Ball, auf welchem wir uns ohne unsern Willen einfinden und von welchem wir ohne unsern Willen abgehen, nachdem uns der Zwischenraum zwischen Kommen und Gehen sauer genug gemacht wurde.

In armer Leute Haus schien jetzt die Sonne, das Glück beugte sein Haupt unter der niedern Tür und trat lächelnd herein, beide Hände offen zum Gruß darbietend. Es war hohe Freude über die Geburt des Sohnes bei den Eltern, dem Schuster Unwirrsch und seiner Frau, welche so lange drauf gewartet hatten, daß sie nahe daran waren, solche Hoffnung gänzlich aufzugeben.

Und nun war er doch gekommen, gekommen eine Stunde vor dem Feierabend! Die ganze Kröppelstraße wußte bereits um das Ereignis, und selbst zum Meister Nikolaus Grünebaum, dem Bruder der Wöchnerin, der ziemlich am andern Ende der Stadt wohnte, war die frohe Botschaft gedrungen.

Ein grinsender Schusterjunge, der seine Pantoffeln, um schneller laufen zu können, unter den Arm genommen hatte, brachte die Nachricht dahin und schrie sie atemlos dem Meister in das weniger taube Ohr, was zur Folge hatte, daß der gute Mann während fünf Minuten viel dümmer aussah, als er war. Jetzt aber war er bereits auf dem Wege zur Kröppelstraße, und da er als Bürger, Hausbesitzer und ansässiger Meister die Pantoffeln nicht unter den Arm nehmen konnte, so war davon die Folge, daß ihn der eine treulos an einer Straßenecke verließ, um das Leben auf eigene Hand oder vielmehr auf eigener Sohle anzufangen.

Als der Oheim Grünebaum in dem Hause seines Schwagers anlangte, fand er daselbst so viele gute Nachbarinnen mit Ratschlägen und Meinungsäußerungen vor, daß er sich in seiner jammerhaften Eigenschaft als alter Junggesell und ausgesprochener Weiberhasser höchst überflüssig erscheinen mußte. Er erschien sich auch in solchem Lichte und wäre beinahe umgekehrt, wenn ihn nicht der Gedanke an den in dem »Lärmsal« elendig verlassenen Schwager und Handwerksgenossen doch dazu gebracht hätte, seine Gefühle zu bemeistern. Brummend und grunzend drängte er sich durch das Frauenvolk und fand endlich richtig den Schwager in einer auch nicht sehr beneidenswerten und leuchtenden Lage und Stellung.

Man hatte den Armen vollständig beiseite geschoben. Aus der Kammer der Wöchnerin hatte ihn die Frau Tiebus hinausgemaßregelt; in der Stube unter den Nachbarinnen war er auch vollkommen überflüssig; der Gevatter Grünebaum entdeckte ihn endlich in einem Winkel, wo er kümmerlich zusammengedrückt auf einem Schemel saß und Teilnahme nur an der Hauskatze fand, die sich an seinen Beinen rieb. Aber in seinen Augen war noch immer jener Glanz, der aus einer andern Welt zu stammen scheint: der Meister Unwirrsch hörte nichts von dem Flüstern und Schnattern der Weiber, er sah nichts von ihrem Durcheinander, er sah auch den Schwager nicht; bis dieser ihn an den Schultern packte und ihn auf nicht sehr sanfte Art ins Bewußtsein zurückschüttelte.

»Gib 'n Zeichen, daß du noch beis labendige Dasein bist, Anton!« brummte der Meister Grünebaum. »Sei 'n Mensch und 'n Mann, wirf die Weibsleute 'raus, alle, bis auf – bis auf die Base Schlotterbeck dort. Denn obschonst der Deibel die Graden und die Ungraden nimmt, so ist das doch die einizigste drunter, die 'nen Menschen wenigstens alle Stunde einmal zu Worte kommen läßt. Willst du nicht? Kannst du nicht? Darfst du nicht? Auch gut, so faß hinten meine Jacke, daß ich dich sicher aus dem Tumult bringe; komm die Treppe herauf und laß es gehen, wie es will. Also der Junge ist da? Na, gottlob! Ich dachte schon, wir hätten wieder vergeblich gelauert.«

Durch die Weiber schoben sich seitwärts die beiden Handwerksgenossen, gelangten mit Mühe auf den Hausflur und stiegen die enge, knarrende Treppe hinauf, welche in das obere Stockwerk des Hauses führte, allwo die Base Schlotterbeck ein Stübchen, eine Kammer und eine Küche gemietet hatte und wo also die Familie Unwirrsch nur noch über ein Gemach gebot, das so mit Gegenständen von allerlei Art vollgepfropft war, daß für die beiden ehrenwerten Gildebrüder kaum noch der nötige Platz zum Niederhocken und Seelenaustausch übrigblieb. Kisten und Kasten, Kräuterbündel, Maiskolben, Lederbündel, Zwiebelbündel, Schinken, Würste, unendliche Rumpeleien waren hier mit wahrhaft genialer Geschicklichkeit neben-, unter-, über-, vor- und zwischeneinandergedrängt, -gehängt, -gestellt, -gestopft und -geworfen, und kein Wunder war's, wenn der Schwager Grünebaum hier seinen zweiten Pantoffel verlor.

Aber die letzten Strahlen der Sonne fielen durch die beiden niedrigen Fenster in den Raum; vor den Nachbarinnen und der Frau Tiebus war man in Sicherheit; auf zwei Kisten setzten sich die beiden Meister einander gegenüber nieder, reichten sich die Hände und schüttelten sie während wohlgezählter fünf Minuten.

»Gratulabumdum, Anton!« sagte Nikolaus Grünebaum.

»Ich danke dir, Nikolaus!« sagte Anton Unwirrsch.

»Vivat, er ist da! Vivat, er lebe hoch! – Nochmals, ab –«, schrie aus vollem Halse der Meister Grünebaum, brach aber ab, als ihm der Schwager die Hand auf den Mund drückte.

»Nicht so laut, um Gottes willen nicht so laut, Niklas! Die Frau liegt hier grade unter uns und hat so schon ihre liebe Not mit den Weibern.«

Die Faust ließ der neue Onkel auf seine Knie fallen:

»Hast recht, Bruderherz; der Deibel hole die Graden und die Ungraden. Aber nun geh mal los, Alter; wie ist dir denn zumute? Allewege ganz und gar nicht wie sonsten? Hoho! Wie sieht denn die Kröte aus? Alles an die rechte Stelle? Nase, Mund, Arm und Bein? Nichts vermalhört? Alles in Ordnung: Strippen und Schäfte, Oberleder, Spann, Hacken und Sohle? Gut verpicht, vernagelt und adrett gewichst?«

»Alles, wie es sein muß, Bruderherz!« rief der glückliche Vater, die Hände aneinander reibend. »Ein Staatsjunge! Gott segne uns in ihm. O Niklas, tausenderlei wollt ich dir sagen, aber es würgt mich zu sehr in der Kehle; alles geht rund mit mir um –«

»Laß es gehen, wie's will; wenn die Katze vom Dach geworfen ist, muß sie sich erst besinnen«, sagte der Schwager Grünebaum. »Die Frau ist doch wohlauf?«

»Gott sei's gedankt. Sie hat sich gehalten wie eine Heldin; keine Kaiserin hätt's besser gemacht.«

»Sie ist eine Grünebaum«, sagte Nikolaus mit Selbstbewußtsein, »und die Grünebäume können im Notfall die Zähne zusammenbeißen. Auf was für 'n Namen willst du den Jungen gehen lassen, Anton?«

Mit der hagern Hand fuhr der Vater des Neugeborenen über die hohe, furchenreiche Stirn und starrte einige Augenblicke durch das Fenster ins Weite. Dann sagte er:

»Getauft soll er werden auf drei Handwerksgenossen. Johannes soll er heißen wie der Poete in Nürnberg und Jakob wie der hochgelobte Philosophus von Görlitz, und wie zwei Flügel sollen ihm die beiden Namen sein, daß er damit aufsteige von der Erde zum blauen Himmel und sein Teil Licht nehme. Aber zum dritten will ich ihn Nikolaus nennen, damit er immer wisse, daß er auf der Erde einen treuen Freund und Fürsorger habe, an welchen er sich halten kann, wenn ich nicht mehr vorhanden bin.«

»Das nenn ich 'nen Satz mit 'nem Kopf von Sinn und Verstand und 'nem dicken, unsinnigen Schwanz. Die Namen gib ihm, und es soll für uns alle drei Perschonen 'ne Ehre sein; aber mit den alten, närrischen Todesschrullen bleib mir vom Leibe. Fett bist du nicht, und 'nen Ochsen schlägst du auch grade nicht mit dem bloßen Knieriemen nieder; aber den Pechdraht kannst du noch manch hübsches Jährlein ziehen, du alter, spintisierender Bücherhase, du.«

Der Meister Unwirrsch schüttelte den Kopf und brachte die Rede auf was anderes, und mancherlei sprachen die beiden Schwäger noch miteinander, bis es vollständig Dämmerung in der Rumpelkammer geworden war.

Es klopfte jemand an die Tür, und der Meister Grünebaum rief:

»Wer ist mich da? Weibervolk wird nicht hereingelassen!«

»Ich bin's«, rief eine Stimme draußen.

»Wer?«

»Iche!«

»'s ist die Base Schlotterbeck«, sagte Unwirrsch. »Schieb nur den Riegel zurück; wir haben lange genug hier oben gesessen; vielleicht darf ich die Frau noch einmal sehen.«

Brummend gehorchte der Schwager, und die Base leuchtete mit ihrer Lampe in die Kammer.

»Richtig, da sitzen sie. Na, kommt nur, ihr Helden; die Nachbarinnen sind fort. Kriecht hervor! Eure Frau, Meister Unwirrsch? Ja, die ist wohlberaten; sie schläft, und Ihr dürft sie nicht stören; aber 'ne Neuigkeit sollt Ihr wissen und Gott danken. Drüben über der Gasse beim Juden Freudenstein ist's heut auch so gegangen wie in diesem Haus; aber nicht ganz so. Das Kind ist da – auch ein Junge, aber 's Blümchen Freudenstein ist tot, und großes Wehklagen ist drüber. Lobt Gott den Herrn, Meister Unwirrsch; Ihr aber, Meister Grünebaum, macht Euch fort nach Haus. Nun, nun, Unwirrsch, steht nicht so betroffen da, der Tod tritt ein und geht vorbei nach Gottes Befehl. Ich bin wie gerädert und will ins Bett kriechen. Gute Nacht, Gevattern.«

Die Base Schlotterbeck verschwand hinter ihrer Tür, die beiden Meister schlichen auf den Fußspitzen die Treppe hinab, und der Oheim Grünebaum hatte an diesem Abend in seiner Stammkneipe zum Roten Bock viel weniger das große Wort in Politik, Stadtangelegenheiten und andern Angelegenheiten als sonst. Der Meister Unwirrsch lag die ganze Nacht, ohne ein Auge zuzutun; der Neugeborne schrie mächtig, und es war kein Wunder, daß diese ungewohnten Töne den Vater wach erhielten und ein wirbelndes Heer von hoffenden und sorgenden Gedanken aufstörten und in wilder Jagd durch Herz und Hirn trieben. –

Es ist nicht leicht, eine gute Predigt zu machen; aber leicht ist es auch nicht, einen guten Stiefel anzufertigen. Zu beiden gehört Geschick, viel Geschick, und Pfuscher und Stümper sollten zum Besten ihrer Mitmenschen lieber ganz davonbleiben. Ich für mein Teil habe eine ungemeine Vorliebe für die Schuster, sowohl in der Gesamtheit bei ihren feierlichen Aufzügen wie auch in ihrer Eigenschaft als Individuen. Es ist, wie das Volk sagt, eine »spintisierende Nation«, und kein anderes Handwerk bringt so treffliche und kuriose Eigentümlichkeiten bei seinen Gildegliedern hervor. Der niedrige Arbeitstisch, der niedrige Schemel, die wassergefüllte Glaskugel, welche das Licht der kleinen Öllampe auffängt und glänzender wieder zurückwirft, der scharfe Duft des Leders und des Pechs müssen notwendigerweise eine nachhaltige Wirkung auf die menschliche Natur ausüben, und sie tun es auch mächtig. Was für originelle Käuze hat dieses vortreffliche Handwerk hervorgebracht – eine ganze Bibliothek könnte man über »merkwürdige Schuster« zusammenschreiben, ohne den Stoff im mindesten zu erschöpfen! Das Licht, das durch die schwebende Glaskugel auf den Arbeitstisch fällt, ist das Reich phantastischer Geister; es füllt die Einbildungskraft während der nachdenklichen Arbeit mit wunderlichen Gestalten und Bildern und gibt den Gedanken eine Färbung, wie sie ihnen keine andere Lampe, patentiert oder nicht patentiert, verleihen kann. Auf allerlei Reime, seltsame Märlein, Wundergeschichten und lustige und traurige Weltbegebenheiten verfällt man dabei, worüber dann die Nachbarn sich verwundern, wenn man sie mit schwerfälliger Hand zu Papier gebracht hat, und wobei die Frau lacht oder sich fürchtet, wenn man sie in der Dämmerung mit halblauter Stimme summt. Oder aber man fängt an, noch tiefer zu grübeln, und »Not« wird uns, »zu entsinnen des Lebens Anfang«. Immer tiefer sehen wir in die leuchtende Kugel, und in dem Glase sehen wir das Universum in all seinen Gestalten und Naturen: durch die Pforten aller Himmel treten wir frei und erkennen sie mit all ihren Sternen und Elementen; höchste Ahnungen gehen uns auf, und nieder schreiben wir, während der Pastor Primarius Richter von der Kanzel den Pöbel gegen uns aufhetzt und der Büttel von Görlitz, der uns ins Gefängnis bringen soll, vor der Tür steht:

»Denn das ist der Ewigkeit Recht und ewig Bestehen, daß sie nur *einen* Willen hat. Wenn sie deren zweene hätte, so zerbräche einer den andern und wäre Streit. Sie stehet wohl in viel Kraft und Wundern; aber ihr Leben ist nur bloß allein die Liebe, aus welcher Licht und Majestät ausgehet. Alle Kreaturen im Himmel haben *einen* Willen, und der ist ins Herze Gottes gerichtet und gehet in Gottes Geist, wohl im Centro der Vielheit, im Wachsen und Blühen; aber Gottes Geist ist das Leben in allen Dingen, Centrum Naturae gibt Wesen, Majestät und Kraft, und der Heilige Geist ist Führer.«

Viel sehen wir in der glänzenden Kugel, durch welche die schlechte Lampe so armes Licht wirft, daß wir dabei kaum zu Papier bringen können, was wir sahen; aber nichtsdestoweniger können wir unter das vollendete Manuskript schreiben:

»Geschrieben nach göttlicher Erleuchtung durch Jakob Böhm, sonsten auch Teutonicus genannt.«

Wer gegen die Schuster was hat und ihre Trefflichkeit im einzelnen wie im allgemeinen nicht nach Gebühr zu schätzen weiß, der bleibe mir vom Leibe. Wer sie gar ihres oft wunderbaren Äußern wegen, ihrer krummen Beine, ihrer harten, schwarzen Pfoten, ihrer närrischen Nasen, ihrer ungepflegten Haarwülste halben naserümpfend verachtet, den möge man mir stehlen; ich werde keine Belohnung um seine Wiedererlangung aussetzen. Ich schätze und liebe die Schuster, und vor allen halte ich hoch den wackern Meister Anton Unwirrsch, den Vater von Hans Jakob Nikolaus Unwirrsch. Obgleich er leider recht bald nach jenem Feierabend, an welchem ihm der längst erwünschte Sohn geboren wurde, selbst für immer Feierabend machte, so hängen doch aus seinem Leben zu viele Fäden in das des Sohnes hinein, als daß wir die Schilderung seines Seins und Wesens umgehen könnten. Der Mann stand, wie wir bereits wissen, körperlich auf nicht sehr festen Füßen; aber geistig stand er fest genug und nahm es mit manchem, der sich hoch über ihn erhaben dünkte, auf. Aus allen Reliquien seines verborgenen Daseins geht hervor, daß er die Mängel einer vernachlässigten Ausbildung nach besten Kräften nachzuholen suchte; es geht daraus hervor, daß er Wissensdrang, viel Wissensdrang hatte. Und wenngleich er niemals vollständig orthographisch schreiben lernte, so war er doch ein dichterisches Gemüt, wie sein berühmter Handwerksgenosse aus der »Mausfalle« zu Nürnberg, und las, soviel er nur irgend konnte. Was er las, verstand er meistens auch, und wenn er aus manchem den Sinn nicht herausfand, welchen der Autor hineingelegt hatte, so fand er einen andern Sinn heraus oder legte ihn hinein, der ihm ganz allein gehörte und mit welchem der Autor sehr oft höchst zufrieden sein konnte. Obgleich er sein Handwerk liebte und es in keiner Weise versäumte, so hatte es doch keinen goldenen Boden für ihn, und er blieb ein armer Mann. Goldene Träume aber hatte seine Beschäftigung für ihn, und alle Beschäftigungen, die dergleichen geben können, sind gut und machen glücklich. Anton Unwirrsch sah die Welt von seinem Schusterstuhl fast gradeso, wie sie einst Hans Sachs gesehen hatte, doch wurde er nicht so berühmt. Er hinterließ ein eng und fein geschriebenes Büchlein, welches zuerst seine Witwe in der Tiefe ihrer Lade neben ihrem Gesangbuch, Brautkranz und einem schwarzen Kästchen, von welchem später noch die Rede sein wird, aufbewahrte gleich einem Heiligtume. Gleich einem Heiligtume überlieferte die Mutter es dem Sohne, und dieser hat ihm den Ehrenplatz in seiner Bibliothek zwischen der Bibel und dem Shakespeare gegeben, obgleich es nach Gehalt und Poesie ein wenig unter diesen beiden Schriftwerken steht.

Die Base Schlotterbeck und der Schwager Grünebaum hatten eine dumpfe Ahnung von dem Vorhandensein dieses Manuskripts, aber wirklich Bescheid darum wußte nur die Frau des Poeten. Für sie war es das Wunderbarste, was man sich vorstellen konnte; es reimte sich ja »wie's Gesangbuch«, und ihr Mann hatte es gemacht; das ging über alles, was die Nachbarschaft zutage fördern konnte.

Für den Sohn waren diese zusammengehefteten Blätter später ein teures Vermächtnis und ein rührendes Zeichen des ewig aus der Tiefe und Dunkelheit zur Höhe, zum Licht, zur Schönheit emporstrebenden Volksgeistes.

Die harmlosen, formlosen Seelenergüsse des Schusters Unwirrsch feierten naturgemäß die Natur in ihren Erscheinungen, das Haus, das Handwerk und einzelne große Fakta der Weltgeschichte, vorzüglich Taten und Helden des eben vorübergedonnerten Befreiungskrieges. Sie zeugten von einem bald gemütlichen, bald gehobenen Denken nach allen diesen Seiten hin. Ein wenig Humor mischte sich auch darein, doch trat das Pathetische am meisten hervor und mußte auch meistens das bekannte Lächeln erregen. Der wackere Meister Anton hatte so viel Donner und Blitz, Hagelschlag, Feuersbrünste und Wassersnot erlebt, hatte so viele Franzosen, Rheinbündler, Preußen, Österreicher und Russen vor seinem Hause vorüberziehen sehen, daß es kein Wunder war, wenn er dann und wann auch ein wenig versuchte zu donnern, zu blitzen und totzuschlagen. Mit den Nachbarn geriet er deshalb nicht in Feindschaft, denn er blieb, was er war, ein »guter Kerl«, und als er starb, trauerte nicht allein die Frau, der Schwager Grünebaum und die Base Schlotterbeck, nein die ganze Kröppelstraße wußte und sagte, daß ein guter Mann fortgegangen und daß es schade um ihn sei.

Auf die Geburt eines Sohnes hatte er lange und sehnsüchtig gewartet. Oft malte er sich aus, was er daraus machen könnte und wollte. Sein ganzes, eifriges Streben nach Erkenntnis trug er auf ihn über; der Sohn sollte und mußte erreichen, was der Vater nicht erreichen konnte. Die tausend unübersteiglichen Hindernisse, die das Leben dem Meister Anton in den Weg geworfen hatte, sollten den Lauf des Unwirrsches der Zukunft nicht aufhalten. Frei sollte er die Bahn finden, und keine Pforte der Weisheit, keine der Bildung sollte ihm der Mangel, die Not des Lebens verschließen.

So träumte Anton, und ein Jahr der Ehe ging nach dem andern hin. Es wurde eine Tochter geboren, aber sie starb bald nach der Geburt; dann kam wieder eine lange Zeit nichts, und dann – dann kam endlich Johannes Jakob Nikolaus Unwirrsch, dessen Eintritt in die Welt uns bereits den Stoff zu mehreren der vorhergehenden Seiten gab und dessen spätere Leiden, Freuden, Abenteuer und Fahrten, kurz, dessen Schicksale den größten Teil dieses Buches ausmachen werden.

Wir sahen den Schwager und Oheim Grünebaum seinen Pantoffel verlieren, wir sahen und hörten den Tumult der Weiber, lernten die Frau Tiebus und die Base Schlotterbeck kennen – wir sahen endlich die beiden Schwäger Unwirrsch und Grünebaum in der Rumpelkammer sitzen und sahen die Dämmerung in den ereignisvollen Sonnenuntergang hereinschleichen; noch ein Jahr lebte der Meister Anton nach der Geburt seines Sohnes, dann starb er an einer Lungenentzündung. Das Schicksal machte es mit ihm nicht anders als mit so manchen andern; es gab ihm sein Teil Freude in der Hoffnung und versagte ihm die Erfüllung, welche von der Hoffnung doch stets allzu weit überflogen wird.

Johannes schrie tüchtig in der Todesstunde seines Vaters, doch nicht um den Vater. Die Frau Christine aber schrie sehr um den Gatten und wollte sich lange Zeit weder durch die tröstenden Worte der Base Schlotterbeck noch durch die philosophischen Zusprüche des weisen Meisters Nikolaus Grünebaum beruhigen lassen. Dem Sterbenden versprach der Schwager, sein Bestes zu tun für die Hinterlassenen und ihnen in allen Nöten nach besten Kräften beizustehen. Noch einmal rang Anton Unwirrsch nach Luft; aber die Luft war für ihn zu sehr mit Feuerflammen gefüllt; er seufzte und starb. Der Doktor schrieb ihm den Totenschein; es kam die Frau Kiebike, die Totenfrau, und wusch ihn, sein Sarg war zur rechten Zeit fertig, ein gutes Gefolge von Nachbarn und Freunden gab ihm das Geleit zum Kirchhof, und im Winkel neben dem Ofen saß die Frau Christine, hielt ihr Kind auf dem Schoß und sah mit starren, verweinten Augen auf den niedern, schwarzen Arbeitsschemel und den niedern, schwarzen Arbeitstisch und wollte es noch immer nicht glauben, daß ihr Anton niemals mehr drauf und dran sitzen sollte. Die Base Schlotterbeck räumte die leeren Kuchenteller, die Flaschen und Gläser fort, welche voll den Leidtragenden, den Leichenträgern und den kondolierenden Nachbarinnen zur Stärkung im Jammer vorgesetzt worden waren. Hans Jakob Nikolaus Unwirrsch kreischte in kindlicher Lust und streckte verlangend die kleinen Hände nach der blitzenden Glaskugel aus, welche über des Vaters Tische hing, auf welche jetzt die Sonne schien und welche einen so merkwürdigen Schein über die Gedankenwelt Anton Unwirrschs gegossen hatte. Der Einfluß dieser Kugel sollte noch lange fortdauern. Die Mutter hatte sich an das Licht derselben so gewöhnt, daß sie es auch nach ihres Mannes Tode nicht entbehren konnte; es leuchtete weit in das Jünglingsalter des Sohnes hinein, manche Erzählung von des Vaters Wert und Würdigkeit vernahm Johannes dabei, und unlöslich verknüpfte sich allmählich in des Sohnes Geist das Bild des Vaters mit dem Schein dieser Kugel.

Bonaventura
Die vierte Nachtwache

Zu den Lieblingsörtern, an denen ich mich während meiner Nachtwachen aufzuhalten pflege, gehört der Vorsprung in dem alten gothischen Dome. Hier sitze ich bei dem dämmernden Scheine der einzigen immer brennenden Lampe und komme mir oft selbst wie ein Nachtgeist vor. Der Ort lädt zu Betrachtungen ein; heute führte es mich auf meine eigene Geschichte, und ich blätterte, gleichsam aus Langeweile, mein Lebensbuch auf, das verwirrt und toll genug geschrieben ist.

Gleich auf dem ersten Blatte sieht es bedenklich aus, und *pagina* V handelt nicht von meiner Geburt, sondern vom Schatzgraben. Hier sieht man mystische Zeichen, aus der Kabbala und auf dem erklärenden Holzschnitte einen nicht gewöhnlichen Schuhmacher, der das Schuhmachen aufgeben will, um Gold machen zu lernen. Eine Zigeunerin steht daneben, gelb und unkenntlich und das Haar struppig um die Stirn gezauset; sie unterrichtet ihn im Schatzgraben, giebt ihm eine Wünschelruthe und zeigt auch genau den Ort an, wo er in drei Tagen einen Schatz heben soll. Ich habe heute blos die Laune mich bei den Holzschnitten in dem Buche aufzuhalten, und somit gehe ich zum

zweiten Holzschnitte

über. Hier ist der Schuhmacher wieder, ohne die Zigeunerin; sein Gesicht ist diesmal dem Künstler schon weit ausdrucksvoller gelungen. Es hat kräftige Züge und zeigt an, daß der Mann nicht blos bei den Füssen stehen geblieben, sondern *ultra crepidam* gegangen ist. Er ist ein satirischer Beitrag zu den

Fehlgriffen des Genies, und machte es einleuchtend, wie derjenige, der ein guter Hutmacher geworden wäre, einen schlechten Schuhmacher abgeben muß, und auch im Gegentheile, wenn man das Beispiel auf den Kopf stellt. – Das Lokale ist ein Kreuzweg, die schwarzen Striche sollen die Nacht anschaulich machen und das Zikzak am Himmel einen Blitz bedeuten. Es ist klar, ein anderer ehrlicher Mann von Handwerke liefe bei solchen Umgebungen davon; unser Genie aber läßt sich nicht stören. Er hat bereits aus einer Vertiefung eine schwere Truhe gehoben; und ist auch schon darüber aus gewesen, sein erobertes Schatzkästlein zu öffnen. Doch, o Himmel, sein Inhalt ist wohl nur allein für den kuriosen Liebhaber ein Schatz zu nennen – denn ich selbst befinde mich leibhaft in dem Kästlein, und zwar ohne alle fahrende Habe, und schon ein ganz fertiger Weltbürger.

Was mein Schatzgräber für Betrachtungen über seinen Fund angestellt hat, davon steht nichts auf dem Holzschnitte, weil der Künstler die Grenzen seiner Kunst nicht im mindesten hat überschreiten wollen.

Dritter Holzschnitt.

Hier ist ein gewiegter Kommentator von Nöthen. – Auf einem Buche sitze ich, aus einem lese ich; mein Adoptiv-Vater beschäftigt sich mit einem Schuhe, scheint aber zugleich eigenen Betrachtungen über die Unsterblichkeit Raum zu geben. Das Buch worauf ich sitze, enthält Hans Sachsens Fastnachtsspiele, das woraus ich lese, ist Jakob Böhmens Morgenröthe, sie sind der Kern aus unserer Hausbibliothek, weil beide Verfasser zunftfähige Schuhmacher und Poeten waren. Weiter mag ich nicht im Erklären gehen, weil in dem Holzschnitte von meiner eigenen Originalität zuviel die Rede ist. Ich lese also lieber das hiezugehörige für mich in der Stille. Es ist von meinem Schuhmacher, der so weit es ging, meinen Lebenslauf selbst fortgeführt hat, verfaßt, und hebt so an:

»Wunderlich wird mir gar oft zu Muthe, wenn ich den Kreuzgang betrachte.« – Es war nemlich dem Gebrauche gemäß, der Ort wo ich gefunden, bei meiner Taufe, zu mir Gevatter geworden. – »Ueber einen gewöhnlichen Leisten kann ich ihn nicht schlagen, denn es ist etwas Ueberschwengliches in ihm, etwa wie in dem alten Böhme, der auch schon früh über dem Schuhmachen sich vertiefte und ins Geheimniß verfiel. So auch er; kommen ihm doch ganz gewöhnliche Dinge höchst ungewöhnlich vor; wie z. B. ein Sonnenaufgang, der sich doch tagtäglich zuträgt, und wobei wir andern Menschenkinder eben nichts Absonderliches zu denken pflegen. So auch die Sterne am Himmel und die Blumen auf der Erde, die er oft unter einander sich besprechen und gar wundersamen Verkehr treiben läßt. Hat er mich doch neulich über einen Schuh gar konfus gemacht, indem er mich anfangs über die Bestandtheile desselben befragte, und als ich ihm darauf Rede und Antwort gegeben hatte, plözlich über jede einzelne Substanz Aufklärung verlangte, immer höher und höher sich verstieg, erst in die Naturwissenschaften, indem er das Leder auf den Ochsen zurück führte, dann gar noch weiter bis ich mich zuletzt mit meinem Schuhe hoch oben in der Theologie befand und er mir grad heraus sagte daß ich in meinem Fache ein Stümper sei, weil ich ihm darin nicht bis zum letzten Grunde Auskunft geben könnte. Ebenfalls nennt er die Blumen oft eine Schrift, die wir nur nicht zu lesen verständen, desgleichen auch die bunten Gesteine. Er hoft diese Sprache noch einst zu lernen, und verspricht dann gar wundersame Dinge daraus mitzutheilen. Oft behorcht er ganz heimlich die Mücken oder Fliegen wenn sie im Sonnenschein summen, weil er glaubt sie unterredeten sich über wichtige Gegenstände, von denen bis jezt noch kein Mensch etwas ahnete: Schwazt er den Gesellen und Lehrburschen in der Werktstatt dergleichen vor und sie lachen über ihn, so erklärt er sie sehr ernsthaft für Blinde und Taube, die weder sähen noch hörten, was um sie her vorginge. Jezt sizt er Tag und Nacht bei'm Jakob Böhme und Hans Sachs, welches zween gar absonderliche Schumacher waren, aus denen auch zu ihrer Zeit niemand klug werden konnte. –

Soviel ist mir sonnenklar; ein gewöhnliches Menschenkind ist dieser Kreuzgang nicht, bin ich doch auch auf keine gewöhnliche Weise zu ihm gekommen.

Nie wird mir der Abend aus dem Sinn kommen, als ich unmuthig über meinen wenigen Verdienst hier auf dem Dreifuße eingeschlummert war; – daß es gerade ein Dreifuß sein mußte, soll, wie man mir sagt, nicht ohne Einfluß gewesen sein – es träumte mir wie ich einen Schaz fände in einer verschlossenen Truhe, doch gebot man mir diese Truhe nicht eher zu öffnen, bis ich erwacht sein würde. Das war alles so deutlich und selbst verständig, indem Traum und Wachen sich ganz klar von einander unterschieden, daß es mir nie wieder aus dem Kopfe wollte, und ich zulezt mit einer Zigeunerin Bekanntschaft machte, um den Versuch wirklich anzustellen.

Es ging alles in der Ordnung; ich hob die Truhe die ich im Traume gesehen, besann mich zuvor, ob ich wirklich wachte, und öffnete sie dann; aber statt des Goldes was ich erwartete, hatte ich dieses Wunderkind aus der Erde gehoben.

Anfangs war ich wohl etwas betreten darüber, weil solch ein lebendiger Schaz zum mindesten von einem todten begleitet sein muß, wenn ein Uebriges dabei heraus kommen soll, und der Bube war mutternakt, und lachte noch dazu darüber, als ich ihn darauf ansah. Als ich mich besonnen hatte, nahm ich indeß die Sache tiefer und hatte meine eigenen Gedanken dabei, weshalb ich meinen Schaz sorgsam nach Hause trug.«

So weit mein ehrlicher Schuhmacher, als ich plözlich durch eine sonderbare Erscheinung unterbrochen wurde. Eine große männliche Gestalt in einen Mantel gehüllt, schritt durch das Gewölbe, und blieb auf einem Grabsteine stehen. Ich schlich mich leise hinter eine Säule, wo ich ihr nahe war, da warf sie den Mantel von sich, und ich erblickte hinter schwarzen tief über die Stirne herabtretenden Haaren ein finsteres feindliches Antlitz mit einem südlichen blasgrauen Kolorit.

Ich trete immer vor ein fremdes ungewöhnliches Menschenleben mit denselben Gefühlen hin, wie vor den Vorhang hinter dem ein Shakspearsches Schauspiel aufgeführt werden soll; und am liebsten ist es mir, wenn jenes so wie dieses ein Trauerspiel ist, wie ich denn auch neben dem ächten Ernst nur tragischen Spaß leiden mag, und solche Narren wie im König Lear; eben weil diese allein wahrhaft kek sind und die Possenreißerei *en gros* treiben und ohne Rücksichten, über das ganze Menschenleben. Die kleinen Wizbolde und gutmüthigen Komödienverfasser dagegen, die sich nur blos in den Familien umhertreiben, und nicht, wie Aristophanes, selbst über die Götter sich lustig zu machen wagen, sind mir herzlich zuwider, eben so wie jene schwachen gerührten Seelen, die statt ein ganzes Menschenleben zu zertrümmern, um den Menschen selbst darüber zu erheben, sich nur mit der kleinen Quälerei beschäftigen, und neben ihrem Gefolterten den Arzt stehen haben, der ihnen genau die Grade der Tortur bestimmt, damit der arme Schelm, obgleich geradebrecht, doch mit dem Leben zulezt noch davon gehen kann; als ob das Leben das Höchste wäre, und nicht vielmehr der Mensch, der doch weiter geht als das Leben, das grade nur den ersten Akt und den *inferno* in der *divina comedia*, durch die, er um sein Ideal zu suchen, hinwandelt, ausmacht. –

Mein Mann, der hier nahe vor mir auf dem Grabsteine kniete, einen blankgeschliffenen Dolch, den er aus einer schön gearbeiteten Scheide gezogen, in der Hand, schien mir ächt tragischer Natur zu sein, und fesselte mich in seine Nähe.

Feuerlärm hatte ich eben nicht Lust zu machen, im Falle er etwas Ernsthaftes unternehmen würde, eben so wenig wollte ich als Vertrauter in der Koulisse stehen, um im fünften Akte bei dem Stichworte zu rechter Zeit bereit zu sein, meinem Helden den Arm zu halten; denn sein Leben kam mir vor gleichsam wie die schön gearbeitete Scheide in seiner Hand, die in der bunten Hülle den Dolch verbarg, oder wie der Blumenkorb der Kleopatra, unter dessen Rosen die giftige Schlange lauschte, und wo das Drama des Lebens sich einmal so zusammengestellt hat, muß man die tragische Katastrophe nicht abwenden wollen.

Ich hatte einen König Saul, als ich noch Marionettendirekteur war, dem er aufs Haar glich; auch in allen seinen Manieren – grade solche hölzerne mechanische Bewegungen, und einen so steinernen antiken Stil, wodurch sich Marionettentruppen von lebenden Schauspielern auszeichnen, die heut zu Tage auf unsern Theatern nicht einmal auf die rechte Weise zu sterben verstehen.

Es war schon alles dicht bis zum Niederfallen des Vorhangs beendigt, da blieb dem Manne plötzlich der schon zum Todesstoße aufgehobene Arm erstarrt, und er kniete wie ein steinernes Denkbild auf dem Grabsteine. Zwischen der Dolchspitze und der Brust, die sie durchschneiden sollte, war kaum noch einer Spanne weit Raum, und der Tod stand ganz dicht an dem Leben, doch schien die Zeit aufgehört zu haben und nicht mehr fortrücken zu wollen und der eine Moment zur Ewigkeit geworden zu sein, die auf immer alle Veränderung aufgehoben.

Mir wurde es ganz unheimlich, ich sah erschrocken hinauf nach dem Zifferblatte der Kirchenuhr, auch hier stand der Zeiger still und grade auf der Mitternachtszahl. Ich schien mir gelähmt und rings war alles unbeweglich und todt. Der Mann auf dem Grabe, der Dohm mit seinen starren hohen Säulen und Monumenten und den umher knieenden steinernen Rittern und Heiligen, die unbeweglich auf eine neue hereinbrechende Zeit und ein Fortschreiten in derselben, wodurch sie entfesselt würden, zu harren schienen.

Jezt war's vorüber, das Räderwerk der Uhr machte sich Luft, der Zeiger rückte fort, und der erste Schlag der Mitternachtsstunde hallte langsam durch das öde Gewölbe. Da schien, wie durch das Anziehen des Uhrwerks, der Mann auf dem Grabe wieder Bewegung zu erhalten, der Dolch rollte rasselnd auf dem Steine hin, und zerbrach.

»Verwünscht sei die Starrsucht,« sagte er kalt, wie wenn er's schon gewohnt wäre, »sie läßt mich nie den Stoß vollführen! –« Damit stand er, wie, wenn nichts weiter vorgefallen wäre, auf, und wollte sich wieder entfernen.

»Du gefällst mir,« rief ich, »es ist doch Haltung in deinem Leben, und ächte tragische Ruhe. Ich liebe die große klassische Würde im Menschen, die viel Worte haßt, wo viel gethan werden soll; und ein solcher *salto mortale*, wie der, zu dem du eben bereit warst, ist doch nichts kleines, und gehört zu den Forçestücken, die man, bis zulezt, aufspart.« –

»Kannst du mir zu dem Sprunge verhelfen,« sagte er finster, »so ist's gut; sonst bemühe dich nicht weiter in Lobsprüchen und Bemerkungen. Ueber die Kunst zu leben ist mehr als zuviel geschrieben, doch suche ich noch immer einen Traktat, über die Kunst zu sterben, vergeblich; und ich kann nicht sterben!« –

»O besäßen doch dieses dein Talent manche von unsern beliebten Schriftstellern!« rief ich aus, »Ihre Werke könnten dann immerhin Ephemeren bleiben, wären sie selbst doch unsterblich, und könnten ihre ephemerische Schriftstellerei ewig fortsetzen, und bis zum jüngsten Tage beliebt bleiben. Leider kommt für sie die Stunde nur zu früh, in der sie und ihre Eintagsfliegen mit ihnen sterben müssen. – O Freund, könnte ich dich doch in diesem Augenblicke zu einem Kozebue erheben, dieser Kozebue ginge dann nie unter, und selbst am Ende aller Dinge lägen noch seine lezten Werke in dem Hogarthschen Schwanzstücke, und die Zeit könnte ihre lezte Pfeife die sie da raucht, mit einer Szene aus seinem lezten Drama anbrennen, und so begeistert, in die Ewigkeit übergehen!«

Der Mann wollte jetzt still abtreten, und ohne, wie ein schlechter Akteur, noch zum Schlusse eine gewaltige Tirade zu machen; ich aber hielt ihn bei der Hand, und sagte: »Nicht so eilig, Freund, ist es doch nicht nöthig, da du immer Zeit hast, so lange nur überhaupt von der Zeit selbst die Rede sein kann; denn aus deinen Worten zu schließen, halte ich dich für den ewigen Juden, der, weil er das Unsterbliche lästerte, zur Strafe schon hier unten unsterblich geworden ist, wo alles um ihn her vergeht. Du bist finster, du einziger Mensch, dessen Leben der Zeiger der Zeit, der als ein scharfes, nie im Morden innehaltendes Schwerdt, auf dem Zifferblatte umherfliegt, nimmer durchschneiden soll, und der nicht eher vergehen kann, als bis ihr eisernes Räderwerk selbst zertrümmert. Nimm die Sache von der leichten Seite; denn es ist doch spaßhaft und der Mühe werth, dieser großen Tragikomödie, der Weltgeschichte bis zum lezten Akte als Zuschauer beizuwohnen, und du kannst dir zulezt das ganz eigne Vergnügen machen, wenn du am Ende aller Dinge über der allgemeinen Sündfluth auf dem lezten hervorragenden Berggipfel als einzig Uebriggebliebener stehst, das ganze Stück, auf deine eigene Hand, auszupfeifen, und dich dann wild und zornig, ein zweiter Prometheus, in den Abgrund zu stürzen.«

»Pfeifen will ich,« sagte der Mann trozig, »hätte mich nur der Dichter nicht selbst mit ins Stück verflochten als handelnde Person; das verzeih ich ihm nimmer!«

»Um so besser!« rief ich, »da giebt es wohl gar noch zu guter lezt eine Revolte im Stück selbst, und der erste Held empört sich gegen seinen Verfasser. Ist das doch auch in der, der großen Weltkomödie nachgeäfften kleinen nicht selten, und der Held wächst am Ende dem Dichter über den Kopf, da er ihn nicht mehr bezwingen kann. – O ich hätte wohl Lust deine Geschichte anzuhören, du ewig Reisender, um darüber mich auszuschütten vor Lachen; wie ich denn oft bei einer ächten ernsten Tragödie brav zu lachen pflege, und im Gegentheile beim guten Possenspiele dann und wann weinen muß, indem das wahrhaft Kühne und Große immer zugleich von den beiden entgegengesetzten Seiten aufgefaßt werden kann!« –

»Ich verstehe dich, Spaßvogel,« sagte der Mann! »Bin auch gerade jezt wild genug um zu lachen, und dir meine Geschichte zu erzählen. Doch, beim Himmel, laß dir keine ernste Miene dabei entwischen, sonst machst du mich im Augenblicke stumm!« –

»Sorge nicht, Kamerad, ich lache mit,« antwortete ich, und jener setzte sich unter eine steinerne, am Grabe betende Ritterfamilie, und hub an:

»Es ist, du wirst mir's zugeben, verdammt langweilig, seine eigene Geschichte von Perioden zu Perioden, so recht gemüthlich, aufzurollen; ich bringe sie deshalb lieber in Handlung, und führe sie als ein Marionettenspiel mit dem

Hanswurst auf; da wird das Ganze anschaulicher und possirlicher.

Zuerst giebt es eine Mozartsche Symphonie von schlechten Dorfmusikanten exekutirt, das paßt so recht zu einem verpfuschten Leben, und erhebt das Gemüth durch die großen Gedanken, indem man zugleich bei dem Gekrazze des Teufels werden mögte. – Dann kommt der Hanswurst, und entschuldigt den Marionettendirektor, weil er es wie unser Herrgott gemacht, und die wichtigsten Rollen den talentlosesten Akteuren anvertraut habe; er leitet grade daraus aber auch wieder das Gute her, daß das Stück rührend ausfallen müsse, eben wie es bei großen tragischen Stoffen der Fall sei, die durch kleine gewöhnliche Dichter bearbeitet würden. Über das Leben und den Zeitkarakter machte er die höchst albernen Bemerkungen, daß beide jezt mehr rührend als komisch seyen, und daß man jezt weniger über die Menschen lachen als weinen könne, weshalb er denn auch selbst ein moralischer und ernsthafter Narr geworden, und immer nur im edlen Genre sich zeige, wo er vielen Applaus bekäme.

Darauf treten die hölzernen Puppen selbst auf; zwei Brüder ohne Herzen umarmen sich, und der Hanswurst lacht über das Zusammenklappern der Arme, und über den Kuß, wobei sie die steifen Lippen nicht bewegen können. Der eine hölzerne Bruder bleibt im Marionettenkarakter, und drückt sich unendlich steif aus, macht auch lange trockene Perioden, worin gar kein Leben hinein kommen will, und die deshalb Muster im prosaischen Style abgeben. Die andere Puppe aber möchte gern einen lebendigen Akteur affektiren, und spricht hin und wieder in schlechten Jamben, reimt auch wohl gar zu Zeiten die Endsylben, und der Hanswurst nikt dabei mit dem Kopfe, und hält eine Rede über die Wärme des Gefühls in einer Marionette, und über den eleganten Vortrag bei tragischen Gedichten. – Darauf geben sich die Brüder die hölzernen Hände und gehen ab. Der Hanswurst tanzt ein Solo zur Zugabe, und dann redet im Zwischenakte Mozart wieder durch die Dorfmusikanten.

Jezt gehts weiter. Zwei neue Puppen treten auf, eine Kolombine mit einem Pagen, der den Sonnenschein über sie ausspannt; die Kolombine ist die *prima donna* der Gesellschaft, und ohne Schmeichelei das Meisterstück des Formenschneiders. Wahrhaft griechische Konture, und alles an ihr ins Ideale hinübergearbeitet. Der eine Bruder kommt, derjenige, der vorher in Prosa sprach; er erblickt sie, schlägt sich auf die Stelle des Herzens, redet darauf plötzlich in Versen, reimt alle Endsylben, oder bringt die Assonanz in A und O an, daß die Kolombine darüber erschrickt, und mit den Pagen davon läuft. Jener will ihr nachstürzen, rennt aber, weil der Marionettendirektor hier ein Versehen macht, sehr hart gegen den Hanswurst, der nun, aus dem Stegreife, eine sehr boshafte satirische Rede hält, worin er ihm darthut, daß es seinem Schöpfer – dem Marionettendirektor nemlich – nicht gefalle, ihm die Dame zu bestimmen, und daß dadurch eben das Stück recht toll und komisch werden würde, indem ein melancholischer Narr die possirlichste Person in einem Possenspiele abgäbe. – Die andere Puppe stößt Flüche aus, lästert sogar in Verzweiflung auf den Direktor, wobei den Zuschauern vor Lachen die Thränen aus den Augen stürzen. Zulezt faßt sie aber doch noch Hoffnung die Dame wiederzufinden, und beschließt wenigstens das ganze Theater zu durchsuchen. Der Hanswurst begleitet sie.

Im dritten Akte erscheint die Kolombine wieder, und thut sehr schön mit der andern Brudermarionette, sie singen auch ein zärtliches Duett mit einander, und wechseln sodann die Ringe, worauf ein alter geschäftiger Pantalon mit Musikanten ankommt, die viel lustige Musik abspielen, wobei man nur allein die Töne nicht hört, was auf die Zuschauer einen sonderbaren Eindruck macht. Zulezt wird bei der stummen Musik getanzt, und der Pantalon macht recht gute Bemerkungen über sein musikalisches Gehör, vertheidigt auch das Mährchen, daß die Töne am Nordpole gefrören, und nur im warmen Süden wieder aufthaueten und hörbar würden. Das Alles ist so sonderbar, daß man schlechterdings nicht weiß, ob man's ernsthaft oder lustig nehmen soll; einige gescheute Leute unter den Zuschauern halten's gar für toll.

Als jene beiden ersten endlich zu Bette gegangen sind, kommt der Hanswurst mit dem andern Bruder wieder. Dieser spricht, wie er weite Reisen von einem Pole zum andern gemacht, und doch die Kolombine nicht gefunden, weshalb er verzweifeln und sich ums Leben bringen wollte. Der Hanswurst öffnet eine Klappe an der Brust der Marionette und findet wirklich jezt zu seinem Erstaunen ein Herz darin, worüber er besorgt wird und in der Angst mehrere gescheute Ideen bekommt, z.B. daß Alles in dem Leben, sowohl der Schmerz wie die Freude, nur Erscheinung sei, wobei nur blos das ein böser Punkt, daß die Erscheinung selbst nie zur Erscheinung käme, weshalb die Marionetten es denn auch niemals ahneten, daß man sie zum Besten hätte und blos zum Zeitvertreib mit ihnen spielte, sondern sich vielmehr sehr ernsthafte und bedeutende Personen dünkten. – Er will ihm darauf das Wesen einer Marionette selbst begreiflich machen, konfundiert sich aber beständig dabei, und steht nach einer langen sehr drolligen Rede wieder am Ende da, wo er anfing. – Nun lachte er in der Stille hämisch ins Fäustchen und geht ab. –

Im vierten Akte treffen die beiden Brüder zusammen, und indem der mit dem Herzen redet, werden plötzlich die stummen Töne aus dem vorigen Akte hörbar, und begleiten die Worte, worüber der Bruder ohne Herz ganz konfus wird. Arlequin kommt nun auch dazu und spottet über die Liebe, weil sie keine heroische Empfindung sei, und nicht für das allgemeine Beste benuzt werden könne. Er fordert auch den Direktor auf, sie für die Folge ganz abzuschaffen, und reine moralische Gefühle bei seiner Truppe einzuführen. Zulezt dringt er auf eine Revision des Menschengeschlechts und auf einige höchstnöthige Weltreparaturen; besteht auch sehr trotzig darauf zu wissen, weshalb er den Narren eines ihm unbekannten Publikums abgeben müsse.

Nun wird eine tragische Situation sehr schlecht ausgeführt. Die schöne Kolombine erscheint nemlich, und als der Bruder ohne Herz sie dem andern als seine Gattin vorstellt, fällt dieser ohne ein Wort zu sagen, höchst ungeschickt, mit dem hölzernen Kopfe auf einen Stein. Jene beiden laufen fort, um Hülfe zu senden; der Hanswurst aber hebt ihn auf und indem er ihm die blutige Stirn abwischt, bittet er ihn ganz gelassen, daß, weil es keine Dinge an sich gäbe, er sich den Stein, so wie die ganze Geschichte lieber aus dem Kopfe schlagen möge. Auch lobt er den Direktor, daß er das griechische Fatum abgeschaft und dafür eine moralische Theaterordnung eingeführt habe, nach der Alles zulezt sich gut auflösen müsse.

Der lezte Akt ist nun gar zum Todtlachen. Erst werden alberne Walzer gespielt, um die Gemüther zu besänftigen; dann erscheint die Marionette mit dem Herzen, und beweiset der Kolombine durch Syllogismen und Sophismen, daß der Direktor die Puppen vertauscht, und sie, in einem Irrthume, seinem Bruder zur Gemahlin gegeben, da sie doch dem komischen Ausgange des Stückes gemäß, ihm selbst gehöre. Die Kolombine scheint ihm zu glauben, will aber doch aus Moralität und Achtung gegen den Marionettendirektor es nicht gehabt haben, worauf er in Verzweiflung geräth und kurze Anstalt sie zu entführen macht. Sie stößt ihn verächtlich zurück, da gebehrdet er sich wie ein Rasender, rennt die hölzerne Stirn gegen die Wand, und wendet die Assonanz in

U an. Zulezt stürzt er fort, und schleudert nur noch den schönen Pagen aus dem zweiten Akt, der eben schlaftrunken, im Nachtkleide, vorübergehen will, in das Zimmer, das er hinter sich zuschließt.

Nach einer kurzen Pause erscheint er wieder mit der Bruder-Marionette, die einen gezogenen Degen in der Hand hält, und nach einer kurzen steifen Tirade, erst den Pagen, dann die Kolombine und endlich sich selbst niederstößt. Der Bruder steht ganz stier und dumm unter den drei hölzernen Puppen, die rings umher auf der Erde liegen; dann greift er, ohne ein Wort weiter zu sagen, ebenfalls nach dem Degen, um auch sich selbst, zu guter lezt, hinterherzusenden; doch in diesem Augenblicke reißt der Drath, den der Direktor zu starr anzieht, und der Arm kann den Stoß nicht vollführen und hängt unbeweglich nieder; zugleich spricht es wie eine fremde Stimme aus dem Munde der Puppe und ruft: »Du sollst ewig leben!« –

Nun erscheint der Hanswurst wieder um ihn zu besänftigen und zu trösten, führt auch unter andern, als er es gar zu arg macht, ärgerlich an, wie albern es sei, wenn es einer Marionette einfiele über sich selbst zu reflektiren, da sie doch blos der Laune des Direktors gemäß, sich betragen müsse, der sie wieder in den Kasten lege, wenn es ihm gefiele. Dann sagte er auch manches Gute über die Freiheit des Willens und über den Wahnsinn in einem Marionettengehirne, den er ganz realistisch und vernünftig abhandelt; alles das um der Puppe zu beweisen, wie toll es eigentlich von ihr sei dergleichen Dinge sehr hoch zu nehmen, indem alles zulezt doch auf ein Possenspiel hinausliefe, und der Hanswurst im Grunde die einzige vernünftige Rolle in der ganzen Farçe abgäbe, eben weil er die Farçe nicht höher nähme als eine Farçe.«

Hier hielt der Mann einen Augenblick inne, und sagte dann in recht lustig wilder Laune: »Da hast du das ganze

Fastnachtsspiel, worin ich selbst den Bruder mit dem Herzen dargestellt habe. Ich finde es übrigens recht wohl gethan, seine Geschichte so in Holz zu schnizen und abzuspielen, man kann dabei recht boshaft sein, ohne daß die Moralisten etwas dagegen einwenden, und es eine Lästerung heißen dürfen. Auch erscheint alles recht erhaben unmotivirt, wie es doch in den ursprünglichen Verhältnissen wirklich ist, obgleich wir albernen Menschen im Kleinen gern motiviren mögen, dagegen unser Direktor es gar nicht thut, und keine Rechenschaft giebt, weshalb er so manche verpfuschte Rolle, wie ich z.B. eine bin, in seinem Fastnachtsspiele nicht ausstreichen will. O schon seit vielen Menschenaltern habe ich mich bestrebt aus dem Stücke herauszuspringen, und dem Direktor zu entwischen, aber er läßt mich nicht fort, so pfiffig ich es auch anfangen mag. Das Ueberdrüßigste dabei ist die Langeweile, die ich immer mehr empfinde; denn du sollst wissen, daß ich hier unten schon viele Jahrhunderte als Akteur gedient habe, und eine von den stehenden italienischen Masken bin, die gar nicht vom Theater herunterkommen.

Ich hab's auf alle Weise versucht. Anfangs gab ich mich bei den Gerichten an, als großen Bösewicht und dreifachen Mörder; sie untersuchten's und thaten endlich den Ausspruch: ich müsse leben bleiben, indem sich aus meiner Defension ergäbe, wie ich nicht in bestimmten und ausdrücklichen Worten den Mord beauftragt, und er mir nur höchstens als eine geistige Handlung zuzurechnen sei, die nicht vor ein *forum externum* gehöre. Ich verwünschte meinen Defensor, und die Folge war ein leichter Injurienprozeß, womit man mich laufen ließ.

Darauf nahm ich Kriegsdienste, und versäumte keine Schlacht; doch zeichnete das Schicksal meinen Namen auf keine einzige Kugel, und der Tod umarmte mich auf der großen Wahlstätte unter tausend Sterbenden, und zerriß seinen Lorbeerkranz, um ihn mit mir zu theilen. Ja ich mußte nun gar in dem verhaßten Drama eine glänzende Heldenrolle übernehmen, und verwünschte knirschend meine Unsterblichkeit, die mir auf allen Seiten in den Weg trat.

Tausendmal sezte ich den Giftbecher an die Lippen, und tausendmal entstürzte er der Hand, ehe ich ihn leeren konnte. Zu jeder Mitternachtsstunde trete ich, wie die mechanische Figur an dem Zifferblatte einer Uhr, aus meiner Verborgenheit hervor, um den Todesstoß zu vollführen, gehe aber jedesmal, wenn der lezte Schlag verhallt ist, wie sie, zurück, um sofort ins Unendliche wieder zu kehren und abzugehen. O wüßte ich nur dieses immerfort sausende Räderwerk der Zeit selbst aufzufinden, um mich hinein zu stürzen und es auseinander zu reißen, oder mich zerschmettern zu lassen. Die Sehnsucht diesen Vorsaz auszuführen, bringt mich oft zur Verzweiflung; ja ich mache selbst wie im Wahnsinne tausend Plane es möglich zu machen – dann schaue ich aber plözlich tief in mich selbst hinein, wie in einen unermeßlichen Abgrund, in dem die Zeit, wie ein unterirdischer nie versiegender Strom dumpf dahin rauscht, und aus der finsteren Tiefe schallt das Wort *ewig* einsam herauf, und ich stürze schaudernd vor mir selbst zurük, und kann mir doch nimmer entfliehen.« – Hier endete der Mann, und in mir stieg die heiße Sehnsucht auf, dem armen Schlaflosen das wohlthätige Opium mit eigener Hand zu reichen, und ihm den langen süßen Schlaf, nach dem sein heißes überwachtes Auge vergeblich schmachtete, zuzuführen. Doch fürchtete ich, daß in dem entscheidenden Augenblicke sein Wahnsinn von ihm weichen könnte, und er, sterbend, das Leben, eben um der Vergänglichkeit willen, wieder liebgewinnen mögte. O, aus diesem Widerspruche ist ja der Mensch geschaffen; er liebt das Leben um des Todes willen, und er würde es hassen, wenn das, was er fürchtet, vor ihm verschwunden wäre.

So konnte ich nichts für ihn thun, und überließ ihn seinem Wahnsinn und seinem Schicksale.

Johann Gottfried Seume
Lob des Schuhmachers

Morgen gehe ich nach Grimma und Hohenstädt, und da will ich ausruhen, trotz Epikurs Göttern. Mir deucht, daß ich nun einige Wochen ehrlich lungern kann. Wer in neun Monaten meistens zu Fuß eine solche Wanderung macht, schützt sich noch einige Jahre vor dem Podagra. Zum Lobe meines Schuhmachers, des mannhaften, alten Heerdegen in Leipzig, muß ich Dir noch sagen, daß ich in den nämlichen Stiefeln ausgegangen und zurückgekommen bin, ohne neue Schuhe ansetzen zu lassen, und daß diese noch das Ansehen haben, in baulichem Wesen noch eine solche Wanderung mitzumachen.

Bald bin ich bei Dir und dann wollen wir plaudern; von manchem mehr als ich geschrieben habe, von manchem weniger.

Karl Corino
Leben abgelaufen

(Dem Brandner-Schuster in memoriam)

Siebzig Jahre bei seinem Leisten
geblieben mit dem Eisenfuß

Aus der Reihe getanzt
selten: ein Kind

angenommen einen Hund
erschlagen versehentlich

Zuletzt das Wasser
in ihm
hohe Stiefel

Die Gesundheit
zusammengetext Rüster
darübergenäht

Nun der hölzerne
Halbschuh groß
mit Blumen gefüllt

In Händen das Kreuz der
nutzlose Hammer die Nase
ahlenkrumm

Am Boden die schwere die
Holzgamasche bald
übergestülpt

Die himmlische Schusterkugel
leuchtete ihm durch
die Lider

Warum der Schuh passen muß

Brüder Grimm
Aschenputtel

Einem reichen Manne, dem wurde seine Frau krank, und als sie fühlte, daß ihr Ende herankam, rief sie ihr einziges Töchterlein zu sich ans Bett und sprach: »Liebes Kind, bleib fromm und gut, so wird dir der liebe Gott immer beistehen, und ich will vom Himmel auf dich herabblicken und will um dich sein.« Darauf tat sie die Augen zu und verschied. Das Mädchen ging jeden Tag hinaus zu dem Grabe der Mutter und weinte und blieb fromm und gut. Als der Winter kam, deckte der Schnee ein weißes Tüchlein auf das Grab, und als die Sonne im Frühjahr es wieder herabgezogen hatte, nahm sich der Mann eine andere Frau. Die Frau hatte zwei Töchter mit ins Haus gebracht, die schön und weiß von Angesicht waren, aber garstig und schwarz von Herzen.

Da ging eine schlimme Zeit für das arme Stiefkind an. »Soll die dumme Gans bei uns in der Stube sitzen!« sprachen sie, »wer Brot essen will, muß es verdienen: hinaus mit der Küchenmagd.« Sie nahmen ihm seine schönen Kleider weg, zogen ihm einen grauen alten Kittel an und gaben ihm hölzerne Schuhe. »Seht einmal die stolze Prinzessin, wie sie geputzt ist!« riefen sie, lachten und führten es in die Küche. Da mußte es von Morgen bis Abend schwere Arbeit tun, früh vor Tag aufstehn, Wasser tragen, Feuer anmachen, kochen und waschen. Obendrein taten ihm die Schwestern alles ersinnliche Herzeleid an, verspotteten es und schütteten ihm die Erbsen und Linsen in die Asche, so daß es sitzen und sie wieder auslesen mußte. Abends, wenn es sich müde gearbeitet hatte, kam es in kein Bett, sondern mußte sich neben den Herd in die Asche legen. Und weil es darum immer staubig und schmutzig aussah, nannten sie es *Aschenputtel.*

Es trug sich zu, daß der Vater einmal in die Messe ziehen wollte, da fragte er die beiden Stieftöchter, was er ihnen mitbringen sollte? »Schöne Kleider«, sagte die eine; »Perlen und Edelsteine«, die zweite. – »Aber du, Aschenputtel«, sprach er, »was willst du haben?« – »Vater, das erste Reis, das Euch auf Eurem Heimweg an den Hut stößt, das brecht für mich ab.« Er kaufte nun für die beiden Stiefschwestern schöne Kleider, Perlen und Edelsteine, und auf dem Rückweg, als er durch einen grünen Busch ritt, streifte ihn ein Haselreis und stieß ihm den Hut ab. Da brach er das Reis ab und nahm es mit. Als er nach Haus kam, gab er den Stieftöchtern, was sie sich gewünscht hatten, und dem Aschenputtel gab er das Reis von dem Haselbusch. Aschenputtel dankte ihm, ging zu seiner Mutter Grab und pflanzte das Reis darauf und weinte so sehr, daß die Tränen darauf niederfielen und es begossen. Es wuchs aber und ward ein schöner Baum. Aschenputtel ging alle Tage dreimal darunter, weinte und betete, und allemal kam ein weißes Vöglein auf den Baum, und wenn es einen Wunsch aussprach, so warf ihm das Vöglein herab, was es sich gewünscht hatte.

Es begab sich aber, daß der König ein Fest anstellte, das drei Tage dauern sollte, und wozu alle schönen Jungfrauen im Lande eingeladen wurden, damit sich sein Sohn eine Braut aussuchen möchte. Die zwei Stiefschwestern, als sie hörten, daß sie auch dabei erscheinen sollten, waren guter Dinge, riefen Aschenputtel und sprachen: »Kämm uns die Haare, bürste uns die Schuhe und mache uns die Schnallen fest; wir gehen zur Hochzeit auf des Königs Schloß.« Aschenputtel gehorchte, weinte aber, weil es auch gern zum Tanz mitgegangen wäre, und bat die Stiefmutter, sie möchte es ihm erlauben. »Du, Aschenputtel«, sprach sie, »bist voll Staub und Schmutz und willst zur Hochzeit? Du hast keine Kleider und Schuhe und willst tanzen!« Als es aber mit Bitten anhielt, sprach sie endlich: »Da habe ich dir eine Schüssel Linsen in die Asche geschüttet, wenn du die Linsen in zwei Stunden wieder ausgelesen hast, so sollst du mitgehen.« Das Mädchen ging durch die Hintertüre nach dem Garten und rief: »Ihr zahmen Täubchen, ihr Turteltäubchen, all ihr Vöglein unter dem Himmel, kommt und helft mit lesen,

die guten ins Töpfchen,
die schlechten ins Kröpfchen.«

Da kamen zum Küchenfenster zwei weiße Täubchen herein und danach die Turteltäubchen, und endlich schwirrten und schwärmten alle Vöglein unter dem Himmel herein und ließen sich um die Asche nieder. Und die Täubchen nickten mit den Köpfchen und fingen an pik, pik, pik, pik, und da fingen die übrigen auch an pik, pik, pik, pik, und lasen alle guten Körnlein in die Schüssel. Kaum war eine Stunde herum, so waren sie schon fertig und flogen alle wieder hinaus. Da brachte das Mädchen die Schüssel der Stiefmutter, freute sich und glaubte, es dürfte nun mit auf die Hochzeit gehen. Aber sie sprach: »Nein, Aschenputtel, du hast keine Kleider und kannst nicht tanzen: du wirst nur ausgelacht.« – Als es nun weinte, sprach sie: »Wenn du mir zwei Schüsseln voll Linsen in einer Stunde aus der Asche rein lesen kannst, so sollst du mitgehen«, und dachte: »Das kann es ja nimmermehr.« Als sie die zwei Schüsseln Linsen in die Asche geschüttet hatte, ging das Mädchen durch die Hintertüre nach dem Garten und rief: »Ihr zahmen Täubchen, ihr Turteltäubchen, all ihr Vöglein unter dem Himmel, kommt und helft mir lesen,

die guten ins Töpfchen,
die schlechten ins Kröpfchen.«

Da kamen zum Küchenfenster zwei weiße Täubchen herein und danach die Turteltäubchen, und endlich schwirrten und schwärmten alle Vöglein unter dem Himmel herein und ließen sich um die Asche nieder. Und die Täubchen nickten mit ihren Köpfchen und fingen an pik, pik, pik, pik, und da fingen die übrigen auch an pik, pik, pik, pik, und lasen alle guten Körner in die Schüsseln. Und eh' eine halbe Stunde herum war, waren sie schon fertig und flogen alle wieder hinaus. Da trug das Mädchen die Schüsseln zu der Stiefmutter, freute sich und glaubte, nun dürfte es mit auf die Hochzeit gehen. Aber sie sprach: »Es hilft dir alles nichts: du kommst nicht mit; denn du hast keine Kleider und kannst nicht tanzen; wir müßten uns deiner schämen.« Darauf kehrte sie ihm den Rücken zu und eilte mit ihren zwei stolzen Töchtern fort.

Als nun niemand mehr daheim war, ging Aschenputtel zu seiner Mutter Grab unter den Haselbaum und rief:

»Bäumchen, rüttel dich und schüttel dich,
wirf Gold und Silber über mich.«

Da warf ihm der Vogel ein golden und silbern Kleid herunter und mit Seide und Silber ausgestickte Pantoffeln. In aller Eile zog es das Kleid an und ging zur Hochzeit. Seine Schwestern aber und die Stiefmutter kannten es nicht und meinten, es müßte eine fremde Königstochter sein, so schön sah es in dem goldenen Kleide aus. An Aschenputtel dachten sie gar nicht und dachten, es säße daheim im Schmutz und suchte die Linsen aus der Asche. Der Königssohn kam ihm entgegen, nahm es bei der Hand und tanzte mit ihm. Er wollte auch mit sonst niemand tanzen, also daß er ihm die Hand nicht losließ, und wenn ein anderer kam, es aufzufordern, sprach er: »Das ist meine Tänzerin.«

Es tanzte, bis es Abend war; da wollte es nach Haus gehen. Der Königssohn aber sprach: »Ich gehe mit und begleite dich«, denn er wollte sehen, wem das schöne Mädchen angehörte. Sie entwischte ihm aber und sprang in das Taubenhaus. Nun wartete der Königssohn, bis der Vater kam, und sagte ihm, das fremde Mädchen wär' in das Taubenhaus gesprungen. Der Alte dachte: »Sollte es Aschenputtel sein?«, und sie mußten ihm Axt und Hacken bringen, damit er das Taubenhaus entzweischlagen konnte: aber es war niemand darin. Und als sie ins Haus kamen, lag Aschenputtel in seinen schmutzigen Kleidern in der Asche, und ein trübes Öllämpchen brannte im Schornstein; denn Aschenputtel war geschwind aus dem Taubenhaus hinten herabgesprungen und war zu dem Haselbäumchen gelaufen: da hatte es die schönen Kleider abgezogen und aufs Grab gelegt, und der Vogel hat sie wieder weggenommen, und dann hatte es sich in seinem grauen Kittelchen in die Küche zur Asche gesetzt.

Am andern Tag, als das Fest von neuem anhub, und die Eltern und Stiefschwestern wieder fort waren, ging Aschenputtel zu dem Haselbaum und sprach:

»Bäumchen, rüttel dich und schüttel dich,
wirf Gold und Silber über mich.«

Da warf der Vogel ein noch viel stolzeres Kleid herab als am vorigen Tag. Und als es mit diesem Kleide auf der Hochzeit erschien, erstaunte jedermann, über seine Schönheit. Der Königssohn aber hatte gewartet, bis es kam, nahm es gleich bei der Hand und tanzte nur allein mit ihm. Wenn die andern kamen und es aufforderten, sprach er: »Das ist meine Tänzerin.« Als es nun Abend war, wollte es fort, und der Königssohn ging ihm nach und wollte sehen, in welches Haus es ging: aber es sprang ihm fort und in den Garten hinter dem Haus. Darin stand ein schöner großer Baum, an dem die herrlichsten Birnen hingen; es kletterte so behend wie ein Eichhörnchen zwischen die Äste, und der Königssohn wußte nicht, wo es hingekommen war. Er wartete aber, bis der Vater kam, und sprach zu ihm: »Das fremde Mädchen ist mir entwischt, und ich glaube, es ist auf den Birnbaum gesprungen.« Der Vater dachte: »Sollte es Aschenputtel sein?«, ließ sich die

Axt holen und hieb den Baum um, aber es war niemand darauf. Und als sie in die Küche kamen, lag Aschenputtel da in der Asche wie sonst auch; denn es war auf der andern Seite vom Baum herabgesprungen, hatte dem Vogel auf dem Haselbäumchen die schönen Kleider wiedergebracht und sein graues Kittelchen angezogen.

Am dritten Tag, als die Eltern und Schwestern fort waren, ging Aschenputtel wieder zu seiner Mutter Grab und sprach zu dem Bäumchen:

»Bäumchen, rüttel dich und schüttel dich,
wirf Gold und Silber über mich.«

Nun warf ihm der Vogel ein Kleid herab, das war so prächtig und glänzend, wie es noch keins gehabt hatte, und die Pantoffeln waren ganz golden. Als es in dem Kleid zu der Hochzeit kam, wußten sie alle nicht, was sie vor Verwunderung sagen sollten. Der Königssohn tanzte ganz allein mit ihm, und wenn es einer aufforderte, sprach er: »Das ist meine Tänzerin.«

Als es nun Abend war, wollte Aschenputtel fort, und der Königssohn wollte es begleiten, aber es entsprang ihm so geschwind, daß er nicht folgen konnte. Der Königssohn hatte aber eine List gebraucht und hatte die ganze Treppe mit Pech bestreichen lassen: da war, als es hinabsprang, der linke Pantoffel des Mädchens hängen geblieben. Der Königssohn hob ihn auf, und er war klein und zierlich und ganz golden. Am nächsten Morgen ging er damit zu dem Mann und sagte zu ihm: »Keine andere soll meine Gemahlin werden als die, an deren Fuß dieser goldene Schuh paßt.« Da freuten sich die beiden Schwestern; denn sie hatten schöne Füße. Die älteste ging mit dem Schuh in die Kammer und wollte ihn anprobieren, und die Mutter stand dabei. Aber sie konnte mit der großen Zehe nicht hineinkommen, und der Schuh war ihr zu klein; da reichte ihr die Mutter ein Messer und sprach: »hau die Zehe ab: wann du Königin bist, so brauchst du nicht mehr zu Fuß zu gehen.« Das Mädchen hieb die Zehe ab, zwängte den Fuß in den Schuh, verbiß den Schmerz und ging heraus zum Königssohn. Da nahm er sie als seine Braut aufs Pferd und ritt mit ihr fort. Sie mußten aber an dem Grabe vorbei; da saßen die zwei Täubchen auf dem Haselbäumchen und riefen:

»Rucke di guck, rucke di guck,
Blut ist im Schuck (Schuh):
Der Schuck ist zu klein,
die rechte Braut sitzt noch daheim.«

Da blickte er auf ihren Fuß und sah, wie das Blut herausquoll. Er wendete sein Pferd um, brachte die falsche Braut wieder nach Haus und sagte, das wäre nicht die rechte; die andere Schwester sollte den Schuh anziehen. Da ging diese in die Kammer und kam mit den Zehen glücklich in den Schuh, aber die Ferse war zu groß. Da reichte ihr die Mutter ein Messer und sprach: »Hau ein Stück von der Ferse ab: wann du Königin bist, brauchst du nicht mehr zu Fuß zu gehen.« Das Mädchen hieb ein Stück von der Ferse ab, zwängte den Fuß in den Schuh, verbiß den Schmerz und ging heraus zum Königssohn. Da nahm er sie als seine Braut aufs Pferd und ritt mit ihr fort. Als sie an dem Haselbäumchen vorbeikamen, saßen die zwei Täubchen darauf und riefen:

»Rucke die guck, rucke di guck,
Blut ist im Schuck:
Der Schuck ist zu klein,
die rechte Braut sitzt noch daheim.«

Er blickte nieder auf ihren Fuß und sah, wie das Blut aus dem Schuh quoll und an den weißen Stümpfen ganz rot heraufgestiegen war. Da wendete er sein Pferd und brachte die falsche Braut wieder nach Haus. »Das ist auch nicht die rechte«, sprach er, »habt ihr keine andere Tochter?« – »Nein«, sagte der Mann, »nur von meiner verstorbenen Frau ist noch ein kleines verbuttetes Aschenputtel da: das kann unmöglich die Braut sein.« Der Königssohn sprach, er sollte es heraufschikken, die Mutter aber antwortete: »Ach nein, das ist viel zu schmutzig, das darf sich nicht sehen lassen.« Er wollte es aber durchaus haben, und Aschenputtel mußte gerufen werden. Da wusch es sich erst Hände und Angesicht rein, ging dann hin und neigte sich vor dem Königssohn, der ihm den goldenen Schuh reichte. Dann setzte es sich auf einen Schemel, zog den Fuß aus dem schweren Holzschuh und steckte ihn in den Pantoffel: der war wie angegossen. Und als es sich in die Höhe richtete, und der König ihm ins Gesicht sah, so erkannte er das schöne Mädchen, das mit ihm getanzt hatte, und rief: »Das ist die rechte Braut!« Die Stiefmutter und die beiden Schwestern erschraken und wurden bleich vor Ärger: er aber nahm Aschenputtel aufs Pferd und ritt mit ihm fort. Als sie an dem Haselbäumchen vorbeikamen, riefen die zwei weißen Täubchen:

»Rucke di guck, rucke di guck,
kein Blut ist im Schuck:
Der Schuck ist nicht zu klein,
die rechte Braut, die führt er heim.«

Und als sie das gerufen hatten, kamen die beiden herabgeflogen und setzten sich dem Aschenputtel auf die Schultern, eine rechts, die andere links, und blieben da sitzen.

Als die Hochzeit mit dem Königssohn sollte gehalten werden, kamen die falschen Schwestern, wollten sich einschmeicheln und teil an seinem Glück nehmen. Als die Brautleute nun zur Kirche gingen, war die älteste zur rechten, die jüngste zur linken Seite: da pickten die Tauben einer jeden das eine Auge aus. Hernach, als sie herausgingen, war die älteste zur linken und die jüngste zur rechten: da pickten die Tauben einer jeden das andere Auge aus. Und waren sie also für ihre Bosheit und Falschheit mit Blindheit auf ihr Lebtag gestraft.

Brüder Grimm
Die Wichtelmänner

Es war ein Schuster ohne seine Schuld so arm geworden, daß ihm endlich nichts mehr übrig blieb als Leder zu einem einzigen Paar Schuhe. Nun schnitt er am Abend die Schuhe zu, die wollte er den nächsten Morgen in Arbeit nehmen; und weil er ein gutes Gewissen hatte, so legte er sich ruhig zu Bett, befahl sich dem lieben Gott und schlief ein. Morgens, nachdem er sein Gebet verrichtet hatte und sich zur Arbeit niedersetzen wollte, so standen die beiden Schuhe ganz fertig auf seinem Tisch. Er verwunderte sich und wußte nicht, was er dazu sagen sollte. Er nahm die Schuhe in die Hand, um sie näher zu betrachten: sie waren so sauber gearbeitet, daß kein Stich daran falsch war, gerade als wenn es ein Meisterstück sein sollte. Bald darauf trat auch schon ein Käufer ein, und weil ihm die Schuhe so gut gefielen, so bezahlte er mehr als gewöhnlich dafür, und der Schuster konnte von dem Geld Leder zu zwei Paar Schuhen erhandeln. Er schnitt sie abends zu und wollte den nächsten Morgen mit frischem Mut an die Arbeit gehen, aber er brauchte es nicht; denn als er aufstand, waren sie schon fertig, und es blieben auch nicht die Käufer aus, die ihm so viel Geld gaben, daß er Leder zu vier Paar Schuhen einkaufen konnte. Er fand früh morgens auch die vier Paar fertig; und so ging's immer fort: was er abends zuschnitt, das war am Morgen verarbeitet, also daß er bald wieder sein ehrliches Auskommen hatte und endlich ein wohlhabender Mann ward. Nun geschah es eines Abends nicht lange vor Weihnachten, als der Mann wieder zugeschnitten hatte, daß er vor Schlafengehen zu seiner Frau sprach: »Wie wär's wenn wir diese Nacht aufblieben, um zu sehen, wer uns solche hilfreiche Hand leistet?« Die Frau war's zufrieden und steckte ein Licht an; darauf verbargen sie sich in den Stubenecken, hinter den Kleidern, die da aufgehängt waren, und gaben acht. Als es Mitternacht war, da kamen zwei kleine niedliche nackte Männlein, setzten sich vor des Schusters Tisch, nahmen alle zugeschnittene Arbeit zu sich und fingen an mit ihren Fingerlein so behend und schnell zu stechen, zu nähen, zu klopfen, daß der Schuster vor Verwunderung die Augen nicht abwenden konnte. Sie ließen nicht nach, bis alles zu Ende gebracht war und fertig auf dem Tische stand; dann sprangen sie schnell fort.

Am anderen Morgen sprach die Frau: »Die kleinen Männer haben uns reich gemacht, wir müßten uns doch dankbar dafür bezeigen. Sie laufen so herum, haben nichts am Leib und müssen frieren. Weißt du was? Ich will Hemdlein, Rock, Wams und Höslein für sie nähen, auch jedem ein Paar Strümpfe stricken; mach du zu jedem ein Paar Schühlein dazu.« Der Mann sprach: »Das bin ich wohl zufrieden«, und abends, wie sie alles fertig hatten, legten sie die Geschenke statt der zugeschnittenen Arbeit zusammen auf den Tisch und versteckten sich dann, um mit anzusehen, wie sich die Männlein dazu anstellen würden. Um Mitternacht kamen sie herangesprungen und wollten sich gleich an die Arbeit machen; als sie aber kein zugeschnittenes Leder, sondern die niedlichen Kleidungsstücke fanden, verwunderten sie sich erst, dann aber bezeigten sie eine gewaltige Freude. Mit der größten Geschwindigkeit zogen sie sich an, strichen die schönen Kleider am Leib und sangen:

»Sind wir nicht Knaben glatt und fein?
Was sollen wir länger Schuster sein!«

Dann hüpften und tanzten sie und sprangen über Stühle und Bänke. Endlich tanzten sie zur Türe hinaus. Von nun an kamen sie nicht wieder, dem Schuster aber ging es wohl, solang er lebte, und es glückte ihm alles, was er unternahm.

Hans Christian Andersen
Die roten Schuhe

Es war einmal ein kleines Mädchen, fein und niedlich, aber im Sommer mußte es immer mit bloßen Füßen gehen, denn es war arm, und im Winter mit großen Holzschuhen, so daß der kleine Spann ganz und gar rot wurde, und das war sehr schlimm.

Mitten im Dorfe wohnte die alte Schusterfrau; die saß und nähte, so gut sie konnte, aus alten roten Tuchstreifen ein Paar kleine Schuhe; sie waren ganz plump, aber es war gut gemeint, und die sollte das kleine Mädchen haben. Das kleine Mädchen hieß Karen.

Gerade an dem Tage, als ihre Mutter begraben wurde, bekam sie die roten Schuhe und zog sie zum erstenmal an. Freilich war es nichts, um damit zu trauern, aber sie hatte keine andern, und daher steckte sie die bloßen Füße hinein und ging hinter dem ärmlichen Sarge her.

Da kam ein großer alter Wagen, und darin saß eine stattliche alte Dame; die sah das kleine Mädchen an und hatte Mitleid mit ihm und sagte zum Pfarrer: »Hört, gebt mir das kleine Mädchen, ich werde gut zu ihm sein!«

Und Karen glaubte, das geschähe alles nur der roten Schuhe wegen, aber die alte Dame meinte, die seien abscheulich, und sie wurden verbrannt, Aber Karen selbst wurde rein und nett angezogen. Sie mußte lesen und nähen lernen, und die Leute sagten, sie sei niedlich. Der Spiegel aber sagte: »Du bist mehr als niedlich, du bist schön!«

Da reiste die Königin einst durch das Land und hatte ihre kleine Tochter bei sich, die eine Prinzessin war. Die Leute strömten zum Schlosse hinaus, und unter ihnen war auch Karen, und die kleine Prinzessin stand in feinen weißen

Kleidern in einem Fenster und ließ sich anstaunen. Sie hatte weder Schleppe noch Goldkrone, aber herrliche rote Saffianschuhe; die waren freilich schöner als die, welche die Schusterfrau der kleinen Karen genäht hatte. Nichts in der Welt konnte mit roten Schuhen verglichen werden!

Nun war Karen so alt, daß sie eingesegnet werden sollte; sie bekam neue Kleider, und neue Schuhe sollte sie auch haben. Der reiche Schuhmacher in der Stadt nahm Maß von ihrem kleinen Fuße; das geschah zu Hause in seinem eigenen Zimmer, da standen große Glasschränke mit niedlichen Schuhen und blanken Stiefeln. Das sah allerliebst aus, aber die alte Dame konnte nicht gut sehen und hatte darum auch kein Vergnügen daran. Mitten unter den Schuhen standen ein Paar rote, genau wie die Prinzessin sie getragen hatte. Wie schön waren die! Der Schuhmacher sagte auch, daß sie für ein Grafenkind genäht seien, aber sie hätten nicht gepaßt.

»Das ist wohl Glanzleder?« fragte die alte Dame. »Sie glänzen so!«

»Ja, sie glänzen!« sagte Karen, und sie paßten und wurden gekauft. Aber die alte Dame wußte nicht, daß sie rot waren, denn sie hätte Karen nie erlaubt, mit roten Schuhen zur Einsegnung zu gehen; aber das tat sie nun.

Alle Menschen sahen auf ihre Füße. Und als sie über den Kirchengang zur Chortür ging, kam es ihr vor, als wenn selbst die alten Bilder auf den Grabmälern, die Bilder von Pfarrern und Pfarrersfrauen mit steifen Kragen und langen schwarzen Kleidern die Augen auf ihre roten Schuhe hefteten. Und nur an diese dachte sie, als der Pfarrer seine Hand auf ihr Haupt legte und von der heiligen Taufe sprach und vom Bunde mit Gott und daß sie nun eine erwachsene Christin sei. Die Orgel spielte sehr feierlich, die hübschen Kinderstimmen sangen, und der alte Kantor sang, aber Karen dachte nur an die roten Schuhe. Am Nachmittag erfuhr die alte Dame von allen

Eine schöne Frau hat immer recht: Gern geht der Meister vor ihr in die Knie. Er ahnt, wo Sophia Loren der Schuh drückt

Menschen, daß es rote Schuhe gewesen waren; und sie sagte, daß es häßlich sei, daß es sich nicht gehöre und daß Karen später, wenn sie zur Kirche gehe, immer mit schwarzen Schuhen gehen solle, selbst wenn sie alt seien.

Am nächsten Sonntag war Abendmahl, und Karen sah die schwarzen Schuhe an und die roten –, und dann sah sie wieder auf die roten und zog sie an.

Es war herrlicher Sonnenschein; Karen und die alte Dame gingen den Fußweg durch das Korn entlang; dort staubte es ein wenig.

An der Kirchentür stand ein alter Soldat mit einem Krückstock und mit einem wunderbar langen Bart, der war mehr rot als weiß, und er neigte sich bis zur Erde nieder und fragte die alte Dame, ob er ihre Schuhe abwischen dürfe. Und Karen streckte auch ihren kleinen Fuß aus. »Sieh, was für schöne Tanzschuhe!« sagte der Soldat.»Sitzt fest, wenn ihr tanzt!« Und darauf schlug er mit der Hand gegen die Sohlen.

Und die alte Dame gab dem Soldaten einen Schilling, und dann ging sie mit Karen in die Kirche.

Und alle Menschen darin sahen Karens rote Schuhe an, und alle Bilder sahen auf sie, und als Karen vor dem Altar kniete und den goldenen Kelch an ihren Mund setzte, dachte sie nur an die roten Schuhe; und es war ihr, als ob sie vor ihr im Kelche herumschwämmen; und sie vergaß ihren Choral zu singen, sie vergaß ihr Vaterunser zu beten.

Nun gingen alle Leute aus der Kirche, und die alte Dame stieg in ihren Wagen. Karen erhob den Fuß, um auch einzusteigen; da sagte der alte Soldat, der dicht daneben stand: »Sieh, welch schöne Tanzschuhe!« Und Karen konnte nicht umhin, einige Tanzschritte zu machen, und als sie anfing, fuhren die Beine fort zu tanzen. Es war gerade, als hätten die Schuhe Macht über sie erhalten. Sie tanzte um die Kirchenecke, sie konnte es nicht lassen. Der Kutscher mußte hinterherlaufen und sie greifen, und er hob sie in den Wagen, aber die Füße fuhren fort zu tanzen, so daß sie die gute alte Dame gewaltig trat. Endlich zogen sie ihr die Schuhe aus, und die Beine standen still.

Daheim wurden die Schuhe in den Schrank gestellt, aber Karen konnte nicht unterlassen, sie anzusehen.

Nun lag die alte Dame krank danieder, es hieß, daß sie nicht mehr leben könnte. Sie mußte gepflegt und gewartet werden, und keinem kam dies mehr zu als Karen. Aber in der Stadt war ein großer Ball, Karen war eingeladen. Sie sah die alte Dame an, die ja doch nicht leben konnte, sie sah die roten Schuhe an und fand, daß es kein Unrecht sein könnte. Sie zog die roten Schuhe an, das durfte sie ja auch wohl; aber dann ging sie zum Ball und fing an zu tanzen.

Als sie aber zur Rechten wollte, tanzten die Schuhe zur Linken, und als sie den Saal hinauftanzen wollte, tanzten die Schuhe hinab, die Treppe hinunter, durch die Straße und durch das Stadttor hinaus. Sie tanzte und mußte tanzen, gerade hinaus in den dunklen Wald.

Da leuchtete es oben zwischen den Bäumen, und sie glaubte, es sei der Mond, denn es war ein Gesicht, aber es war der alte Soldat mit dem roten Bart; er saß da, nickte und sagte: »Sieh, was für schöne Tanzschuhe!«

Da erschrak sie und wollte die roten Schuhe fortwerfen, aber sie hingen fest, und sie riß ihre Strümpfe ab, aber die Schuhe waren an den Füßen festgewachsen, und sie tanzte und mußte über Feld und Wiese, in Regen und Sonnenschein, bei Nacht und bei Tage tanzen; aber nachts war es am schrecklichsten.

Sie tanzte auf den offenen Kirchhof hinaus, aber die Toten dort tanzten nicht, sie hatten Besseres zu tun als zu tanzen. Sie wollte sich auf das Grab des Armen setzen, wo das bittere

Farnkraut wächst, aber für sie gab es weder Rast noch Ruhe. Und als sie zur offenen Kirchentür hintanzte, sah sie dort einen Engel in langen weißen Kleidern mit Flügeln, die ihm von den Schultern bis zur Erde reichten. Sein Antlitz war streng und ernst, und in der Hand hielt er ein Schwert, breit und glänzend.

»Tanzen sollst du!« sagte er, »in deinen roten Schuhen tanzen, bis du bleich und kalt wirst, bis deine Haut zu einem Gerippe zusammenschrumpft! Tanzen sollst du von Tür zu Tür, und wo stolze, hochmütige Kinder wohnen, sollst du anklopfen, so daß sie dich hören und fürchten! Tanzen sollst du, tanzen –!«

»Gnade!« rief Karen. Aber sie hörte nicht, was der Engel antwortete, denn die Schuhe trugen sie durch die Tür auf das Feld, über Weg und Steg, und immer mußte sie tanzen.

Eines Morgens tanzte sie an einer Tür vorbei, die sie gut kannte. Drinnen ertönte Choralgesang, ein Sarg, der mit Blumen geschmückt war, wurde herausgetragen; da wußte sie, daß die alte Dame gestorben war, und nun fühlte sie, daß sie von allen verlassen und von Gottes Engel verdammt war.

Sie tanzte und mußte tanzen, tanzen in der finsteren Nacht. Die Schuhe trugen sie dahin über Stock und Stein, und sie riß sich blutig; sie tanzte über die Heide dahin bis zu einem kleinen einsamen Haus. Sie wußte, hier wohnte der Scharfrichter, und sie klopfte mit den Fingern an die Scheiben und sagte:

»Komm heraus! Komm heraus! Ich kann nicht hineinkommen, denn ich muß tanzen!«

Und der Scharfrichter sagte: »Du weißt wohl nicht, wer ich bin. Ich schlage den bösen Menschen den Kopf ab, und ich merke, daß meine Axt klingt!«

»Schlage mir den Kopf nicht ab!« sagte Karen, »denn sonst

kann ich meine Sünde nicht bereuen! Aber schlage meine Füße mit den roten Schuhen ab!«

Und dann beichtete sie ihre ganze Sünde, und der Scharfrichter hieb ihr die Füße mit den roten Schuhen ab; aber die Schuhe tanzten mit den kleinen Füßen über das Feld dahin in den tiefen Wald hinein.

Und er schnitzte ihr Holzfüße mit Krücken, lehrte sie einen Choral, den die Sünder immer singen, und sie küßte die Hand, die das Beil geführt hatte, und ging über die Heide fort.

»Nun habe ich genug für die roten Schuhe gelitten!« sagte sie. »Nun will ich in die Kirche gehen, damit sie mich sehen können!« Und sie ging rasch auf die Kirchentür zu; aber als sie dahinkam, tanzten die roten Schuhe vor ihr her, und sie erschrak und kehrte um.

Die ganze Woche hindurch war sie betrübt und weinte viele bittere Tränen, aber als es Sonntag wurde, sagte sie: »So, nun habe ich genug gelitten und gestritten! Ich glaube wohl, daß ich ebenso gut bin wie viele von denen, die da in der Kirche sitzen und den Kopf hoch tragen!« Und dann ging sie mutig hin, aber sie kam nicht weiter als bis zur Kirchentür, da sah sie die roten Schuhe vor sich her tanzen, und sie entsetzte sich und kehrte um und bereute recht von Herzen ihre Sünde.

Und sie ging zum Pfarrhaus und bat, daß man sie dort in Dienst nehmen möge, fleißig wolle sie sein und alles tun, was sie könne, auf den Lohn sehe sie nicht, nur daß sie unter Dach komme und bei guten Menschen sei. Die Pfarrersfrau hatte Mitleid mit ihr und nahm sie in ihren Dienst. Und sie war fleißig und in sich gekehrt. Still saß sie und hörte zu, wenn der Pfarrer des Abends aus der Bibel vorlas. All die Kleinen hatten sie sehr gern, wenn sie aber von Putz und Pracht und von Schönheit sprachen, dann schüttelte sie den Kopf.

Am nächsten Sonntag gingen alle zur Kirche, und sie fragten sie, ob sie mitwolle, aber sie sah betrübt mit Tränen in den Augen auf ihre Krücken. Und dann gingen die andern hin, Gottes Wort zu hören, sie aber ging allein in ihre kleine Kammer; die war nur so groß, daß ein Bett und ein Stuhl darin stehen konnten, hier setzte sie sich mit ihrem Gesangbuche hin, und als sie mit frommem Sinn darin las, trug der Wind die Orgeltöne von der Kirche zu ihr herüber, und sie erhob ihr Angesicht mit Tränen und sagte: »O Gott, hilf mir!«

Da schien die Sonne so hell, und gerade vor ihr stand Gottes Engel in dem weißen Kleide, den sie in jener Nacht an der Kirchentür gesehen hatte. Aber er trug nicht mehr das scharfe Schwert, sondern einen herrlichen, grünen Zweig, der voller Rosen war. Er berührte damit die Decke, und die erhob sich sehr hoch, und wo er sie berührt hatte, glänzte ein goldener Stern, und er berührte die Wände, die sich erweiterten, und sie sah die Orgel, die spielte, und sie sah die alten Bilder mit Pfarrern und Pfarrersfrauen. Die Gemeinde saß in den geschmückten Stühlen und sang aus ihren Gesangbüchern. – Die Kirche war selbst zu dem armen Mädchen in die kleine enge Kammer hineingekommen, oder vielleicht war auch sie in die Kirche gekommen. Sie saß im Stuhle bei den anderen Leuten des Pfarrers, und als sie den Choral beendet hatten und aufsahen, nickten sie ihr zu und sagten:

»Es war recht, daß du kamst, Karen!«

»Es war Gnade!« sagte sie. Die Orgel ertönte, und die Kinderstimmen im Chore klangen so weich und lieblich! Der helle Sonnenschein strömte warm durch das Fenster in den Kirchenstuhl hinein, wo Karen saß. Ihr Herz wurde so von Sonnenschein, Frieden und Freude erfüllt, daß es brach. Ihre Seele flog auf Sonnenstrahlen zu Gott, und da war niemand, der nach den roten Schuhen fragte.

Wie der Schuh dem Menschen Halt gibt

Peter Roos
Schuhalter

In Wien [...] betrete ich in der Wiedner Hauptstraße das Schuhgeschäft des Ludwig Reiter. Ich probiere exklusive Wiener Schuh-Klassik. Angesichts eines blauen Modells »Metternich« , der erste Slipper meines Lebens, der sitzt und in dem ich wirklich stehe, entzückt er mich so, daß ich mich zugleich bange frage, was denn nun sei, wenn dieses blaue Paar abgetreten wäre. Im Hinterkopf beginnt auch sogleich die Kleiderhierarchie der 50er Jahre zu toben, der Unterschied nämlich von Sonn- und Werktagsschuh. Ich frage den Verkäufer, eine Inkarnation von Kompetenz und Geduld, ob er ein zweites Paar des gleichen Leistens habe. Er bejaht. Als ich die beiden Paare erwerben will und erstaunt bin über den eigenen Entschluß, sagt jener Herr Kirchbaumer: »Das machen die Damen und Herren Ihres Alters öfters!«

Joseph von Westphalen
Warum ich trotzdem Turnschuhe trage

Jeder kann machen, was er will – so hieß es einst in den Nachkriegsschulen. Nach dieser Freiheitsbotschaft wurde der Blick der Geschichtslehrer gleich wieder fest: nicht ganz, im Rahmen des Grundgesetzes natürlich. Seither spielt das Grundgesetz die Rolle eines Schäferhundes.

Aber anziehen kann nun wirklich jeder, was er will, mittlerweile sogar in China, da dürfte es keine Einschränkungen geben. Ich weiß nichts von Bekleidungsvorschriften, wir sind ein freier Staat. Vermutlich bekommt man auf dem Land und auch in den Städten unter hunderttausend Einwohnern

Schwierigkeiten, wenn man gar nichts trägt, die Großstädte allerdings sind den Anblick nackter Erholungssuchender schon gewöhnt.

Jeder darf tragen, was er will, jeder darf sich seine häßlichen Gedanken machen, wie er will, über das, was da getragen wird, die Freiheit ist fast grenzenlos. Aber keine Angst jetzt, ich bin kein Querulant. Es kommt kein Geifern über die paradiesvogelbunten Punker in ihren viel zu großen Lederjacken, und nackte Großstädter stören mich nur dann, wenn sie allzu reklamebraun sind. – Später einmal werde ich mich vielleicht zu diesen Herren in dunklen Anzügen äußern, die wie debile Kraniche durch die Foyers der Kultur stolzieren, von Frauen begleitet, die in ihren unsinnig langen Röcken so vornehm aussehen wollen und dabei so fußlos und verkrüppelt wirken, daß man sie irgendwie anschieben möchte, damit sie besser vorwärtskommen.

Was mir allerdings immer mißfiel, ich muß es gestehen, das war das Tragen von Turnschuhen. Ich hatte auch gelegentlich mit dem Anblick von Leuten Schwierigkeiten, die ihre immer dicker werdenden Bäuche in immer enger werdende Jeans-Anzüge quetschten und ihre Specklendenwülste aus Mut oder ästhetischem Unwissen der Öffentlichkeit darboten – aber in seiner ganzen Häßlichkeit hatte das auch etwas Rührendes. Das Tragen von Turnschuhen hingegen schien mir irgendwie hinterhältig. Auf so leisen Sohlen zu gehen, mochte zu Stimmbrüchigen passen, die ihre Indianerspiele gerade hinter sich haben. In der Welt der Erwachsenen erschien es mir als ein Instrument unzulässiger Verjüngung, ein unseriöses, schmuddeliges Utensil, das den aufrechten zivilisatorischen Gang zu einem vorsintflutlichen Schleichschritt zurückentwickelte. Zudem konnte man den Turnschuh nicht auf die gewohnte Art säubern; und ich liebte es, das trockene Leder meiner Schuhe mit Creme aus hübschen

Dosen zu fetten, genoß den Anblick, wie die ausgedörrte Oberfläche gierig die schmalzige Nahrung aufsaugte. Diese liebevolle Pflege ließ ich mir auch von hilfreichen Menschen nicht abnehmen, auch nicht auf Reisen. Denn das war mir schon immer zu peinlich, das noble Hotelpersonal mit diesem Paar Schuhe zu traktieren, als sei Nikolaustag. Immerhin waren echte Schuhe im Rahmen der Konvention dem Personal noch zumutbar, während Turnschuhe in einem Hotelkorridor nur noch das Bild für eine Witzzeichnung abgaben. Schließlich hatte ich noch mein soziokulturelles Argument: den letzten Schustern würde mit dem unflickbaren Wegwerfprodukt Turnschuh die letzte Arbeit weggenommen werden, und für unsere Kinder wäre damit ein weiterer klassischer Handwerksberuf der natürlichen Anschauung entzogen und in den Bereich nostalgischer Kinderbücher verwiesen.

Meine Gegner hörten sich lächelnd an, was ich zum Schutz des herkömmlichen Schuhs zu sagen hatte, und streckten lässig ihre Beine. »Ihr macht euch doch zum Popanz und zur wandelnden Reklame«, sagte ich ihnen mit einem Blick auf ihre weißen Turnschuhe, auf denen rot und blau in einem widerwärtig sportlichen Schriftzug der Firmenname des Herstellers vor sich hin warb. Gleich anderntags, nahm ich mir vor, würde ich die 25 Kilometer zu meinem Vorstadtschuster fahren, etwas Leim riechen, einen Schwatz halten und besprechen, ob sich die nunmehr dritte Besohlung meiner geliebten Slipper aus Siena noch rentiere oder das Oberleder am Ende nicht mehr mitmache.

Aber es hilft hier nichts, daß ich von alten Zeiten träume. Die Wahrheit muß doch irgendwann heraus. Ich gestehe es wie ein Übeltäter, der vor Gericht nicht sagen kann, warum er das Verbrechen beging: er zuckt ratlos die Schultern und sagt, es habe ihn überkommen, ganz plötzlich habe es ihn überkommen. Das übrige ist dann Sache der Psychologen.

Sollen sich auch bei mir die Psychologen den Kopf zerbrechen. Tatsache ist: eines Tages, ohne daß ich ein Loch in der Sohle meiner Zwiegenähten aus Liverpool gehabt hätte, ohne daß der Schuster die herrlichen Brooks aus Wien für irreparabel erklärt hätte, ohne daß der Absatz von meinen Sieneser Slippern riß – eines Tages kaufte ich hastig und errötend ein Paar weiße Turnschuhe, ging nach Hause und probierte sie mit einer seltsamen Mischung aus Gier und Verachtung an. Da ich völlig unproblematische Füße habe, paßte mir meine Größe wie angegossen. Ja, ich mußte mir fast verzweifelt eingestehen, daß mir noch nie ein Paar Schuhe so wunderbar gepaßt hatten wie eben jene verhaßten Turnschuhe.

Nun begann eine schwere Zeit. Der schmerzhafte Prozeß des Umdenkens muß deutliche Spuren in meinem Gesicht hinterlassen haben. Es hieß, ich würde elend aussehen, ob mir etwas fehle? Tatsächlich war mir ja elend zumute. Ich kam mir wie ein Verräter vor. Nach meiner jahrelangen Turnschuhfeindschaft mochte ich mich nicht offen auf die Seite der Gegner schlagen. Ich hatte auch nicht aufgehört, meine alten Schuhe zu lieben, im Gegenteil, ich liebte sie jetzt ganz besonders, und ich hegte und pflegte sie mehr denn je. Ich fühlte mich auch nicht etwa mit einem Mal der Turnschuhgeneration zugehörig, nein, nein, ein bißchen Charakter habe ich schon, und ich falle nicht einfach um. Aber ich kann nicht verhehlen, daß ich meine neuen Turnschuhe mit großer Begeisterung trug und daß ich mich ungeheuer wohl darin fühlte. Ich fühlte mich leicht und federnd, beweglich und wach.

Die ersten Tage zog ich sie nur zu Hause an. Ich bin offenbar ein etwas schwerfälliger Mensch und ich brauche Zeit, mich an meine eigenen neuen Angewohnheiten zu gewöhnen. Ich wagte mich nicht damit auf die Straße aus Furcht, lächerlich zu erscheinen, was natürlich die Krönung der Lächerlichkeit war, denn ich trug ja nur das, was ein

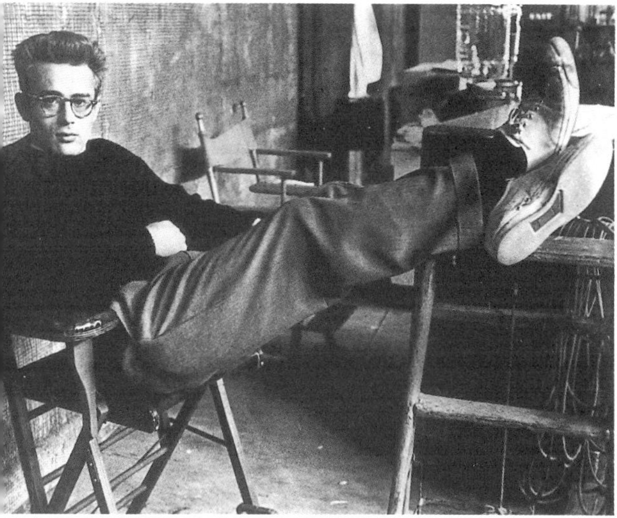

Nach dem Rummel soll man ruhn oder tausend Schritte tun: James Dean, in Turnschuhen, legt lieber die Beine hoch

Großteil der Bevölkerung trägt. Ich verhielt mich wie eine Frau, die sich ein tolles Kleid gekauft hat, das sie nur vor dem Spiegel anzieht, weil sie Angst hat, es könne zu gewagt sein. Und es war eines Nachts, als ich mich erstmals mit meinen neuen Turnschuhen aus dem Haus wagte. Das war ein schlechter Start. Denn im Dunkel leuchtete das Weiß meiner Schuhe unsinnig hell und schreckte mich so, daß ich sie tagelang verschmähte.

Es dauerte ein halbes Jahr, bis ich mit mir im reinen war und mein neues Image ertragen konnte. Spöttische Bemerkungen von Bekannten, ich sei jetzt wohl auch auf den Trichter gekommen, bewirkten jedesmal Rückschläge und völlig unnötige Besohlungen meiner alten Schuhe, mit denen ich mein Gewissen erleichterte. – Nun aber ist alles ausgestanden. Ich nehme mir die Freiheit, Turnschuhträger immer noch verächtlich zu mustern, wenn mir danach ist. »Ihr geht mir auf den Wecker, ihr dynamischen Figuren!« sage ich ihnen glatt ins Gesicht. Und es hindert mich nicht daran, mein eigenes Turnschuhtragen gelegentlich zu genießen.

Was soll denn Konsequenz – ohne Schizophrenie kommt man nicht aus. Vermutlich wirke ich auch dynamisch mit meinen Turnschuhen, aber ich komme mir nicht so vor. Ich komme mir nur unbeschwert vor. Ich nehme zwei Stufen auf einmal. Ich laufe Straßenbahnen hinterher, wozu ich mir früher zu fein war. Also ziehe ich immer dann Turnschuhe an, wenn ich es eilig habe. Sie wären auch ideal für das Besteigen von Aussichtstürmen. Aber ich besteige keine Aussichtstürme, denn ich bin nicht schwindelfrei. Manchmal ziehe ich sie auch zum Schreiben an, ich kann dann flotter formulieren. Für Nachrufe sind sie daher ungeeignet. Manchmal hasse ich meine Turnschuhe. Wenn ich sie säubere zum Beispiel. Das ist eine widerliche Prozedur, die mit einem weißen klebrigen Brei ausgeführt wird, der überall Kleckerspuren hinterläßt. –

Wirklich unausstehlich sind Turnschuhe in Museen: dort, wo solide Absätze dezent aufs Parkett klopfen müssen, paßt kein eilig quietschender Gummischritt.

Arthur Miller
Meine Mutter ging mit der Zeit

Die Sicht vom Fußboden: Ein Paar spitze schwarze Schnürstiefel, von denen der eine unruhig wippt; dicht darüber der pflaumenfarbige Rock – er reicht von den Knöcheln zur Bluse –, und noch höher das junge runde Gesicht und der ständig wechselnde Tonfall ihrer Stimme, während sie in das Wandtelefon spricht und mit einer ihrer Schwestern Neuigkeiten austauscht; sie sollte das für den Rest ihres Lebens tun, bis eine nach der anderen endgültig auflegte und in den Himmel entschwand. Jetzt sieht sie auf mich hinunter, während ich vom Fußboden des Flurs zu ihr aufblicke; sie beugt sich vor und versucht, mich von ihrem Fuß zu schieben. Aber ich muß auf ihrem Schuh liegen, und durch den Rock hindurch und in der Dunkelheit höre ich, wie sie weit oben vergnügt über meine Hartnäckigkeit lacht.

Dann, später, die Sicht von einem etwas höheren Punkt, knapp einen Meter über dem Fußboden: Sie sitzt an einem Fenster im sechsten Stock; unter ihr liegt der Central Park; die leuchtende Nachmittagssonne betont ihr Profil; die noch immer langen Haare sind in einem Knoten zusammengefaßt; die Ärmel der Hemdbluse aus feiner, weicher Baumwolle spannen sich um die fülligen Arme; sie trägt einen kürzeren Rock und Samtpumps. Beide Hände liegen auf einem aufgeschlagenen Buch in ihrem Schoß; sie hört aufmerksam einem jungen Mann mit einer Pfeife, dicken Brillengläsern und einem kurzen Bart zu – ein Student der Columbia University, dem sie Woche um Woche zwei Dollar pro Nachmittag bezahlt, einfach damit er kommt und sich mit ihr über Romane unterhält. Sie kennt kaum jemanden in oder außerhalb der Familie, der je ein Buch gelesen hat. Sie kann nachmittags einen Roman anfangen, ihn nach dem Abendessen wieder vornehmen, hat ihn um Mitternacht ausgelesen und behält ihn für den Rest ihres Lebens bis in allen Einzelheiten im Gedächtnis. Sie kann sich auch jederzeit an die Namen aller Angehörigen der englischen Königsfamilie und ihrer deutschen Verwandten erinnern. Aber insgeheim beneidet sie Madame Lupescu. Das spürt man an ihrer Verachtung. Madame Lupescu war die jüdische Geliebte des rumänischen Königs Carol und, wie sie glaubte, auch sein Verstand.

Noch später die Sicht von etwa anderthalb Metern über dem Fußboden: jetzt trägt sie hochhackige Schuhe mit Straßschnallen, ein schwarzes knielanges Kleid mit Perlenstickerei und auf dem Bubikopf einen glockenförmigen Hut in Schwarz und Silber. Ihre Lippen sind rot vom Lippenstift. Sie hat einen hohen Busen, runde Arme und bereits die Gewohnheit, wann immer sie zum Ausgehen angezogen ist, die Oberlippe nach unten zu ziehen, um die kleine, dicke Nase schlanker wirken zu lassen. An den Fingern funkeln Diamanten; ihr Silberfuchs schleift am Boden, während sie durch das Zimmer geht und verspricht, die Partitur der Show mit nach Hause zu bringen, die sie sich ansehen wollen – etwas von Kern, Gershwin oder Herbert, das sie am nächsten Morgen auf dem Knabe-Stutzflügel spielen und mit ihrem fröhlichen, etwas blechernen Sopran so richtig und romantisch und modisch singen wird. Sie hält den Kopf hoch, um das Doppelkinn zu straffen; sie tut es aber auch in dem unsicheren Stolz, an seiner Seite zu gehen. Er ist einen Kopf größer als sie; seine Augen sind blau, und seine Haut ist so weiß, daß sie beinahe durchsichtig wirkt. Rötlich blonde, lockige Haare unterstreichen das Aussehen eines rechtschaffenen Ratsherrn, vor dem Polizisten salutieren, für den Oberkellner einen Tisch finden und Taxifahrer im Regen anhalten. Er ist ein Mann, der nicht in Restaurants mit dicken Wassergläsern geht; er hat eine der damals zwei oder drei größten Bekleidungsfabriken des Landes aufgebaut und kann keine Sprache lesen oder schreiben.

Noch später eine andere Sicht: Sie schlurft in Pantoffeln durch das kleine Haus in Brooklyn, seufzt, stößt mit höhnisch verzogenen Lippen Verwünschungen aus, fängt plötzlich an zu weinen, und gewinnt wieder die Fassung. Im Winter legt sie gerade soviel Kohlen nach, daß das Feuer im Ofen nicht ausgeht, und beschafft Geld für den Lebensunterhalt bei professionellen Bridgerunden mit hohen Einsätzen in Midwood und Flatbush; manchmal taucht dort die Polizei auf; es gelingt ihr, die Polizisten zu überreden, sie laufen zu lassen, weil sie nach Hause muß, um das Abendessen zu kochen. Sie war auf dem tiefsten Punkt der Depression angekommen, als es nicht mehr wie noch vor kurzem den völligen Verlust der Ehrbarkeit bedeutete, wenn man festgenommen wurde, weil man versuchte, ein paar Dollar zu verdienen. Meine Mutter ging mit der Zeit.

Adolf Glaßbrenner
Die Sandalen

(Mehrere Leute stehen vor dem Laden der Herren Treu und Nuglisch und besehen das Gemälde, die Flora darstellend.)

L. Sag' mal, Kinauer; det soll doch woll ne Jettin sind?

K. Det versteht sich, se fliegt ja!

L. Ja fliejen dhut se. Ick möchte aberscht man wissen, worum se *Schlorren* unter de Beene anhat?

K. Dösel! Se werden in Himmel doch nich mit blooße Beene jehen.

L. Det werden se jrade!

K. Det werden se nich! Wat hätten denn de *Schuhmachers* zu dhun, die in Himmel kommen?

L. Ach Du bist besoffen! Weeßt De denn nich, det de Körpersch hier bleiben un det blos de Jeister rufkommen? Na! un en Jeist kann doch keen Schumacher nich sind!

K. Nee!

L. Na siehst De woll! Also bejreife ick doch nich, worum die Jettin Schlorren drägt.

EIN FREMDER. Sie haben recht; es ist auch gar nicht motivirt, daß die Flora Sandalen trägt.

L. *(sieht ihn von oben bis unten an.)* Wat sagt er? Flora? Sandalen? Motivirt? Hör er mal, nu pack' er sich, sonst wer ick ihm bemotiviren!

Christian Morgenstern
Die Schuhe

Man sieht sehr häufig unrecht tun,
doch selten öfter als den Schuhn.

Man weiß, daß sie nach ewgen Normen
die Form der Füße treu umformen.

Die Sohlen scheinen auszuschweifen,
bis sie am Ballen sich begreifen.

Ein jeder merkt: es ist ein Paar.
Nur Mägden wird dies niemals klar.

Sie setzen Stiefel (wo auch immer)
einander abgekehrt vors Zimmer.

Was müssen solche Schuhe leiden!
Sie sind so fleißig, so bescheiden;

sie wollen nichts auf dieser Welt,
als daß man sie zusammenstellt,

nicht auseinanderstrebend wie
das unvernünftig blöde Vieh!

O ihr Marie, Sophie, Therese, –
der Satan wird euch einst, der böse,

die Stiefel anziehn, wenn es heißt,
hinweg zu gehn als seliger Geist!

Dann werdet ihr voll Wehgeheule
das Schicksal teilen jener Eule,

die, als zwei Hasen nach sie flog
und plötzlich jeder seitwärts bog,

der eine links, der andre rechts,
zerriß (im Eifer des Gefechts)!

Wie Puppen, mitten durchgesägte,
so werdet ihr alsdann, ihr Mägde,

bei Engeln halb und halb bei Teufeln
von nie gestillten Tränen träufeln,

der Hölle ein willkommner Spott
und peinlich selbst dem lieben Gott.

Ror Wolf
Geld oder wir ziehen die Schuhe aus

so
ist er
er stützt
und er sitzt
er schützt und
gibt Halt leicht
sicher und schnell
er gibt Halt er ist
standfest auch rutsch
fest das gab es noch nie
unter dreihundert Gramm so
schmiegsam mit Sehnenpolstern
und Fußformzungen die Klötzchen
stellung am Sohlenrand vermindert
Verletzung verbessert den Stand mit
fußbettfördernder Bodenausführung mit
Seitenteilen aus einem Stück auf Schnee
plätzen Eisplätzen mit gepolsterten Kappen
beim Schießen die Laufrillen schützen den Fuß
beim Schuß moosweich & federnd beim Schuß O adidas
aus Mastboxleder fugenlos mit dem Schaft ver
bunden da läßt er die Fußkraft voll wirken
mit den drei Riemen der Biegezone ja ja
beim Schuß mit vollendeter Sicherheit der
Griff in die Zukunft biegsam und dop
pelt so haltbar und gar nicht so teuer
von allen Seiten adidas mit weichem
Auftritt es gibt keinen Druck keine
Stellen wohin man auch sieht
auf wessen Füße man schaut
man sieht keinen Druck
keine Stellen mit druck
losem Halt im Fach
handel erhältlich
mit den drei Rie
men adidas
so ist er
jawohl
so

so ist er so ist er flexibel und standfest geschmeidig verschleißfest sitzt fabelhaft selbst bei lockerer Schnürung der Fuß wird umfaßt nichts drückt mehr kein Druck mehr so ist er er biegt sich da wo es sein muß das ist das Ergebnis das ist für die Zukunft das gab es noch nicht aus feinstem Mastbox O mit gepolstertem Kragen mit Saugstollen wirklich in den Gelenken und Ballenpartien geschmeidig und doch so fest wie ein Panzer natürlich für nahezu alle Bodenverhältnisse mit der PU-Sohle oder dem Puma-Form-Strip mit der Puma Lastic 3 N-Sohle mit dem Loch mit dem Loch mit dem fers-O-til O dem Loch an der richtigen Stelle dem Fersen-Ventil mit dem sensationellen Loch O ein Erlebnis der kraftvolle Schaft aus 1 A Campo-Calf jetzt wissen sie warum wir sagen: so ist er

ja diesen Puma kann man nicht aufhalten
mit dem schußfördernden Vorderblatt
ja diesen Puma kann man nicht aufhalten

jetzt wissen sie warum wir sagen: so ist er der kraftvolle Schaft aus 1 A Campo-Calf mit dem sensationellen Loch O ein Erlebnis an der richtigen Stelle dem Fersen-Ventil mit dem Loch mit dem fers-O-til O dem Loch mit der Puma Lastic 3 N-Sohle mit dem Loch mit der PU-Sohle oder dem Puma-Form-Strip natürlich für nahezu alle Bodenverhältnisse geschmeidig und doch so fest wie ein Panzer wirklich in den Gelenken und Ballenpartien O mit gepolstertem Kragen mit Saugstollen das gabe es noch nicht aus feinstem Mastbox das ist das Ergebnis das ist für die Zukunft so ist er er biegt sich da wo es sein muß umfaßt nichts drückt mehr kein Druck mehr selbst bei lockerer Schnürung der Fuß wird geschmeidig verschleißfest sitzt fabelhaft so ist er so ist er flexibel und standfest

Wie Stöckelschuhe dem Känguruh Affenbeine machen

Friedrich Theodor Vischer
Wieder einmal über die Mode

Um eine Art Schleppe zu tragen, doch zugleich diesen Mißstand zu meiden, griff man vor einiger Zeit zu einer sonderbaren Auskunft, einer Form, die wir Schleppe-Rudiment nennen wollen. Es ist ein Convolut von Falten, das nicht ganz bis auf den Boden reicht und beim Gehen eine merkwürdige Rolle spielt: die linke Ferse schleudert diesen Faltenbüschel nach rechts, die rechte nach links: ein Gebaumel von widerlich lächerlichem Effect. So ist zu sagen, denn es gibt auch ein Lachen mit Ärger, mit Widerwillen. An der Erscheinung des Weibes macht ein curioses, spöttliches Anhängsel einen ganz anderen Eindruck, als an der des Mannes. Sieht diesem etwa die Rockschleife hinten über den Kragen heraus oder ein Lappen des Hosengurts zum Rock, ein Unterhosen-Bändel zu den Hosen, oder haben ihm muthwillige Buben einen Papierzopf angeheftet: man lacht eben einfach. Beim Weib aber sind wir auf Wohlgefälligkeit, auf Anmuth gefaßt, unser Gefühl weiß Plattkomisches mit dem Ganzen seiner Gestalt nicht zu reimen, eine Empfindung lästiger, peinlicher Art muß sich erzeugen, wenn diese Verbindung des Widersprechenden eintritt, also lachen mit saurem Gesicht muß man zu diesem Geschlenker, wenn man hinter einer Dame hergeht. Doch neuerdings ist gleichzeitig auch die wirkliche Schleppe wieder mehr aufgekommen, wird nun aber, um den Übelstand des Straßenfegens zu vermeiden, mit Hülfe eines Hakens und einer Schnur im Gehen gehalten und getragen. Also eine Zierde, von der das Weib in all den Stunden, wo es auf der Straße sich bewegt, nicht die Zierde, wohl aber die Last genießt! Es wird wohl auch noch Mode werden, ein Stück Kleid auf einem Kinderwägelchen hinter sich herzuführen! Wohl, wenn das heute von Paris diktirt wird, es findet sicher dienstwillig gehorsamste Nachahmung. Vielleicht kommt dann auch auf, daß der Mann, während er in Schuhen geht, ein paar Kanonenstiefel in der Hand mit sich herumträgt; wäre auch nett und würde beim biederen Deutschen, wenn der lustige Franzos es vorschriebe, nicht minder Nachfolge finden.

Es sei vergönnt, jetzt nach den Füßchen zu sehen. Das Stöckel hat sich erhalten, seit wir zum letzten Mal kritisch gefrevelt haben. Verständlich: der hohe Absatz verstärkt eine Linie, die unzweifelhaft schön ist. Häufiger als beim männlichen findet man beim weiblichen Fuß den schwungvoll gehobenen, also hohl stehenden Rist (süddeutsch: Reien). Diese Wölbung weist auf elastischen Gang, auf Anlage zu rhythmischer Bewegung, zu schwebendem Tanz. Das häßliche Gegentheil ist Plattfuß. Aber ist es denn nicht besser, wenn die organische Wohlbildung sich geltend macht ohne die lügnerische, übertreibende Nachhülfe mit all ihren Beschwerden und Gefährden? Wir müßten durch Wiederholung ermüden, wenn wir diesmal wieder darauf eingehen sollten; es sei daher zum längst Gesagten nur gefügt: längeres Tragen von Stöckelschuhen macht Affenbeine. Wir sind bereit, dies mechanisch, statisch, anatomisch, physiologisch des Näheren zu erhärten, falls nicht der correcte Schluß von selbst einleuchtet: der starke Absatz stellt die Ferse höher als den Vorderfuß, stellt also das Schienbein schief und nöthigt so das Kniegelenk, mit dem Oberschenkel einen stumpfen Winkel zu bilden, und mit der Zeit wird diese Stellung zur bleibenden werden. So aber hängt das Affenknie vor, da es bei diesem Thier eben nicht zum Menschen, nicht zum ganz aufrechten Stand und Gang gereicht hat.

Springen wir nun kühnen Auges von der Basis zum Gipfel! Es wird auch hier etwas besser, der Haarthurm, im Hauptstück bestehend aus dem Ungeziefernest, Chignon genannt, scheint schwinden zu wollen. Sich höher zu machen, als man gewachsen, ist in Mann und Weib ein natürlicher Trieb. Was stecken die Wilden alles auf den Kopf! Man kennt auch die Mitren des Orients, Bischofs- und Papstmützen, die spitzhohen Pelzkappen der heutigen Perser und die Grenadiermützen. Lotze im »Mikrokosmos« hat seine Anmerkungen darüber wie über das ganze Gebiet; er zeigt, wie der Mensch in solche Erweiterungen seiner Persönlichkeit sich wirklich, wesenhaft fortgesetzt glaubt, als seien sie ein Stück von ihm. Die weibliche Mode hat in verschiedenen Jahrhunderten durch hohe Frisur, hochragende gesteifte röhren- und radförmige Hauben von diesem psychischen Naturgesetze Act genommen, man wolle nur in einem Trachtenbuch z. B. den sogenannten Hennin* nachschlagen. Nun ist das aber denn doch ein gefährliches Spiel. Die Regierungsform der Mode ist bekanntlich die absolute. Ihre Ukasse nach der Individualität modificiren, ist keine leichte Sache und setzt drei Dinge voraus: Erstens Willen; was das heißen soll, kann man sich ungefähr denken, näheres Eingehen verschieben wir auf eine andere Stelle. Zweitens Bewußtsein der Individualität, d. h. ein Wissen von der eigenen Gestalt wie sie eigentlich ist, und solches Wissen ist bei der unendlichen Mehrheit auf das Allergröbste beschränkt, die Meisten kennen ja nur die abstracten Kategorien: groß, klein, dick, schlank und so viel als Null von den Proportionen im Einzelnen. Drittens Geschmack; es versteht sich, daß er das Zweite in sich begreift oder voraussetzt, aber er enthält mehr, als diese Selbstkenntniß, er entscheidet, was nun geschehen soll, die Bekleidungsformen mit der Form, welche die Natur dem Individuum

* Schief nach hinten fast ellenhoch aufragender zuckerhutartiger Kopfputz des 14. und 15. Jahrhunderts. Rest davon noch in der Normandie.

gegeben, in Einklang zu bringen. Er ist ein höchst schwieriger Begriff und wir müssen darauf zurückkommen; vorerst mag ein und das andere Bild diesem mühsamen Geschäfte vorarbeiten. Man konnte in der soeben verschwindenden Blüthezeit der Kopfaufthürmung einer dünnen Person mit langem dürrem Hals und sehr kleinem Kopfe begegnen, einem Wesen, dem alle Geister des Wohlverhältnisses zurufen mußten: setze doch oben etwas in der Breite zu, damit der besenreisartigen Verticularen und ihrem tüpfeligen Schluß, dem armen Pünktchen Kopf eine Gegenwirkung geschaffen werde! Fällt ihr nicht ein! Sie treibt die dünne Senkrechte höher und höher, dem Pünktchen Kopf wird ein Haarobelisk aufgeklebt, hoch auf diesem sitzt wieder ein Pünktchen, das mikroskopische Hütchen, und so geht denn ein langes I, unten am Schaft mit etwas Arabesken, in den Straßen um. Oder dort in der Colonnade läuft mir ein längst verblühtes Weib in Sicht, auch mit sehr langem Hals, der aber auf groben Schultern vorgestreckt ragt, einer schief ausgezogenen getrockneten Gansgurgel ähnlich, darauf sitzt ein Kopf mit langem spitzem Kinn, zurückgeworfen, das Hinterhaupt groß und lang, dies nun mit dem langen Hals einen stumpfen Winkel bildend, und auf dem Hinterkopf weit draußen über Gelock und allerhand Gefetz und Geklunker das spöttlich kleine Hütchen mit Federn, Blumen, Maschen, weiß der Henker was Allem: ganz als trüge man auf langer schiefgehaltener Stange schief übergelegt irgend welche Narrengabe für ein altstädtisches Handwerkerfest, etwa eine mit allerhand Kraut, Binsen, Grasbüscheln verzierte geräucherte Rindszunge oder Popanzfratze durch die Straßen. Was treibt der Mensch Alles, um sein organisches Gebilde unter seine Menschenehre, nicht nur in's Thierische, sondern in die Region des Mechanischen, Vegetabilischen, humoristischer Artefacte hinabzudrücken!

Eduard Fuchs
Die Rolle des Absatzes am Schuh

So untergeordnet der Absatz am Schuh im Rahmen der körperlichen Bekleidung auf den ersten Blick erscheint, so stellt er nichtsdestoweniger eine der revolutionärsten Errungenschaften auf diesem Gebiete dar. Er leitete eine ganz neue Epoche der Präsentation des Körperlichen ein, eine Epoche, in der wir heute noch leben und mit deren Wirkungen wir immer noch arbeiten. Darum müssen wir dieses Mittels auch zuerst gedenken. Das Mittel ist hier unbedingt wichtiger als die Objekte, denn seine Anwendung ist die Voraussetzung für die Erzielung all der von der damaligen Zeit angestrebten und hinfort erreichten Wirkungen. Wir haben schon einmal an andrer Stelle [...] die Bedeutung des Absatzes für die Präsentation speziell des weiblichen Körpers hervorgehoben. Dort schrieben wir unter anderm: Durch den Absatz am Schuh wird die gesamte Körperhaltung verändert, der Bauch geht hinein, die Brust geht heraus. Um das Gleichgewicht zu erhalten, muß der Rücken eingezogen werden, dadurch markiert sich aber ganz von selbst das Becken, seine bevorzugte Schwellung wird auffälliger; weil die Knie durchgedrückt werden müssen, wird die gesamte Haltung gleichzeitig jugendlicher und unternehmender, der vorgedrängte Busen erscheint strotzender; ebenso wird die Linie der Schenkel straffer und dadurch deren Formen plastischer und klarer. Dem ist noch hinzuzusetzen: Alle diese Reize erscheinen im Zustand der Aktivität. Weil aber diese Aktivität bei mehreren dieser Reize, so vor allem beim Busen, in erster Linie mit der Geschlechtsbetätigung zusammenhängt, so ist ihre Wirkung auf die Sinne in diesem Zustand am provozierendsten. Diesen Eindruck der Aktivität können wir nicht nur mit Leichtigkeit

Ein glückliches Herz macht hüpfende Beine: Elvis Presley hat es, zusammen mit Judy Tyler im Film »Jailhouse Rock«, allen gezeigt

jederzeit durch Augenschein am lebenden Körper nachprüfen, sondern wir können ihn vor allem an einer Reihe der berühmtesten Kunstwerke im Detail kontrollieren und feststellen. Immer, wenn es dem Künstler darauf ankam, diese besondern Reize am Körper der Frau zu markieren, oder wenn diese der Hauptzweck seiner künstlerischen Nachbildung waren, gab er dem Fuß eine Stellung, die der entsprach, die der Absatz unbedingt hervorruft. Man vergleiche, um das Bekannteste anzuführen, die Statue der Venus Callipygos [...] und das berühmte Gemälde »Die drei Grazien« von Rubens [...]. Die Einführung des Absatzes am Schuh ist somit das Mittel, das Momentane zur konstanten Wirkung zu erheben. Weil es aber dem Zeitalter des Absolutismus gemäß seinen parasitischen Bedürfnissen auf diesen ständigen Eindruck der Aktivität bei der Frau ankam, deshalb kam es auch gerade in dieser Zeit zur Konstruktion des Absatzes. Daß die Körperhaltung, die damit aufkam, eine durchaus andre war als die, welche für das Mittelalter und die Renaissance charakteristisch war, erweist ebenso einfach jeder Vergleich; es genügt, an die Mehrzahl der Trachtenbilder aus diesen Zeiten zu erinnern, und wir nennen als besonders charakteristische Gegenstücke nur die Trachtenbilder von Dürer und Hans Holbein, aus denen wir in dem Bande »Die Renaissance« einige Proben gegeben haben [...].

Mit der Einführung des Absatzes ist das Hauptproblem der Zeit, die Auflösung der Harmonie und die Pointierung der verschiedenen Einzelreize, geradezu glänzend gelöst. Das künstliche Herauspressen von Busen und Lenden ist gleichbedeutend mit ostentativer Demonstration dieser erotisch wirkenden Körperteile. Diese Reize bekommen für sich Plakatwirkung: Du sollst speziell dieser meiner Vorzüge gewahr werden, sagt jede Frau in dieser Haltung zum Manne. Das ist das Interessanteste an mir, das ist, was ich dir vor allem zeigen will, darauf sollst du deine Aufmerksamkeit richten, damit soll sich deine Phantasie ständig und mit Eifer beschäftigen, schau wie stolz, wie pikant, und so weiter. Die Folge von alledem ist, daß der Mann wirklich in erster Linie diese Reize sieht, sie sind der Angelpunkt aller seiner Blicke, und er sieht sogar häufig nichts weiter von einer Frau als gerade diese besonderen Einzelheiten.

Daß es sich aber bei alledem um ein Problem der speziellen Tendenzen des Absolutismus handelt, das erweisen aufs Allerdeutlichste die einzelnen Daten aus der Geschichte des Absatzes. Bis gegen das Ende des sechzehnten Jahrhunderts kannte man nur die flache Sohle. Von da ab erst begegnet man dem Absatz. Gewiß war auch er keine unvermittelte Erfindung, sondern ebenfalls das Resultat einer allmählichen Entwicklung. Seine Vorläufer waren die grotesken Stelzenschuhe, die in Spanien von den maurischen Frauen übernommen worden sein sollen. Aber man begegnete diesen angeschnallten Untersätzen auch noch in verschiednen andern Ländern, so vor allem in Italien, wo sie unter dem Namen Zoccoli bekannt waren. Im »Kuriosen Antiquarius« heißt es:

Das Venetianische Frauenzimmer geht auf sehr hohen Schuhen einher; derowegen Julius Scaliger zu sagen pflegte: Die Venetianischen Ehemänner geniessen von ihren Weibern im Bette nur die Helffte, weil die andere Helffte mit den Schuhen abgeleget wurde.

[...]. Die Untersätze, die, wie man hieraus erfährt, mitunter eine ganz ungeheuerliche Höhe erreichten – in Venedig sollen sie mitunter zwölf bis fünfzehn Zoll gemessen haben –, dienten zweierlei Zwecken. Der bekannteste ist, daß sie dem Fußgänger ermöglichen sollten, den stets vorhandnen tiefen Straßenschmutz zu durchschreiten, ohne den eigentlichen Schuh zu beschmutzen. Man muß hier in Betracht ziehen, daß es damals noch nirgends erhöhte und gepflasterte Fußsteige gab, ja, daß die Straßenpflasterung in den meisten Städten sich im günstigsten Falle auf einige wenige Hauptstraßen beschränkte, alle andern aber jahraus jahrein von Schmutz förmlich starrten, der sich dann bei dem geringsten Regen in ungeheure und grundlose Kotpfützen verwandelte. Wir haben Berichte von verschiednen Städten, wo die Pferde ständig bis zu den Knien in den grundlosen Straßenkot einsanken, ja, es gibt sogar Fälle, wo Menschen und Tiere im Kot versanken und umkamen. Auf die Straße wurde weiter, und zwar vielfach bis tief ins sechzehnte Jahrhundert hinein, aller Unrat entleert. Und weil man die Einrichtung eines »geheimen Gemaches« damals nur in den wenigsten Häusern kannte, so wurde von Unzähligen die Notdurft stets auf der Straße befriedigt. Aus allen diesen Gründen floß selbst bei den gepflasterten Straßen stets in der Mitte ein trüber Bach von Unrat, den zu überschreiten immer nur an bestimmten Stellen möglich war. Dieser letztere Zustand hat noch das ganze achtzehnte Jahrhundert vorgeherrscht, wie uns der elegante Kupfer von Garnier deutlich belegt, der uns eine damals sehr häufige Szene illustriert, wo ein stämmiger Bursche sich seinen Unterhalt dadurch erwirbt, daß er die eleganten Frauen, die den Schmutz zu fürchten haben, auf seinem Rücken über die nach dem Regen besonders tiefen Rinnsale hinüberträgt. Wenn man diese Umstände erwägt, so wird dieser ungeheure Untersatz unter den Schuhen zu einem ganz unentbehrlichen Requisit, und es ist seine Verwendung hinreichend begründet. Aber wie alles, was mit der Bekleidung der Frau zusammenhängt, von dieser noch außerdem in ihre speziellen Dienste gestellt wird, so wurde auch dieser Untersatz außerdem zum Hilfsmittel, eine bestimmte vorteilhafte Linie in ihrer Erscheinung zu steigern. Er sollte die Gestalt der Frau verlängern und ihr dadurch ein majestätisches Aussehen verleihen.

Ein Beispiel dafür gibt uns das Bild der vornehmen venezianischen Kurtisane, das wir in dem Band »Die Renaissance« vorführen. Und dieser Zweck wurde allmählich sogar die Hauptsache. Das erweist die ständige Verwendung dieser Gestelle auch in den Fällen, wo gar kein Schmutz auf den Straßen vorhanden war, und weiter die Tatsache, daß dieser Untersatz einzig von den Frauen verwendet wurde, die ihn auf das Geschickteste verstanden, unter der Schleppe zu verbergen.

So plump die erste Form des Absatzes war, wie wir neben den bildlichen Darstellungen noch deutlicher an den in verschiednen Museen aufbewahrten Schuhen aus dem Anfang des siebzehnten Jahrhunderts ersehen können, so entwickelten sich doch sehr rasch seine eleganteren Formen. Man lernte das Mittel, das man sich zur Erfüllung seiner spezifischen Absichten geschaffen hatte, zu gebrauchen und damit alle seine Möglichkeiten auszuprobieren. Unausgesetzt wurde darum auch bis auf den heutigen Tag an und mit dem Absatz experimentiert. Wie er vor allem das Mittel wurde, die Körperhaltung stolz und prätentiös zu gestalten, so vermochte man dadurch außerdem den Fuß recht klein erscheinen zu lassen; man brauchte zu diesem Zweck nur seine Linie und seine Senkrechte nach vorn zu schieben. Aber das sind nur die gröbsten Wirkungen, es gibt Dutzende feinere Nüancen, zu denen man allmählich gelangte. Für alle Klassenmoralien wurde er sozusagen die Stellschraube, die den Körper am erfolgreichsten auf das Wesentliche seines Charakters einstellt. Der Absatz am Schuh der biedern Kleinbürgerin ist daher anders als an dem der Dame, anders als an dem der Kokotte. Breit und vierschrötig begann er, und als Stöckelschuh, auf dem man zwar nicht gehen, sondern gewissermaßen nur ängstlich trippeln konnte, erreichte er seine raffinierteste Form und zugleich seine schwindelnsten Höhen. Der Absatz am Stöckelschuh unter Ludwig XV. war nicht selten bis sechs Zoll hoch, und diese übergroße Höhe behielt er fast ununterbrochen bis zum Ausbruch der französischen Revolution. Über den Eindruck, den die Frauen damit machten, findet sich eine charakteristische Stelle bei Casanova. Dieser teilt mit, daß er einmal die Hofdamen am französischen Hofe, als sie von einem Zimmer in ein andres mußten, in der seltsamsten Weise, ähnlich der halbhockenden Stellung des Känguruh, davonhüpfen sah. Zu dieser Haltung waren die Frauen gezwungen, wenn sie sich beim Gehen auf ihren hohen Absätzen im Gleichgewicht erhalten wollten. Der Absatz ist zwar von Anfang an sowohl dem Männer- als dem Frauenschuh eigentümlich, denn er entsprach den Interessen beider. Aber es bedarf doch keiner besondern Beweisführung, um darzutun, daß seine Rolle beim Frauenschuh ungleich wichtiger war. So übertrieben seine Höhe mitunter auch am Männerschuh wird, am Frauenschuh allein erlebt er die vorhin geschilderte groteske Höhe. Und hier ist er vor allem der Gegenstand des ständigen Experimentierens.

Gerade darin aber, daß der Absatz vorzugsweise im Dienste der Interessen der Frau stand und daß wiederum die Orgien seiner Herrschaft zusammenfallen mit dem Zeitalter des Absolutismus, dokumentiert sich deutlich, daß er das oberste Mittel und das bezeichnendste Symbol des Zeitalters der Frau repräsentiert. Die jeweils allgemein gültige Höhe des Absatzes ist geradezu Beweis und Maßstab der Herrschaft der Frau. Seine Höhe nahm in gleicher Weise zu, in der die Herrschaft der Frau – der Frau als angebetete erotische Macht – im gesellschaftlichen Sein siegreich in Erscheinung trat. Seine schwindelnste Höhe erreichte er, als die Herrschaft der Frau allumfassend war und ihre wildesten Orgien austobte, – das war, wie gesagt, im Zeitalter Ludwig XV., wo das »genießen wir« und das »après nous le déluge« die einzige

Religion der herrschenden Klassen geworden war. Angesichts dieser augenfälligen Tatsachen ist nicht zu viel behauptet, wenn man sagt: Für die Erfindung des Absatzes am Schuh ist die gesellschaftliche Inthronisation der Frau als oberste Gottheit die Voraussetzung gewesen. Weiter kann man sagen: als Mittel ihrer Herrschaft wurde er zugleich zum Beweis für die Niederlage des Mannes, der sich seinen auf die Wollust konzentrierten Begierden als Sklave unterwirft.

Die untrügliche Kontrolle für die Richtigkeit dieser Sätze bietet uns die weitere Geschichte des Absatzes. Als die Herrschaft der Frau im Staat und in der Gesellschaft zusammenbrach und aufhörte, mußten folgerichtigerweise die grotesken Formen des Absatzes verschwinden. Und sie verschwanden auch. Freilich nicht für immer; sie kehrten stets von neuem wieder, sowie ähnliche Tendenzen die Gesellschaft erfüllten, wie zum Beispiel im neunzehnten Jahrhundert in der Zeit des zweiten französischen Kaiserreiches. Und sie blieben außerdem überhaupt immer herrschend in den Kreisen und bei den Individuen, deren wichtigste Lebensinteressen durch die besondern Wirkungen eines grotesk hohen Absatzes erfüllt werden. Das ist bei der Dirne und der Frau der Lebewelt. Dort, wo die Frau in erster Linie die Funktion des Geschlechtswerkzeuges zu erfüllen hat oder wo ihr daran liegt, diese Funktion in gesteigertem Maße zu erfüllen, dort ist der grotesk hohe Absatz stets ihr untrennbarer Begleiter. Die Dirne und die Kokette, beide wandeln nie auf einem großen und stets auf einem sehr hohen Fuß. Sowie dagegen die Frau, sei es als Individuum oder als Klasse, bewußt zum Menschen wird, erniedrigt sie den Absatz. Denn nur dadurch wird sie auch äußerlich wieder ein Ganzes und hört auf, eine Dreieinigkeit von Busen, Schoß und Lenden zu sein, das heißt, der ständig auf Stimulanz der männlichen sexuellen Begierde eingestellte Geschlechtsapparat.

Jonathan Swift
Tramecksan und Slamecksan

Nachdem ich meine Freiheit erlangt hatte, war meine erste Bitte, mir zu erlauben, Mildendo, die Hauptstadt, anzuschauen. Der Kaiser gewährte mir das gern, aber mit der besonderen Auflage, keinen Schaden unter den Bewohnern oder deren Häusern anzurichten. Den Leuten wurde durch eine Proklamation meine Absicht bekanntgemacht, die Stadt zu besichtigen.

Die Mauer, die sie umgab, ist zweieinhalb Fuß hoch und wenigstens elf Zoll breit, so daß eine Kutsche und Pferde sehr sicher auf ihr herumfahren können. Sie ist überdies alle zehn Fuß von starken Türmen flankiert. Ich schritt über das große Westtor hinweg und ging sehr vorsichtig seitwärts durch die beiden Hauptstraßen, nur in meiner kurzen Weste, aus Angst, ich könnte die Dächer und Giebel der Häuser mit dem Saum meiner Jacke beschädigen. Ich trat mit äußerster Umsicht auf, um zu vermeiden, daß ich auf irgendwelche Nachzügler trat, die vielleicht noch in den Straßen waren, obwohl die Anweisungen sehr streng waren, daß die gesamte Bevölkerung wegen des eigenen Risikos in ihren Häusern bleiben solle. Die Dachfenster und Hausdächer waren so gedrängt voll von Zuschauern, daß ich dachte, auf all meinen Reisen noch nie einen so bevölkerten Ort gesehen zu haben. Die Stadt ist präzise ein Geviert, jede Seite der Mauer fünfhundert Fuß lang. Die beiden großen Straßen, die sich kreuzen und sie in vier Quadrate aufteilen, sind fünf Fuß breit. Die kleineren Gassen und Durchgänge, die ich nicht betreten konnte, sondern nur im Vorübergehen betrachtete, sind zwischen zwölf und achtzehn Zoll breit. Die Stadt kann fünfhunderttausend Seelen aufnehmen. Die Häuser sind zwischen drei und fünf

Stockwerken hoch. Geschäfte und Märkte sind gut beschickt.

Der kaiserliche Palast liegt in der Stadtmitte, wo sich die beiden großen Straßen treffen. Er ist durch eine zwei Fuß hohe Mauer eingefaßt und zwanzig Fuß von den anderen Gebäuden entfernt. Ich hatte Seiner Majestät Genehmigung, über diese Mauer zu steigen, und da der Raum zwischen ihr und dem Palast so groß war, konnte ich ihn leicht von allen Seiten betrachten. Der äußere Hof ist ein Quadrat von vierzig Fuß und schließt zwei weitere Höfe in sich ein. Im innersten sind die kaiserlichen Gemächer; ich wollte sie überaus gern sehen, fand es aber äußerst schwierig. Die großen Tore, die von einem Platz zum anderen führten, waren nämlich nur achtzehn Zoll hoch und sieben Zoll breit. Die Gebäude des äußeren Hofes waren wenigstens fünf Fuß hoch, und es war mir unmöglich, sie zu übersteigen, ohne dem Komplex unendlichen Schaden zuzufügen, obgleich die Mauern kräftig gebaut waren aus behauenem Stein, vier Zoll dick. Gleichzeitig wünschte der Kaiser sehr, daß ich die Pracht seines Palastes zur Kenntnis nähme. Das konnte ich aber erst drei Tage später tun, da ich diese Zeit benötigte, um mit meinem Messer einige der größten Bäume im kaiserlichen Park zu fällen, der sich in einer Entfernung von ungefähr hundert Metern von der Stadt befand. Aus diesen Bäumen machte ich zwei Schemel, jeder ungefähr drei Fuß hoch und stark genug, mein Gewicht zu tragen. Nachdem die Menschen ein zweitesmal gewarnt worden waren, ging ich erneut durch die Stadt zum Palast, mit beiden Schemeln in den Händen. Als ich zum äußeren Hof kam, trat ich auf den einen Schemel und nahm den anderen in die Hand. Diesen hob ich über das Dach und stellte ihn vorsichtig in dem Zwischenraum zwischen dem ersten und zweiten Hof ab, der acht Fuß breit war. Dann stieg ich bequem über die Gebäude von einem Schemel zum anderen und zog den ersten hinter mir her mittels eines Stocks, der mit einem Haken versehen war. Durch diesen Kniff gelangte ich in den innersten Hof. Ich legte mich auf die Seite und brachte mein Gesicht an die Fenster der mittleren Stockwerke, die absichtlich geöffnet worden waren, und entdeckte die herrlichsten Gemächer, die man sich nur vorstellen kann. Da sah ich die Kaiserin und die jungen Prinzen in ihren verschiedenen Wohnungen, umgeben von ihrem wichtigsten Gefolge. Ihre Kaiserliche Majestät geruhte, mir gnädig zuzulächeln, und sie reichte mir ihre Hand zum Kuß aus dem Fenster.

Ich will aber weitere Beschreibungen dieser Art nicht vorwegnehmen, weil ich diese für ein größeres Werk aufhebe, das nun beinahe druckfertig vorliegt und eine allgemeine Beschreibung dieses Reiches enthält, von seiner Gründung über eine lange Reihe von Fürsten und mit einem besonderen Bericht über ihre Kriege und ihre Politik, ihre Gesetze, Gelehrsamkeit und Religion; ihre Pflanzen und Tiere, ihre eigentümlichen Sitten und Gebräuche sowie andere Dinge, die höchst merkwürdig und nützlich sind. Meine hauptsächliche Absicht zum gegenwärtigen Zeitpunkt ist es nur, solche Ereignisse und Vorgänge darzustellen, die die Öffentlichkeit oder mich selbst während meines neunmonatigen Aufenthaltes in diesem Reich betrafen.

Ungefähr zwei Wochen, nachdem ich meine Freiheit erlangt hatte, kam eines Morgens Reldresal, der Hauptstaatssekretär (wie sie ihn nennen) für Innere Angelegenheiten, zu meinem Haus, nur von einem Diener begleitet. Er befahl seiner Kutsche, in einiger Entfernung zu warten, und bat mich, ihm eine Audienz von einer Stunde zu gewähren. Dem stimmte ich bereitwillig zu, sowohl wegen seines Standes und seiner persönlichen Verdienste als auch wegen der vielen guten Dienste, die er mir während meiner Bittgesuche bei

Hofe erwiesen hatte. Ich bot ihm an, mich hinzulegen, damit er um so bequemer mein Ohr erreichen könnte. Er zog es aber vor, daß ich ihn während unserer Unterhaltung in meiner Hand hielt. Er begann damit, mich zu meiner Freiheit zu beglückwünschen, und sagte, daß ihm dabei wohl einiges Verdienst zukomme; er fügte jedoch hinzu, daß ich sie vielleicht doch nicht so schnell erhalten hätte, wenn die Lage bei Hofe nicht so gewesen wäre wie im Augenblick. Wie blühend unser Zustand den Fremden auch erscheinen mag, so sagte er, wir leiden doch unter zwei gewichtigen Übeln: einem heftigen Parteienzank im Innern und der Gefahr einer Invasion durch einen äußerst mächtigen Feind von außen. Was den ersten Punkt angeht, so mußt du verstehen, daß es seit über siebzig Monden zwei widerstreitende Parteien in diesem Reich gibt. Die einen heißen Tramecksan, die anderen Slamecksan, nach den hohen und niedrigen Absätzen ihrer Schuhe, durch die sie sich unterscheiden. Es wird nun allerdings behauptet, daß die hohen Absätze unserer alten Verfassung am ehesten entsprechen. Wie dem auch sei, Seine Majestät hat beschlossen, im Verwaltungsapparat der Regierung und bei allen Ämtern, die von der Krone vergeben werden, sich nur der niedrigen Absätze zu bedienen, wie du zwangsläufig bemerken mußt. Insbesondere muß dir auffallen, daß die Absätze Seiner Kaiserlichen Majestät wenigstens einen Drurr niedriger sind als die irgendeines Höflings (ein Drurr ist ungefähr ein Vierzehntel Zoll). Die Feindseligkeit zwischen diesen beiden Parteien ist so stark, daß sie nicht miteinander essen, trinken oder reden. Wir rechnen, daß die Tramecksan, oder Hochhacken, uns an Zahl überlegen sind; die Macht aber liegt völlig in unseren Händen. Wir stellen fest, daß seine Kaiserliche Hoheit, der Thronerbe, den Hochhacken zuneigt, zumindest können wir deutlich wahrnehmen, daß einer seiner Absätze höher ist als der andere, was ihm einen hinkenden Gang verleiht. Inmitten dieser inneren Unruhen werden wir nun durch eine Invasion von der Insel Blefuscu bedroht, die das andere große Reich des Universums darstellt und die fast so groß und mächtig ist wie das Seiner Majestät. Wir haben dich zwar behaupten hören, daß es weitere Königreiche und Staaten auf der Welt gibt, die von menschlichen Geschöpfen, die so groß sind wie du, bewohnt werden, doch zweifeln unsere Philosophen sehr daran und möchten eher vermuten, daß du vom Mond oder von einem der Sterne herabgefallen bist. Es ist nämlich sicher, daß hundert Sterbliche von deiner Größe in Kürze alle Früchte und alles Vieh im Herrschaftsbereich Seiner Majestät zerstören würden. Außerdem erwähnt unsere Geschichte, die sechstausend Monde alt ist, keine anderen Gebiete als die zwei großen Reiche von Lilliput und Blefuscu. Diese beiden Großmächte sind, so wollte ich dir erzählen, seit sechsunddreißig Monden in einen äußerst hartnäckigen Krieg verwikkelt. Dieser begann aus folgendem Anlaß. Allseits wird eingeräumt, daß die ursprüngliche Art, die Eier aufzuschlagen, bevor man sie ißt, am stumpfen Ende war. Als aber der Großvater Seiner jetzigen Majestät als Junge ein Ei essen wollte und es nach der alten Gewohnheit aufschlug, schnitt er sich dabei in den Finger. Daraufhin veröffentlichte der Kaiser, sein Vater, ein Edikt, das allen Untertanen unter schweren Strafen auferlegte, die Eier am spitzen Ende aufzuschlagen. Die Menschen nahmen dieses Gesetz so übel, daß unsere Geschichtsbücher uns berichten, es habe aus diesem Grund sechs Aufstände gegeben. In einem verlor ein Kaiser sein Leben, ein anderer seine Krone. Diese inneren Unruhen wurden dauernd von den Monarchen Blefuscus geschürt, und wenn sie unterdrückt waren, flohen die Verbannten immer in jenes Reich, um dort Zuflucht zu finden. Man hat errechnet, daß elftausend Personen zu verschiedenen Zeiten lieber den Tod erlitten haben, als sich der Regel zu unterwerfen, ihre Eier am spitzen Ende aufzuschlagen. Viele Hunderte großer Bände sind über diesen Streit veröffentlicht worden. Die Bücher der Stumpfender aber sind schon seit langem verboten und die gesamte Partei durch Gesetz für außerstande erklärt worden, Ämter zu bekleiden. Im Verlauf dieser Unruhen haben die Kaiser von Blefuscu häufig durch ihre Botschafter Proteste eingelegt und uns beschuldigt, ein Schisma in unserer Religion herbeizuführen, indem wir gegen eine Grundsatzlehre unseres großen Propheten Lustrog verstießen, und zwar im vierundfünfzigsten Kapitel des Brundecral (welches ihr Koran ist). Dies gilt jedoch als eine reine Verdrehung des Textes. Der Wortlaut ist nämlich wie folgt: *Alle wahren Gläubigen sollen ihre Eier am geeigneten Ende aufschlagen.* Was aber das geeignete Ende ist, scheint nach meiner unmaßgeblichen Meinung dem Gewissen eines jeden Menschen überlassen, oder doch zumindest in der Macht des obersten Magistrats zu liegen. Gegenwärtig haben die stumpfendigen Verbannten am Hof des Kaisers von Blefuscu soviel Ansehen erworben und soviel private Hilfe und Ermutigung von ihrer Partei hier zu Hause, daß zwischen den beiden Reichen seit sechsunddreißig Monden ein blutiger Krieg mit wechselndem Erfolg geführt wird. Während dieser Zeit haben wir vierzig Großkampfschiffe und eine noch größere Anzahl an kleineren Schiffen verloren, darüber hinaus dreißigtausend unserer besten Seeleute und Soldaten. Der Schaden, den unser Feind erlitten hat, soll noch etwas größer sein als unserer. Sie haben jedoch jetzt eine umfangreiche Flotte ausgerüstet und bereiten sich im Augenblick darauf vor, über uns herzufallen. Seine Kaiserliche Majestät setzt großes Vertrauen in deinen Mut und deine Stärke und hat mir befohlen, dir diesen Lagebericht zu erstatten.

Ich bat den Minister, dem Kaiser meine ergebene Ehrerbietung auszurichten und ihn wissen zu lassen, daß ich glaube, es stehe mir als Fremdem nicht zu, mich mit Parteien einzulassen. Ich sei aber bereit, unter Einsatz meines Lebens seine Person und seinen Staat gegen alle Invasoren zu verteidigen.

Guntram Vesper
Auf Leben und Tod

Schlechten Traum gehabt. Auf der Autobahn gegen einen Brückenpfeiler gerast. Sah alles kommen und schrie. Querschnittsgelähmt. Konnte die Arme, Hände, Finger nicht bewegen, keine Zeile zu Papier bringen. Dabei tausend Gedanken im Kopf. Von hinten sagt jemand: Ein Luftballon kurz vor dem Platzen. Ich erwachte wie unter Faustschlägen, kauerte vor dem Bett, Hände und Füße ganz kalt. Ich zog mich schnell an und lief in den Hof, von dort auf die Hintergasse und aus dem Dorf, immer auf der Suche nach etwas, woran ich mich halten, womit ich mich ablenken konnte. Das Friedhofstor stand offen. Die eintönige Augenweide der Schnittblumen und Zierstauden. Zwischen Kriegerdenkmal und Leichenhalle abgesunkene Vierecke, als Gräber kaum zu erkennen. Keine Einfriedung, kein Stein hinter der Weißdornhecke. Der Hauwurz wuchert. Kreuze, wenn es welche gegeben hat, waren aus Holz und sind längst verfault.

Die Frauen, die sich jeden Tag ordnend und verschönernd über die Grabstellen beugen, nennen den Bereich schlimme Ecke. Hier liegen die Selbstmörder. Gewöhnlich ist Herzstillstand im Gespräch, auch Schlagfluß, Hirnblutung, Altersschwäche werden angegeben. Der Pfarrer darf nicht erfahren, daß einer Hand an sich gelegt hat. Daher übernehmen die Nachbarn neben dem Waschen, Ankleiden und Aufbahren der Leiche vor allem die Aufgabe, Flecke von der Familienehre fernzuhalten. Ich habe es selbst gesehen, hört man aus dem nächsten Haus, es war ein friedlicher Tod im Bett. Oder er ist mitten in der Arbeit ohne einen Mucks umgefallen. Was sollen die jungen Leute denn machen, wenn die Alten in ihrer Verwirrung zum Strick greifen. Guck dir die fünf, sechs betagtesten Einwohner doch an. Gehen sie über den Hof, muß man immer Angst haben, sie könnten schon wieder auf dem Weg in die Scheune sein, um das versteckte Seil zu holen und an einen Querbalken zu knüpfen. Woher dieser Drang. Haus, Hof und alle Äcker sind überschrieben, die Rente soll weiterfließen, kein Grund also, jemanden unter die Erde zu wünschen.

Andererseits, in ganz seltenen Fällen, einmal in fünfzig Jahren, atmet das Dorf nach einem Selbstmord auch auf. Wer sich nicht einordnen will, wer unruhig ist und Unruhe macht, geht besser. Wie und wohin, ist egal. Vielleicht liegt deshalb auf einem der verwahrlosten Gräber an jedem Totensonntag ein Gesteck, seit achtzehn Jahren. Das Geld dafür kommt aus der Kasse des Gesangvereins. Dellebachmarie läßt sich die zehn Mark schon Anfang November vom Pitzewirt auszahlen und schreibt alle Kranzbindereien der Gegend an: Wieder rücken die Trauersonntage näher, und erlaube ich mir die Frage, was der Grabschmuck für den Witwenschuster diesjahr kosten soll. Und so weiter. Die Gärtner heben die Briefe als Kuriositäten auf.

Ende Oktober treffe ich Dellebachmarie am Kaltenrain. So klein, so mager und weißhaarig. Und immer knöchellang in altem Schwarz. Das Bücken fällt ihr schwer, aber sie liest Äpfel aus dem Gras. Auf den Wiesen, in den entlaubten Bäumen, überall das leuchtende Obst, das interessiert außer ihr in Steinheim niemanden mehr. Zwei Zentnersäcke lehnen schon am Steilhang. Um sie zum Sprechen zu bringen, sacke ich mit ein. Ihre Hände sind trotz dicker Gichtknoten viel flinker. Was sie erzählt, klingt auswendig gelernt und halb wieder vergessen, es hängt mit dem ewigen Elend des Dorfhandwerks und mit der Schuhzeugfrage zusammen, über der Steinheim in den zwanziger Jahren restlos zerstritten war.

In meiner Kindheit, sagt Dellebachmarie und tastet die Blätterhaufen nach Äpfeln ab, kannte man hier nur die zweiballige Art des Schuhwerks. Stiefel, Arbeits- und sogar Sonntagsschuhe waren breit und formlos, jeder Schuh ließ sich am rechten wie am linken Fuß tragen. Das hatte große Vorteile bei der schweren Bauernarbeit und im Winter, wenn wir zum Schutz gegen Kälte Stroh einlegen und Fußlappen wickeln mußten. Staat konnte man nicht machen.

Der Dorfschuster. Er hieß Johann Missler. Von ihm hing viel ab. Wie die Leute gingen, wie das aussah und was es kostete. An Licht, an Feuerung, an Kleidung, am Essen, auch an Schuhsohlen konnte gespart werden und wurde gespart, aber in Grenzen. Bei Frost, bei Schnee und Eis kann man nicht barfuß herumlaufen. Wenigstens mußten die Schuhe billig sein und lange halten.

Der Schuster war ein älterer wortkarger Mann ohne Anhang. Er wohnte beim Müller von Utphe. Die Kammer über der Einfahrt, in der er aß und schlief, diente auch als Werkstatt. Zwischen den Lehmwänden nur Bett, Stuhl, Tisch, ein Brett über der Tür, der Ofen, schließlich Arbeitsbank und Schemel am Fenster, weiter Werkzeug, die Schusterkugel und ein Berg Schuhe. Sonntags wanderte Johann mit einem Ledersack, den er über der Schulter trug, nach Steinheim und besuchte Haus auf Haus die Kundschaft. Um seinen Hals hing in der ersten Zeit eine Schlange, angeblich eine Kobra. Die Kinder drängten heran. Wenn er durch die Gassen kam, schwenkte er das Tier manchmal wie einen Stock. Später ging es ein. Er lieferte fertige Stücke ab und nahm kaputte Schuhe und Aufträge für neue an.

Als junger Mann war er kurz vor der Jahrhundertwende mit den ersten Bautrupps der Eisenbahn nach Oberhessen gekommen. Die großen Zelte für das Gerät und für die Strohsäcke der Arbeiter standen in den nassen Wiesen zwischen Steinheim und Trais. Abends ein Gedränge in den Wirtschaften. Alles voll von fremden und einheimischen Schotterklopfern und Schienenlegern. Die kleinen Bauern schüttelten die Köpfe. Die Bahn ist nicht für uns.

Johann wurde mit den Verhältnissen im Dorf bekannt. Er verliebte sich in eine junge Witwe. Der Mann war Viehhändler gewesen und hatte den Leuten Geld geliehen. Dreißig Prozent Zinsen. Daher das ansehnliche Haus in der Vordergasse, das größte in ganz Steinheim. Mitbewerber war allerdings der neue Forstgehilfe vom Glaubzahl. Beide Männer gingen ein und aus, die Witwe dachte aber gar nicht an Heirat. Der eine Verehrer kurz angebunden und zupackend, der andere aus guter Familie, was wollte sie mehr. Johann machte ihr in aller Öffentlichkeit Vorwürfe. Er hatte sich gerade im Traum als Anführer der Kreuzfahrer gesehen und war verblendet. Die Witwe wies ihn jedoch mit Recht auf die Hasen hin, die der Besucher im Lodenmantel auftischte. Jetzt mußte Johann einen Rehbock ankündigen, ob er wollte oder nicht. Vorbei an den Gerüchten, die Jäger und Förster in die Dörfer hatten tragen lassen. Das ganze Lager besteht aus Schlägern, Messerstechern und Frauenhelden, die Kerle wildern, was das Zeug hält. Schwer zu bestreiten, daß es einen Graben gab. Im Dorf, wo selbst der Bauernkönig keine sechzig Morgen hatte, waren es die allgemeinen Verhältnisse, die lähmten; beim Eisenbahnbau sah man, wer auf der anderen Seite stand. Die Arbeiter wirkten im Vergleich zur Landbevölkerung selbstbewußt und ungezügelt: Der Himmel gehört uns, die Ferne gehört uns, warum nicht auch die Jagd. Sie wurden beobachtet. Im Forsthaus auf dem Glaubzahl verteilte der Oberförster an der Mittagstafel die Nachtwachen. Draufhalten, draufhalten, schärfte er seiner Mannschaft ein.

Tatsächlich wurde auf Johann geschossen. Die Mondnacht in der Weidesecke. Der Rehbock war nicht ausgetreten. Johann feuerte zurück. Dann lief er durch den Wald zum Dorf. Es war zwei Uhr morgens. Er klopfte bei der Witwe ans Hoftor. Sie ließ ihn ein und nahm ihn mit in ihr Bett. Johann übersah, daß in der Kammer eine dritte Person lag, eine Tante auf Besuch, die gleiche, die seinerzeit die einträgliche Ehe mit dem Viehhändler vermittelt hatte. Auch die Tante war wach geworden. Sie hörte das Flüstern und konnte sogar verstehen, um was es ging. Als das Paar im Bett anfing, Lärm zu machen, schlich sie hinaus, stieg durch das Küchenfenster und pochte den Bürgermeister aus dem Schlaf. Das und das, schnell, schnell. Eine Stunde später wurde Johann mit Kolbenstößen zum Glaubzahl getrieben.

Große Aufregung anderntags. Leute an allen Ecken. Empörte Reden. Die Förster waren nicht beliebt, im Gegenteil; Streit, so lange man denken konnte, um Wildschäden, Leserechte, Gatter. Außerdem hielten sie Spitzel im Ort, besuchten die Wirtschaft nicht, wollten bei jeder Gelegenheit zuerst gegrüßt werden. Und jetzt. Das schlug dem Faß den Boden aus. Was hatte der arme Mann denn groß gemacht. Auch die Witwe war ein Rabenaas. Wen ich mit in mein Bett nehme, den lasse ich doch nicht ins offene Messer laufen. Sie wurde angefeindet und zog bald nach Hungen. Dort war dem Pfarrer eben die Frau gestorben, er suchte eine Haushälterin. Die beiden warteten nur das Trauerjahr ab. Nun hat sie ja wieder einen Alten, sagte der Volksmund.

Johann saß acht oder neun Jahre im Zuchthausschloß Marienburg, das man bei klarer Luft vom Kaltenrain aus sehen kann. Dellebachmarie führt mich ein Stück den Hang hinauf und deutet mit ausgestrecktem Arm nach Südwesten. Richtig, die Türme. Wann der Gefangene entlassen wurde, daran kann sie sich nicht mehr genau erinnern, auf jeden Fall vor dem Ersten Weltkrieg. Er hatte sich gut geführt und durfte zuletzt das Schuhmachen lernen. Als junger Arbeiter im Tagelohn war er hinter den feuchten Mauern verschwunden, ein Handwerksgeselle mit zerfurchtem Gesicht kam wieder zum Vorschein. Was sind dagegen acht, neun Jahre.

Er quartierte sich beim Utpher Müller ein. Der Müller liebte Gepräche und Geselligkeit und litt unter der isolierten Lage seines Anwesens auf halbem Weg zwischen Steinheim und Utphe. Die kleine Kammer stand leer. Man einigte sich auf ein Jahr. Folgenden Michaelistag Verlängerung mit Handschlag. Dieser Handschlag wiederholte sich im Lauf der Zeit dreißigmal. Endlich ein Schuster. Man nahm ihn mit offenen Armen auf. Das wortkarge unfreundliche Wesen, die polternde Redeweise machten niemanden irre.

Da fiel vielleicht mehr ins Gewicht, daß Johann auf seinen Gängen immer eine alte Bibel bereithielt und aus ihr den Kindern, die Kühe hüteten oder Beeren suchten, bestimmte Stellen von solcher Bildhaftigkeit vorlas, wie man sie in einer Heiligen Schrift nicht vermutet hätte. Diese Leidenschaft sprach sich herum. Aber Pfarrer und Lehrer ließen die Sache gehen; der eine wohnte im Nachbardorf und kam nur sonntags für zwei Stunden, der andere wußte nicht, wo ihm der Kopf stand, er mußte am Vormittag neunzig und nach dem Mittagessen hundert Kinder beaufsichtigen. Für die Eltern war die Vorlesewut des Schusters verständliche Folge der Haft und des ledigen Lebens. In den engen Häusern sahen und hörten die Kinder ohnehin eine Menge. Und es war nun einmal so: wer in die Jahre kam, entwickelte wunderliche Züge. Johann bot Anzeichen genug. Zum Beispiel der Auftritt im Lebensmittelgeschäft. Frühsommer vierzehn. Butter und Brot erklären alles. Mit diesen Worten stürzte er in den Laden. Seit er in der Mühle wohne, fuhr er fort, habe er weder Butter verzehrt noch warm gegessen. Er kaufte einen großen Klumpen Butter und aß ihn, während er die Gasse hinunterging, mit großen Bissen auf. Danach konnte er eine Woche das Bett nicht verlassen. Wenn man in seiner Gegenwart von Butter nur sprach, würgte es ihn. War das ein Spaß.

Johann staunte. Jeder Tag war anders. Es gab Überraschungen. Kaum zu glauben, was er einmal sah, als er am Fenster stand. Der Sohn des Müllers, fünf Jahre alt, hatte im Gartenhaus ein etwa siebenjähriges Mädchen aus Steinheim, das einmal die Woche in der Mühle war, wo seine Mutter die Schweineställe ausräumte, rücklings auf den Tisch gelegt, ihm die Röcke hochgehoben, und nun betastete er den Unterkörper und die Spalte. Das dauerte wenigstens zwei Minuten. Bis das Mädchen den Kopf zur Seite drehte und durch die trüben Scheiben des Gartenhauses und der Schusterstube den Zuschauer bemerkte. Sofort verschwand es aus Johanns Blickfeld. Der Junge erschien im Garten, aber nur, um die offene Tür zu schließen, indem er einen Spaten dagegen lehnte. Dann zwängte er sich vorsichtig, um den Spaten nicht umzuwerfen, nach drinnen. Johann ließ das kleine Gebäude nicht aus den Augen. Und richtig dauerte es nicht lange, bis die Tür wieder aufging, weil das Mädchen, nun auf der bloßen Erde liegend, sie mit einer heftigen Bewegung des hin- und hergeworfenen Kopfes aufgestoßen hatte. Wieder tauchte der Junge auf, wieder setzte er den Spaten an, wieder schlüpfte er in das Gartenhaus. Jetzt war lange nichts zu sehen. Nur der herbstliche Garten, die abgeernteten Felder dahinter. Johann stellte sich die roten Lippen, die dunklen Augenbrauen des Mädchens vor. Sein Herz wurde schwerer und leichter. Als die Kinder mit argwöhnischen Blicken ins Freie traten und endgültig verschwanden, entlud sich die Anspannung mit einem Schluchzen. Sein Vater kam ihm in den Sinn, er sah ihn am Krankenbett der Mutter sitzen und ihre Hand halten. Er schwor ihr ewige Treue. Bis in den Tod, versprach er. Bis morgen, sagte die Mutter. Wirklich starb sie am nächsten Abend. Johann legte sich hin. Dreihundertfünfundsechzig Freunde haben.

Anfang der zwanziger Jahre ging das friedliche Leben zu Ende. Konkurrenz, wo einer kaum satt wird. Louis Fürst, ein junger Mann mit großer Familie, ließ sich in Steinheim nieder. Von der Viehhändlers- und inzwischen auch Pfarrerswitwe mietete er billig das leerstehende Haus in der Vordergasse und hängte einen schmiedeeisernen Stiefel über das Tor. Louis war im Weltkrieg bis kurz vor die Modestadt, das Lichtermeer Paris gedrungen. Außerdem hatte er in Gießen gelernt, auch nicht gerade hinter dem Mond. So galt er gleich als Neuerer in Sachen des Geschmacks. Er schwor auf einballige Schuhe. Für jeden Fuß die angemessene Form, sagte er, wie die Natur es vorschreibt. Er hatte schnelle kluge Augen und eine hohe Stirn, aber manchmal sah der Mund schon welk aus. Näherten sich Gespräche über einen Punkt hinaus, den er allein kannte, privaten Dingen, guckte er den Partner fremd und seltsam an und erreichte Themawechsel oder Auseinandergehen.

Die Steinheimer wurden von ihren Schustern umworben: hier die altbekannte Art des zweiballigen, dort die gefälligere des einballigen Schuhs. Und verschiedene Arbeitstechniken. Johann nähte die dicken Sohlen mit selbstgemachtem Pechfaden auf. Damit der Faden sich nicht ablief und die Sohlen dann klafften, kam die Naht in einen Einschnitt, der während der Anfertigung weggeklappt, später wieder angedrückt und mit Pech verklebt wurde. Anders Louis. Er hielt es mit dem schnelleren Aufnageln der Sohlen und klopfte kleine Holzstifte ein.

Während die jungen Leute begeistert waren und man bald an jedem Tanzbein einballige Schuhe sehen konnte, verweigerten sich die Alten und Älteren der neuen Mode. Überlieferung und der Wunsch nach dauerhafter Qualität blieben stärker. Schuhe müssen von der grünen bis zur silbernen Hochzeit halten und keinen Tag weniger. Jedes Jahr mehr spricht für den Schuster. Solchen Erwartungen konnte Louis nicht entsprechen. Denn seine gestifteten Sohlen fielen oft ab. Jemand sprang beim Tanzen in die Luft und ließ ein Stück Leder auf den Dielen. Oder er ging mit einem Mädchen über die Höckerwiesen zum Kaltenrain und lief plötzlich auf Strümpfen durchs nasse Gras. Wenn es dunkel war, durfte man nach dem verschwundenen Unterteil lange suchen. Ein Stelldichein, aber anders als geplant. Trotzdem war Louis der Abgott der Jugend. Er stellte Bänke in seine große ebenerdige Schusterstube und hatte gegen Abend immer ein volles Haus.

Dann erzählte er: Es gibt eine Möwe, die sich von Austern ernährt. Was Austern sind, wißt ihr ja. Die Auster öffnet sich manchmal, um Luft zu holen. Genau in diesem Augenblick muß die Möwe hacken. Gelingt es ihr, die Auster zu töten, kann sie den Leckerbissen in aller Ruhe fressen. Gelingt es ihr nicht, klappt die Auster zu, und die Möwe verreckt mit festgeklemmtem Schnabel. Und nun die Steigerungsformen des Beiwortes. Neulich hat ein Anarchist in Berlin einen Richter ermordet. Scheußlich. In den eigenen vier Wänden des Opfers. Scheußlicher. Die Pistole, zu groß, um in die Tasche zu passen, hatte der Mörder unter einem Blumenstrauß versteckt. Am scheußlichsten. Jetzt noch ein Wort vom Überleben im Daseinskampf. Während eines Fronturlaubs kam ich in mein Heimatdorf am Oberrhein. Die

Gemeinde ist sehr arm. Ungeachtet dieser Tatsache sehe ich schon von weitem, daß das Kirchendach neu eingedeckt wird. Am Dorfrand begegne ich dem Pfarrer und stelle ihn zur Rede wegen der überflüssigen Ausgabe. Das war mein gutes Recht als Grabensoldat. Antwort, er wisse von nichts, das müsse ein eigenmächtiger Beschluß des Kirchenvorstands sein. Ich, um der Angelegenheit auf den Grund zu gehen, zum ältesten Vorsteher. Der glaubt, der Pfarrer habe den Auftrag gegeben. Der zweite Vorsteher, der Bürgermeister, der Kirchendiener, niemand weiß etwas. Am Ende ergibt sich, daß die Dachdecker Landstreicher sind, die ein paar Tage unterkommen wollen. Kühn und entschlossen die Gelegenheit beim Schopf packen, das ist seitdem meine Devise.

Mühlschuster und Witwenschuster. Ihr Verhältnis zueinander. Pfingstsonnabend 1927 verlor der Sohn des Flurschützen auf dem Tanzboden beim Pitzewirt wieder einmal die Sohle. Als Johann am nächsten Tag während seiner Tour davon hörte, konnte er lange kein Wort herausbringen. Er stotterte nur und verstummte dann ganz. Das auffällige Verhalten war auf ein Schwindelgefühl zurückzuführen, das ihn seit einem Jahr in der Erregung erfaßte und augenblickliches Schweigen und Beiseitegehen verlangte. Nachdem er sich beruhigt hatte, schlug er die Faust gegen die Stirn und rief wie erlöst: Das ist gar kein richtiger Schuster, ein neumodischer Pfuschkopf ist das.

Folgender Sonntag. Johann, den Ledersack umgehängt, geht am Haus der Witwe vorbei. Er liebt das Haus sowieso nicht. Louis reißt das Fenster auf, beugt sich weit nach draußen und schreit mit rotangelaufenem Gesicht: Du Verbrecher, du Zuchthausschuster, du unehrlicher Lump. Man hört ihn bis in die Kirche, wo gerade die Sitze versteigert werden. Johann ist taub. So sieht es aus. Nur sein Gesicht zuckt vielleicht ein bißchen, vielleicht schneidet er hinter der Feuerwehrscheune Grimassen. Eine Woche später ist er vorbereitet; kaum fängt Louis an, läßt er die Hosen fallen, hebt das Hemd hoch und zeigt den Hintern. Louis geht nach oben zu seiner Frau. Wenn man, sagt er, um einen Ärger reicher ist, hat der Baum des Lebens einen weniger in Bereitschaft.

Die Leute hatten ihre Freude an dem Kleinkrieg. Mal sehen, wie es weitergeht. Wenn er mir, sagte Louis seinen noch zahlreicheren Besuchern, wieder so kommt, kaufe ich eine Flinte und brenne ihm eins auf den nackten Arsch. Aber woher, fragte man sich im Dorf, wollte Louis, jederzeit knapp bei Kasse, ein Gewehr zaubern. So mußte man die Drohung nicht ernst nehmen und konnte weiter lachen. Plötzlich stellte der Schreiner seinen alten Militärkarabiner zur Verfügung. Jetzt sah die Sache anders aus. Für beide Schuster ging es um viel, um alles. Zuerst um einige Bissen tägliches Brot mehr oder weniger, auf lange Sicht um Leben oder Tod. Steinheim brauchte und ernährte nur einen Schuster, wer hätte das nicht gewußt. Ein böses Ende war möglich. Zwei alte Männer wurden zu Louis geschickt.

Setzt du, sagte der erste Greis, was du vorhast, in die Tat um, und noch dazu am Sonntag, bringst du dich ins Unglück und das ganze Dorf in Verruf. Das ist ein Mordnest, heißt es dann gleich, in dem kein Mensch am hellen lichten Tag seines Lebens sicher ist. Außerdem, gab der andere Abgesandte zu bedenken, hat der Mühlschuster, seit er nachts in den Wiesen beraubt worden ist, eine Pistole im Sack. Schießt er zurück, was dann. Dann liegst du da und bist tot. Und er. Er macht Notwehr daraus und ist dich los. Zum Kinderspott, stellte Louis fest, werde ich nicht. Nein, nein, stimmten die Greise zu, du kannst ihm aber auch Worte wie Zuchthausschuster nicht nachrufen. Ein Pfuschschuster bin ich noch weniger, erwiderte Louis. Abgemacht.

Die beiden Verhandlungsführer fingen Johann am Ortseingang ab. Das Dorf verlange einen Friedensschluß, wurde ihm eröffnet, er dürfe den Witwenschuster, der Witwenschuster dürfe ihn nicht mehr beschimpfen, die Hosen hätten oben zu bleiben, die Flinte käme zurück in den Schrank.

Damit war die äußere Ruhe wieder hergestellt. Einmal saßen Johann und Louis beim Pitzewirt sogar am gleichen Tisch und spielten Karten. Der Witwenschuster, sagte Johann. Der Mühlschuster, sagte Louis. Mehr nicht.

Der Konkurrenzkampf, in den sie verstrickt waren, verschärfte sich von Jahr zu Jahr. Louis, um die geizigen Altbauern zu seinen Schuhen zu bekehren, unterbot Johanns Preise, wo er nur konnte, obwohl die sieben Kinder ausgehungert und barfuß durchs Dorf streunten. Johann stellte unbeirrt, jedoch noch sorgfältiger, das plumpe Schuhzeug her und nahm weiter nur so viel Geld, wie er für die Miete, für Brot, Schmalz und neues Leder brauchte.

War die Zeit auf seiner Seite. Er merkte, daß ihm der Wind mit wachsender Stärke ins Gesicht blies. Jedes Jahr verlor er Kunden an den Friedhof. Der Ledersack wurde immer faltiger. Tage wie das Leben selbst. Er ließ eine Anzeige ins Hungener Wochenblatt rücken: Allen Männern und Frauen in Stadt und Land mache ich bekannt, wie herzlos und ohne Gewissen ein Dorf hiesiger Gegend, dessen Bewohnern ich durch Jahrzehnte in guten und schlechten Zeiten treue Arbeitsdienste geleistet habe, dabei ist, mich verhungern zu lassen oder zum Äußersten zu treiben. Johann Missler in der Utpher Mühle.

Große Empörung. Auch sein Hauswirt fand den Schritt zu laut. Von einem Menschen, der ins Wasser fällt, verteidigte sich Johann, kann man nicht verlangen, daß die Zuckungen, die ihn retten sollen, die Wellenlinie der Schönheit haben. Schließlich ein Sonntag, an dem er überall vergeblich nach

Arbeit gefragt hatte und mit leerem Sack abziehen mußte. Der Müller sah sofort, was los war. Er riet ihm zu einem Brief an den Gauleiter. Warum ausgerechnet an den, wußte niemand. Johann wartete wochenlang auf Antwort. Die Zeit, früher das Wertvollste, jetzt die größte Last. Ohne Tätigkeit die Tage, ohne Schlaf die Nächte. Jeden Morgen das ausgebrannte Gehirn. Welche Bilder sich dort eingenistet hatten. Ein zerschnittener Mensch in der Häckseltruhe. Das war alles. Als auch der Müller keine Hoffnung auf eine Antwort mehr erkennen ließ, ging Johann abends zum Kaltenrain, setzte sich auf die Bank am Waldrand und brachte einen schlechten Kopfschuß an.

Im Dorf war der Knall gehört worden. Diese Jäger. Erst der Lehrer, der wie gewöhnlich vor dem Unterricht einen Spaziergang machte, fand den Schwerverletzten, nagelneue Schuhe an den Füßen, einballig, so elegant, wie sie dem Konkurrenten nie gelungen waren. Louis, mit den anderen im Halbkreis um den bewußtlos stöhnenden Johann stehend, sagte: Man sieht es wieder, wer mit der Zeit nicht mitgeht, nicht mitgehen will, wer stehenbleibt, der richtet sich selbst zugrunde. Gestern, heute, morgen. Daß so einer vernichtet wird, kann gar nicht anders kommen, weil es gar nicht anders sein kann. Worte eines Ahnungslosen.

Johann lag lange in der Klinik und wurde anschließend, blind, beinahe taub und an Armen und Beinen gelähmt, in ein Siechenheim überwiesen, wo er noch eine Weile vor sich hin dämmerte. Keine Erinnerung an Steinheim. Und in Steinheim so gut wie vergessen. Zehn, zwanzig Jahre gehörte das Dorf Louis. Krieg und Nachkriegszeit als Höhepunkte seines Lebens. Nie hätte er sich vorher von Bezugscheinen für Schuhwerk träumen lassen. Über den Erfolgen wurde er älter.

Koreakrieg. Schon verstand er die Welt nicht mehr. Allein

in Hungen eröffneten drei neue Schuhgeschäfte, von denen das eine in Steinheim sogar eine Filiale einrichtete und durch einen Flüchtling betreuen ließ. Auch Reparaturen übernahm der Hundsfott. Die Fabrikschuhe, die das Land zu überschwemmen anfingen, waren viel billiger, genauso haltbar und gefielen den Leuten besser. Überall, wohin man guckte, auf jedem, aber wirklich jedem Gebiet machten sich Industrietalente breit, fühlte Louis, behielt die Einsicht aber für sich. Er saß die meiste Zeit ohne Beschäftigung in der Werkstatt. Die Arbeitsplatte war leer und blieb leer. Ganz nutzlos auch die Bänke. Die Kinder verheiratet und bis auf die Lieblingstochter weit weg. Er sah nicht mehr gut. Auf Handtellern und Fingerspitzen breiteten sich Flechten aus. Seine Frau starb. Er hatte, wenn überhaupt, immer gerne Karl May gelesen. Jetzt verschlang er Im Reiche des Silbernen Löwen fünfmal hintereinander. Was da drinsteckt, sagte er in der Wirtschaft, ihr könnt euch keine Vorstellung machen. Und dann holte er weit aus und beschrieb den Handlungsgang, er verlor den Faden, nahm ihn wieder auf, brachte alles durcheinander, versuchte es noch einmal und schloß begeistert: Immer dieselbe Qual, dasselbe Elend, derselbe Jammer, niemand steigt auf, aber eine Symphonie erlösender Gedanken.

Der Strom wurde abgeschaltet. Die Hausbesitzerin schrieb ihm einen Brief nach dem anderen, er warf alle Post ungelesen in den Ofen. Lautstark stellte er seinen Nachbarn zur Rede, der mit einem Schuhkarton unter dem Arm von der Gießener Bahn kam und kein bißchen verlegen war. Auch anderen Kunden trat er in den Weg. Heftige Wortwechsel, Handgreiflichkeiten waren die Folge. Kaum eine Familie, mit der er nicht zerfiel. Je wütender er auftrat, desto größer wurde seine Sehnsucht nach Ruhe.

Dabei immer seltsamere Aussprüche: Die Kannibalen haben das letzte Ziel am besten begriffen, sie machen schon jetzt, was bald alle tun werden, sich auffressen. Oder: Oben brennt das Haus, im Keller liegt der Sprengstoff, und in der Mitte kämpfen die Leute um das Besitzrecht. Einige Monate lang baute er aus Stangen und Tuch große Drachen und schleppte sie in die Wiesen. Wenn er sie startete, stieß er laute Schreie aus. Manchmal half er dem Schreiner, der damals noch genug Arbeit hatte. Hinter mir nichts, sagte er zu ihm, und vor mir nichts, das ist der Tod. Im Winter fand er beim Holzeinschlag Lohn und Brot. Aber die infizierten Hände vertrugen den festen Griff um den Axtstiel nicht und bluteten. Das war kein Leben. Mit fünfundfünfzig in den Ruhestand gezwungen. Vierzig Jahre Quälerei, und nichts gutgemacht, kaum die Fäden auf dem Leib. Solche Gedanken begleiteten ihn in das kleine Haus der Tochter. Sechs Personen in drei Räumen. Der Schwiegersohn half ihm beim Herrichten der Giebelkammer. Das älteste Kind, ein zehnjähriger Junge, zog mit ein.

Das Zusammenleben verlief unter Schwierigkeiten. Während die Tochter herangewachsen war, hatte eine enge Bindung bestanden. Vor jeder Menstruation die fürchterlichsten Schmerzen. Wenn sie sich zu Louis ins Bett legte und er die Hand auf ihren Bauch schob, ließ das Reißen nach. Die Mutter konnte nicht helfen. Nachts lange Gespräche in der Werkstatt, Sitzen auf dem Schoß und dergleichen. Die Tochter ging nach Gießen in Dienst. Als sie zurückkam, mit übergroßer Freude auf den Vater, lag Louis bei der Mutter im Bett und gab ihr kaum die Hand. Später die Anstellung auf einem Hofgut. Der Major, der sich entschloß, sie erziehen zu lassen, weil ihm ihr schüchternes Wesen gefiel. Das Internat in Friedberg. Louis, der irgendwann dort eindrang und sie auf drei Tage nach Rüdesheim entführte. Aber was für drei Tage. Sie war kaum aus dem Zimmer gekommen. Der Skandal. Der

Befehl des Majors, nach Steinheim zu gehen. Die Ehe mit einem Maurer. Vier Kinder. Noch am Vorabend der Hochzeit hatte Louis sie mit in die Werkstatt genommen. Auf was, fragte er, hast du geguckt, als du dir diesen Mann ausgesucht hast. Ob er mich liebt, sagte die Tochter. Nach den Zähnen, hatte Louis gerufen, nach den Zähnen muß du sehen. Sind die nicht gut, taugt das ganze Knochengerüst nichts, das vererbt sich auf Kind und Kindeskinder. Die Tochter hatte geweint. Küssen müssen, wenn man morden möchte.

Vater und Tochter unter einem Dach, sie erinnerten sich beide. Die Tochter hatte andere Erinnerungen als der Vater. Daher die Kälte, die Unfähigkeit, Louis' Eigenarten zu ertragen. Im Laufe der letzten Jahre hatte er sich täglich mindestens ein Klistier gemacht. Immer größere Mengen Wasser ließ er einlaufen. Das nannte er Darmbad. Dem Schreiner gegenüber, vor dem er keine Geheimnisse zu haben brauchte, bezeichnete er die Angewohnheit als seine einzige Freude. Der Enkel wunderte sich über die nächtlichen Hantierungen. Und dann noch das dauernde treppab, treppauf zur Schlafenszeit. Eines Tages fand die Tochter Schlauch und Topf unter der Matratze. Sie erkannte die Geräte wieder. Wieso. Ihr Mann hatte keine Ahnung. Was machst du mit dem ekelhaften Zeug, fragten sie und der Schwiegersohn beim Mittagessen.

Bei zweckentsprechendem Gebrauch, gab Louis zur Antwort, ist das Darmbad ein ausgezeichnetes Mittel der inneren Säuberung. Es darf aber niemals in eine Gewaltkur ausarten. Wer ein solches Bad noch nicht versucht hat, wird erstaunt sein, was alles im Darm vor sich gehen kann, und schon mancher, der die Bemerkung, daß sein Darm voller Gärung und Zersetzung sei, in flammender Entrüstung zurückgewiesen hatte, mußte nach einem Darmbad die Richtigkeit des Gesagten anerkennen. Wie viele höchst bedenkliche Krankeitserscheinungen, Kopfschmerzen, dumpfer Druck in den Gliedern, schweres Gefühl, Mutlosigkeit, Verzweiflung und anderes auf festsitzende Kotmassen im Dickdarm zurückzuführen sind, weiß nur jemand, der es an sich selbst erfahren hat.

Von deinem dummen Geschwätz wird man selbst ganz dumm, sagte die Tochter. Jeden Tag hörte er das ein paarmal. Das Reden, sagte Louis, ist neben dem Schuhmachen meine zweite Natur, darin besteht für mich das Leben, denn ein Leben ohne Reden würde kein Leben sein. Mit dem Schustern ist es schon vorbei, aber bevor ich mir den Mund verbieten lasse, gehe ich lieber.

Du hast bei mir alles, nichts fehlt dir, nur die Fresse sollst du halten, rief die Tochter. Wenn du mir die Schande antust und wegziehst und die Leute sagen, der hat es nicht aushalten können, zurück kommst du mir nicht. Trotzdem fiel Louis einem verwitweten Bruder ins Haus, der in Stornfels eine Hofraite mit fünfzehn Morgen Land und zwei Kühen bewirtschaftete. Ich habe dir damals die Einheirat vermittelt, sagte Louis schon auf dem Hof, jetzt brauche ich ein Zuhause. Nach einigen Wochen sagte der Bruder: Die Wäsche kannst du nicht machen, nicht auf Ordnung sehen, ja, wenn du eine Frau wärst, aber so.

Nachts ging Louis in Stornfels los. Mit nichts. Anfangs Regen, Schwüle. Die Bilder in seinem Kopf. Seeleben: das Vorüberfliegen der Schiffe auf dem ungeheuren Meer. An der Reling Matrosen voll kindlicher Freude. Winken. Rufe von Bord zu Bord, Erkundigungen nach dem Woher, Wohin, nach Krieg und Frieden, nach türkischen Ländern. In solcher Gesellschaft nichts wissen. Dauernd zwischen den Kontinenten, an ihrem Saum.

Er kam über den Glaubzahl. Das Forsthaus war dunkel. Nur der Hund schlug kurz an. Dann trat er am Kaltenrain aus dem Wald. Die Ebene unter Nebel. Gedanken an Amerika, wo der Abend dämmerte. Hier bedeutende Helle, im Osten Röte, sonst der Himmel dunkelblau und die Bäume ein grünes Meer. Dreiviertel vier die Sonne, erst klein wie ein Licht, schnell zunehmend. Ihrem Aufgang wehte wie immer schwacher Wind voraus, der sein glühendes Gesicht noch heißer machte. Lange stand er hoch über den Häusern des Dorfes und sah in das Land hinaus. Sechzig Jahre hatten nicht ausgereicht, ihn die Gesetze begreifen zu lassen, nach denen das Leben dort unten ablief. Einzelne Signale wahrgenommen, sonst blind. Diese Ahnung drückte ihn am meisten.

Er drehte sich um, tappte in den Wald zurück und knotete die Schuhbänder aneinander. Monate hing er im Dickicht, Wind und Wetter ausgesetzt. Daß er niemandem fehlte.

Was das Stiefelwichsen kosten kann

Emile Zola
Die stiefelwichsende Madonna

Sie liegt noch im Bett – halbnackt und hat den Kopf hintenübergeworfen. Sie lächelt, ihre Augen sind noch ganz verschlafen. Der eine Arm ist durch die Haare ganz verdeckt, der andere hängt über den Bettrand herab.

Der Graf steht in Pantoffeln an einem der Fenster. Er hat den Vorhang etwas gerafft und raucht nachdenklich seine Zigarre.

Ihr kennt sie ja alle – gestern ist sie zwanzig geworden, aber sie sieht aus, als wäre sie kaum sechzehn. Auf der Stirn trägt sie die herrlichste Krone, die der Himmel jemals einem seiner Engel verliehen hat, eine goldbraune Krone: ihre königliche, mattrotblonde Haarflut, die dicht und stark wie eine Mähne und weich wie Seide ist. Ein feuriger Strom, rieselt sie ihr über den Hals; die einzelnen Strähnen werfen und ringeln sich zu mächtigen Locken, der ganze Kopf ist wie vom Morgenrot übergossen. Und aus all dieser leuchtenden Pracht heben sich der zarte weiße Nacken, die lichten Schultern und die milchweiße Brust hervor. Es liegt etwas unwiderstehlich Verführerisches in diesem weißen Hals, der so verschwiegen aus den aufdringlich roten Haaren hervorschimmert. Man fühlt glühende Leidenschaft in sich auflodern, läßt man den Blick über diesen Nacken mit seinen gedämpften Glanzlichtern und goldenen Schatten hinirren. Sie hat etwas von einem wilden Tier und etwas von einem Kind. Jenes Gemisch von Unschuld und Schamlosigkeit, das ein trunkenes Verlangen nach wahnsinnigen Küssen hervorruft.

Ist sie schön? Das kann man nicht sagen. Ihr Gesicht ist durch die Haare völlig verdeckt. Sie muß eine niedrige Stirn haben und schmale, langgeschnittene Augen, die ins Graue spielen. Ihre Nase ist jedenfalls unregelmäßig und kapriziös. Der Mund etwas zu groß und mattrosa. Aber was tut's? Man kann ihre Züge nicht beschreiben, den Umriß ihres Gesichts nicht festhalten. Sie berauscht auf den ersten Blick wie starker Wein beim ersten Glas. Nur eine rote Flamme sieht man und darin etwas Weißes, ein rosa Lächeln und einen Blick, der wie Silber in der Sonne leuchtet. Und wendet sie nur den Kopf, so ist man schon so völlig hingerissen, daß man ihre Vorzüge nicht mehr im einzelnen zu studieren vermag.

Sie ist mittelgroß, glaube ich, sehr üppig und langsam in ihren Bewegungen. Sie hat Hände und Füße wie ein kleines Mädchen. Ihr ganzer Körper atmet träge Wollust. Der bloße Anblick eines ihrer nackten, weißen vollen Arme schon vermag einen förmlichen Wollustschauer hervorzurufen. Sie ist die Königin der Abende im Mai, die Königin der Liebe, die nur eine Nacht dauert.

Sie ruht auf ihrem leichtgebogenen linken Arm. Gleich wird sie ganz erwachen. Sie öffnet halb die Augenlider, als hätte sie darauf gewartet, und sie blickt in die himmelblauen Vorhänge ihres Bettes, um sich an das Licht zu gewöhnen.

So liegt sie tiefhineingeschmiegt in die Spitzen ihres Kopfkissens, ganz überwältigt von der lauen Wärme und der köstlichen Ermattung des Erwachens; ihr weißer, bewegungsloser Körper scheint kaum noch zu atmen. Hier und da schimmert aus dem feinen Batist ein rosiger Fleck. Man kann sich nichts Üppigeres vorstellen als das Lager dieser Frau. Der göttliche Schwan hatte ein Nest gefunden, das seiner würdig war.

Ihr Schlafzimmer ist zauberhaft schön, ganz in mildem, verschwiegenem Blau. Farben und Parfüm sind aufeinander abgestimmt. Es liegt etwas Schmachtendes in der Luft, durch die nur bisweilen ein kurzer Wollustschauer bebt.

In breiten, müden Falten fallen die Vorhänge herab, und stumm und träge dehnen sich die Teppiche.

Bei dem tiefen Schweigen, das in diesem Tempel mit seinem gedämpften Licht und den stillen Schatten herrscht, bei der ganzen vornehmen Einrichtung muß man unwillkürlich an eine Göttin denken, bei der höchste Anmut sich mit erlesenster Eleganz vereinigt, an eine aristokratische Künstlerseele, die nur mit einem Fuß auf der Erde steht.

Sicherlich ist sie mit Milchbädern aufgezogen worden. Ihren zarten Gliedern merkt man das vornehme Nichtstun an. Ohne sich umzuwenden, raucht der Graf seine Zigarre zu Ende. Aufmerksam blickt er auf die Straße hinab. An der Avenue des Champs-Elysées ist ein Pferd gestürzt, und vergeblich bemüht man sich, es wieder auf die Beine zu bringen. Das arme Tier ist auf die linke Seite gefallen, sicherlich hat die Deichsel ihm die Rippen eingedrückt.

Das schöne Geschöpf auf seinem duftigen Lager erwacht jetzt immer mehr. Sie hat ihre Augen ganz geöffnet, bleibt aber immer noch regungslos liegen. Ihr Geist ist wach, ihr Körper noch im Schlummer gefangen. Sie denkt nach.

Aus was für lichten Traumsphären mag sie herabgestiegen sein? Welche himmlischen Heerscharen ziehen vor ihrem inneren Auge vorüber und zaubern ein Lächeln auf ihre Lippen? Welche Einfälle und was für Pläne arbeiten in ihrer Seele? Welches mag der erste Gedanke sein, der sie beim Erwachen überrascht?

Mit weitgeöffneten Augen starrt sie auf den Vorhang. Sie rührt sich immer noch nicht, sie ist noch ganz in ihre Träume verloren, nur ihre Augenlider zucken von Zeit zu Zeit. Lange liegt sie so da und spielt mit irgendeinem Traumgedanken.

Aber plötzlich, als sei ein unwiderstehlicher Ruf an sie ergangen, streckt sie sich noch einmal und springt aus dem

Wie etwas nutzt, so wird es geputzt:
Im Glanz der Schuhe kommt es an den Tag

Bett. Die Statue ist lebendig geworden. Sie streicht sich die Haare, die in flammendem Strom über den Nacken hinfließen, aus der Stirn zurück, zieht das Spitzenhemd empor, fährt in ihre blauen Samtpantoffeln und schlägt in reizender Bewegung die Arme übereinander. Leicht vornübergebeugt geht sie mit emporgezogenen Schultern rasch und lautlos über den Teppich und kräuselt die Mundwinkel etwas unmutig wie ein verzogenes Kind. Dann schlägt sie die Vorhänge beiseite und verschwindet.

Der Graf wirft seine Zigarre weg und atmet befriedigt auf. Auf der Straße hat man den armen Gaul wirklich mit einem Peitschenhieb wieder auf die Beine gebracht. Der Graf dreht sich um und sieht, daß das Bett leer ist. Er blickt einen Augenblick hin, dann geht er langsam darauf zu, setzt sich auf den Bettrand und starrt in die himmelblauen Vorhänge.

Das Gesicht der Frau ist eine eherne Maske, das des Mannes gleicht einem klaren Quell, dessen Geheimnisse leicht zu durchschauen sind.

Der Graf blickt den Vorhang an und fragt sich ganz mechanisch, wieviel der Stoff pro Meter wohl kosten mag. Aus reiner Zerstreutheit beginnt er dann zu addieren und zu multiplizieren und rechnet eine beträchtliche Summe heraus. Ganz unbewußt verfolgt er seinen Gedankengang, schätzt das ganze Schlafzimmer ab und kommt zu dem Ergebnis, daß es ein enormes Kapital gekostet habe. Er hat, etwas unterhalb des Kopfkissens, seine Hand auf das Bett gestützt. Es ist noch ganz warm. Allmählich vergißt er den Tempel, um von der Göttin zu träumen. Er betrachtet das Lager, die ganze wollüstige Unordnung, die jede schöne Schläferin zurückläßt, und bei dem Anblick eines Goldfadens, der auf dem weißen Bettuch schimmert, versinkt er ganz in den Gedanken an die schöne Frau.

Dann verschmelzen sich in seiner Seele zwei Gedanken miteinander, er denkt zugleich an die Frau und an das Zimmer. Sie scheinen ihm beide einander würdig, und lange stellt er Vergleiche zwischen ihr und all den Möbeln, Teppichen und Vorhängen an. Alles ist harmonisch, notwendig und verhängnisvoll.

Bei diesem Punkte beginnen seine Gedanken abzuschweifen, und durch irgendeine rätselhafte Verknüpfung fallen ihm seine Stiefel ein. Und dieser Gedanke, der gar keinen Zusammenhang mit dem vorigen hat, nimmt ihn ganz gefangen. Er denkt daran, daß er seit drei Monaten beim Verlassen des Zimmers seine Stiefel stets tadellos gesäubert und gewichst vorfindet. Und diese Erinnerung berührt ihn wohltuend.

Das Zimmer ist entzückend, das Weib göttlich. Wieder betrachtet der Graf die himmelblauen Vorhänge und den goldenen Faden auf dem weißen Bettuch. Er ist ganz zufrieden und macht sich klar, daß er einen Irrtum der Vorsehung ausgeglichen habe, indem er diese Königin der Anmut, die das Schicksal als Kind eines Straßenkehrers und einer Portiersfrau auf die Welt hatte kommen lassen, in seidene Gewänder hüllte, die ihr gebührten. Er selbst lobte sich, daß er diesem wunderbaren Geschöpf ein würdiges Nest bereitet habe – für die Kleinigkeit von fünf- oder sechstausend Franken!

Der Graf steht auf und geht ein paar Schritte auf und ab. Er ist immer noch allein, und es fällt ihm ein, daß er seit drei Monaten jeden Morgen eine gute Viertelstunde allein im Zimmer geblieben ist. Und ohne alle Neugier, nur um sich etwas Bewegung zu machen, rafft er die Vorhänge und verläßt ebenfalls das Zimmer, um die Geliebte zu suchen.

Der Graf durchsucht eine ganze Flucht von Zimmern, ohne auch nur eine Menschenseele zu finden.

Er geht denselben Weg wieder zurück, da hört er in einer Kammer ein Geräusch, das von heftigem anhaltendem Bürsten zu kommen scheint. In der Meinung, es sei das Dienstmädchen, stößt er die Tür auf, um sie nach ihrer Herrin zu fragen.

Die Kammer ist sehr klein und hat gelbgestrichene Wände. In der einen Ecke steht ein Eimer und ein großer Schwamm, in der anderen ein Besen. Die Luft ist feucht und frisch, durch die Fensterscheiben dringt scharfes Licht ein, das den hohen, schmalen Raum in seiner ganzen Dürftigkeit beleuchtet.

Mitten im Zimmer auf einer Strohmatte sitzt die goldhaarige Schöne mit untergeschlagenen Beinen.

Neben ihr steht ein Topf mit Wichse, in dem ein Pinsel und eine durch langen Gebrauch geschwärzte Bürste stecken. Links davon steht ein Stiefel, der wie ein Spiegel glänzt, ein Meisterwerk der Schuhputzkunst. Der Fußboden ist ringsumher voller Schmutzflecken und mit feinem, grauem Staub bedeckt. Etwas weiter liegt ein Messer, womit die Sohlen abgekratzt worden sind.

Jetzt ist sie beim zweiten Stiefel. Ihr einer Arm verschwindet ganz. In der kleinen Hand hält sie eine riesige Bürste mit langem seidenweichem Haar und bearbeitet mit Feuereifer die Ferse des Stiefels, die scheinbar durchaus nicht blank werden will.

Dicke Schweißtropfen rollen über ihre Wangen und über ihre Schultern. Manchmal hält sie einen Augenblick inne, um mit ungeduldiger Bewegung die Locken zurückzuwerfen, die ihr immer wieder in die Augen fallen.

Ihre Brust und ihre weißen Arme sind mit unzähligen kleinen und großen Flecken übersät, mit lauter schwarzen Sternen. Sie kneift die Lippen zusammen, ihre Augen strahlen in feuchtem Glanz, und ganz verliebt beugt sie sich über den Stiefel, fast, als ob sie ihn liebkosen wolle. Sie ist ganz vertieft in ihre Arbeit und schwimmt förmlich in Seligkeit. Dabei bürstet sie mit einem Eifer darauf los, der fast an Verzückung grenzt.

Ein breiter, weißer Lichtstreifen fällt durchs Fenster herein; vergoldet ihre Haare, läßt ihre Haut rosiger erscheinen, wirft bläuliche Reflexe auf die Spitzen, die ihre Glieder umhüllen, und beleuchtet inmitten der schmutzigen Umgebung dieses Wunder an Anmut und Schönheit.

Sie ist glücklich, sie schwelgt geradezu. – Sie ist die Tochter ihres Vaters und ihrer Mutter. Jeden Morgen denkt sie beim Aufwachen an ihre Jugend, an die schöne Jugendzeit, da sie inmitten der Stiefel sämtlicher Hausbewohner auf der schmierigen Treppe stand. Und wenn sie daran zurückdenkt, überkommt sie auf einmal das wilde Verlangen, irgend etwas Schmutziges zu reinigen, und wären es nur ein Paar Stiefel. Sie hat eine Leidenschaft für Stiefelwichse wie andere für Blumen. Ja, es ist eine schmachvolle Leidenschaft voll seltsamer Lust für sie. Und so steht sie auf und geht in all ihrem Luxus und in all ihrer fleckenlosen Schönheit hin und kratzt mit ihren weißen Händen Stiefelsohlen ab und besudelt ihre vornehme Anmut durch schmutzige Bedienstetenarbeit.

Der Graf hustet leise, und als sie erstaunt aufblickt, nimmt er ihr den Stiefel aus der Hand, gibt ihr fünf Sous und entfernt sich in aller Ruhe.

Am nächsten Morgen ärgert sich die stiefelwichsende Madonna und schreibt dem Grafen einen Brief. Sie verlangt eine Entschädigung von hunderttausend Franken.

Der Graf antwortet darauf, er sehe allerdings ein, daß er ihr etwas schuldig sei. Das Stiefelwichsen betrage fünfundzwanzig Centimes für den Tag, für drei Monate also dreiundzwanzig Franken, die er ihr durch seinen Kammerdiener übersenden werde.

Hugo von Hofmannsthal
Cristinas Heimreise

Der Hausknecht putzt beim Licht eines Kerzenstummels Schuhe, deren er einige Paare um sich versammelt hat. Der Bediente der fremden Herrschaft tritt auf, von rückwärts her.

BEDIENTER Sie haben mich um zwei Stunden zu früh geweckt.

Hausknecht, stumm, betrachtet den zuletzt geputzten Schuh.

DER BEDIENTE Die Post geht heute um halb acht von hier ab und nicht um halb sechs.

HAUSKNECHT Ich weiß. Ich müßte ein Idiot sein, wenn ich das nicht wüßte.

DER BEDIENTE Und Sie haben mich trotzdem um vier Uhr geweckt?

HAUSKNECHT Natürlich: denn es war auf dem Brett aufgeschrieben. Nummer 14 um 4 Uhr wecken.

BEDIENTER Wer hat das aufgeschrieben?

HAUSKNECHT Ich, denn Sie haben mir gestern Abend gesagt: wecken Sie mich um vier Uhr, weil meine Herrschaft mit der Post nach Mestre fahren will.

BEDIENTER Ich habe Ihnen gesagt, wecken Sie mich um vier Uhr, weil meine Herrschaft mit der Post nach Mestre fahren will.

HAUSKNECHT Eben, genau, wie ich sage.

BEDIENTER Das heißt doch natürlich: weil ich der Meinung war, daß die Post vor sechs durchfährt.

HAUSKNECHT Das tut sie auch. Montag, Mittwoch und Freitag. Aber heute ist Donnerstag.

BEDIENTER Immerhin. Es hätte Ihnen doch aufdämmern können, daß ich mich irre.

HAUSKNECHT Das war mir ganz klar. Ich bin kein Idiot.

BEDIENTER Und da –

HAUSKNECHT Ich bin nicht Ihr Kurier.

Nach einer kleinen Pause.

Wünschen Sie noch etwas von mir?

BEDIENTER *gähnt mißmutig* Es ist unleidlich, um vier Uhr geweckt zu werden, wenn man nicht abreisen kann.

HAUSKNECHT Ich weiß das. Ich stehe alle Tage um diese Zeit auf und reise niemals ab.

BEDIENTER Übrigens: meine Herrschaft wünscht zu wissen, ob außer ihr noch jemand von den Passagieren hier diesen Morgen nach Mestre fährt. Wenn es etwa eine einzelne Person wäre und es wäre dieser Person genehm, mit meiner Herrschaft eine Chaise auf Halbpart zu nehmen, so würde meine Herrschaft diese Beförderung vorziehen. Ich weiß nicht, an wen ich mich da wenden könnte.

HAUSKNECHT Ich noch weniger.

BEDIENTER Es muß Ihnen kurios vorkommen, daß wir heute wieder nach Venedig zurückfahren, wo wir gestern von Venedig hierher gekommen sind.

HAUSKNECHT Es interessiert mich nicht.

BEDIENTER Ja, darüber, was meine Herrschaft für eine Herrschaft ist und welche Bewandtnis es mit dem Alten und mit der Jungen hat, darüber hat sich schon mancher den Kopf zerbrochen.

HAUSKNECHT *putzt eifrig* Ich nicht.

BEDIENTER Manche halten sie für die Tochter, manche für sein Mündel, manche für die Mätresse ganz einfach. Und manche, die möchten wieder, daß ganz was Besonderes dahinter stecken sollte.

HAUSKNECHT Wenn schon!

BEDIENTER Am meisten wundern sich die Leute darüber, daß einer wie ich bei einer so pauvren Herrschaft in Diensten steht.

HAUSKNECHT Mhm!

Nimmt ein frisches Paar Schuhe.

BEDIENTER Unangenehmer Mensch.

Er möchte gehen, kann sich nicht entschließen.

HAUSKNECHT Bestie! stehst du noch immer da?

Mit einem Fußtritt nach einem der Schuhe.

BEDIENTER Wie?

HAUSKNECHT Der Schuh.

BEDIENTER Sie wissen also nicht, ob jemand von euren Gästen –

HAUSKNECHT Von unseren Gästen? Meinen Sie wirklich, daß ich mich darum kümmere, was diese Leute tun? Sie kommen, man weist ihnen ein Zimmer an, sie machen Unreinlichkeit und gehen wieder. Es gibt nichts Dümmeres unter der Sonne als dieses ewige Ankommen und Wiederabfahren. Sie ekeln mich an, alle zusammen. Ich kann ihre Physiognomien nicht ertragen. Ich sehe ihnen niemals ins Gesicht. Aber mit ihren Schuhen muß ich mich, Gott sei's geklagt, abgeben – das genügt. Da habe ich sozusagen den Abdruck ihrer läppischen Existenzen in den Händen. Es ist so widerwärtig, wie wenn ich ihre Gesichter in die Hand nehmen müßte. Wie die Idioten laufen sie einer hinter dem andern her und vertreten dabei in idiotischer Weise ihr Schuhwerk. Als ob alle ihre Wichtigtuerei etwas anderes wäre als der bare Blödsinn. Das kann einem schwer etwas anderes als den tiefsten Ekel einflößen. Sie sehen mich an. Ich bin unrasiert. Allerdings. Es ist mein gutes Recht. Haben Sie noch nie von einem gehört, der sich aus Widerwillen über den gemeinen Anblick solchen Schuhwerks den Hals mitten durchrasiert hat? Meinen Sie nicht, daß der Mann besser getan hätte, unrasiert zu bleiben? Meinen Sie nicht, daß er dadurch ein wahres Zeichen seiner Überlegenheit über dieses Gesindel

Er stößt grimmig mit dem Fuß in die Schuhe

geoffenbart hätte? Ich entwickle Ihnen meine persönliche Religion. Das heißt wahrhaftig Perlen vor die Säue werfen.

BEDIENTER Ein unangenehmer Mensch!

Er geht hinunter. Der Pfarrer kommt aus dem Gange links, vollständig angekleidet, aber ohne Schuhe.

HAUSKNECHT Noch einer! Sie können sich wieder schlafen legen, Herr Abbate! Die Post geht in drei Stunden. Ich sage Ihnen das, bevor Sie mich fragen.

PFARRER Ich danke Ihnen. Aber Sie irren sich, ich bin nicht der Post wegen aufgestanden. Ich fahre in einem eigenen Wagen. Einem kleinen Bauernwagen, der mich abholen kommen wird, mich, meine Nichte und die Magd meiner Nichte. Es ist der eigene Wagen meiner Nichte. Meine Nichte besitzt nämlich eine Gastwirtschaft und eine Posthalterei dazu. Bitte, geben Sie mir meine Schuhe. Es sind diese, die Sie gerade in der Hand haben.

Hausknecht gibt sie ihm. Pfarrer zieht sie an, indessen der Hausknecht weiterputzt.

HAUSKNECHT Sie können jetzt kein Frühstück bekommen, es ist niemand auf.

PFARRER Ich danke Ihnen, ich will kein Frühstück. Sie müssen nur so gut sein, mir zu sagen, wie ich aus dem Haus herauskomme. Ich muß ins Kloster hinüber. Ich lese dort in der Kapelle eine Messe. Nachher komme ich zurück und hole meine Nichte ab.

HAUSKNECHT Gut, gut. Ich werde Sie hinauslassen.

Peter Handke
Der Schuhputzer von Split

Nachdem der Reisende am 1. Dezember 1987 lange die Schnitzfiguren am Holzportal der Kathedrale von Split betrachtet hatte, mit dem Johannes, der beim Letzten Abendmahl wieder den traurigen Kopf an die Schulter des Jesus legt, dabei mit einer Hand – Variante – Trost suchend im Ärmel seines Meisters, ging er hinunter auf die sonnige Strandpromenade, wo er einen greisen Schuhputzer sah, wie er, wohl schon lange unbeschäftigt, anfing, sich selber die Schuhe zu putzen. Diese hatten das auch nötig. Und er tat das so sorgfältig wie für jemand andern, konnte gar nicht anders, langsam, bedachtsam, Lederstück für Lederstück. Und seine Schuhe, zuletzt noch schön gestreichelt, begannen nun zu glänzen und leuchteten endlich, unter der Palme, wo der Putzer saß. »So werde nun auch ich hingehen und mir von ihm die Schuhe putzen lassen!« dachte der Reisende. Das geschah. Schon die Handhabung der gekrümmten Staubbürste durch den Schuhputzer war dann von einer Zartheit und zugleich Festigkeit, die beide zusammen als Wohltat für die Füße, den Rist, die Kuppen der Zehen wirkten. In seiner Cremedose war nur noch ein fingernagelkleiner Klumpen, doch er schaffte damit, Tupfer für Tupfer, das sachte, vollständige, tiefgreifende Einreiben des ganzen, weit über knöchelhohen Schuhpaars, mit einer jeden Flocke ging er sorgsam um, nicht zwei davon an dieselbe Stelle. Sogar den Oberteil der Dose drehte er zuletzt um, weil er da noch einen Cremerest zu finden hoffte. Die Schuhbänder knüpfte er dem Reisenden, sehr gemach und gleichmäßig, mit fast feierlichem Zugriff, fester und steckte sie ihm, bevor er mit dem Eincremen an die Laschen kam, zwischen Schuhschaft und Socken. (Die Sokken des Schuhputzers selber hingen herab, eine lange, am Saum eingedunkelte Unterhose schaute ihm bei der Hose hervor, und ebenso gab der völlig eingeschwärzte Hemdkragen oben das Bild eines völlig Einsamen oder allein auf sich Gestellten.) Als er mit den beiden Glanzbürsten kam und abwechselnd über den Schuh fuhr, verwandelte sich sein Tätigsein in ein Werk, und das Streichen der Bürsten drang durch den Tumult der Hafenpromenade als eine sehr leise, rauschende, begeisternde Musik, der Besen eines besonders konzentrierten, in sich hineinlauschenden Jazzschlagzeugers, nein, viel feiner noch, zarter, eindringlicher, der unerhörte Beiklang zum Mahnlied des Muezzin oben auf dem Minarett. Die von der Palme gefallenen dunklen Beeren schlossen sich in den Pfützen der Winterregen der Vortage zu einem großen, sonneglänzenden Archipel zusammen; darüber der runde, sich wiegende Kopf des Schuhputzers mit dem weißen Haarkranz, der gebräunten Kopfhaut. Sooft der Reisende den Fuß wechseln sollte, klopfte der alte Mann mit einer wie eigens dazu bestimmten kleinen Bürste hart und schnell auf seinen Kasten. Die Schuhe glänzten nun schon wie nie zuvor, aber er kam noch mit seinem winzigen schwarzen Glanztuch, zum Finale, schüttelte das Tüchlein zuvor in einem Miniaturzeremoniell aus und strich dann zum Ausklang über die Schuhkappen – nur über diese –, daß von ihnen ein letztes, nie für möglich gehaltenes Zusatzschimmern ausging, aus den schmalsten, erstmals sichtbar werdenden Ritzen und Rillen des Leders heraus. Dann war er mit seinem Werk fertig und klopfte kurz ab. Im Weggehen freute sich der Reisende wie noch nie an dem Strahlen der Schuhe an seinen Füßen. Im Restaurant zog er die Beine unter den Tisch, damit niemand daran streifte und sie etwa zufällig befleckte. Noch im Bus später hielt er die Füße knapp am Sitz, vermied jedes Lässigtun hinaus in den Mittelgang, kein Neuzusteigender sollte den Schuhen auch nur nahe kommen. Mitten im Werk des Schuhputzers hatte er das Bild gehabt, dieser sei sein Porträtzeichner, ganz anders als der tatsächliche Touristenzeichner vom Vortag, ungleich richtiger, wahrhaftiger, dem Reisenden entsprechend. Kurz sah er in dem Schuhputzer von Split einen Heiligen: den Heiligen der Sorgsamkeit, oder den »Heiligen der kleinen Gewichte«. Tags darauf, beim Regen, weiter im Süden, ließ er die Schuhe im Zimmer. In den folgenden Wochen aber trug er sie im Schnee von Makedonien, im Kräuterstaub der Berge des Peloponnes, im gelben und grauen Sand der Libyschen und der Arabischen Wüste. Und noch Monate später, eines Tages in Japan, genügte es, kurz mit dem Tuch über das Leder zu wischen, und der ursprüngliche Glanz der Promenade von Split erschien wieder, unversehrt.

Wo ohne Fußbekleidung niemand guillotiniert wird

Charles Perrault
Der gestiefelte Kater

Ein Müller hinterließ bei seinem Tode seinen drei Kindern als einziges Vermögen eine Mühle, einen Esel und einen Kater. Mit dem Verteilen ging es rasch. Notar und Rechtsanwalt wurden erst gar nicht gebeten; sie hätten das armselige Erbe schnell aufgezehrt. Der älteste bekam die Mühle, der zweite den Esel und der dritte den Kater.

Der Jüngste konnte sich aber nicht darüber hinwegtrösten, daß er ein so armseliges Los gezogen hatte! »Meine Brüder«, sagte er, »können sich zusammentun und ehrlich ihr Brot verdienen, aber wenn ich meinen Kater aufgegessen habe und mir aus seinem Fell einen Muff habe machen lassen, werde ich vor Hunger sterben.« Der Kater, der dies mit anhörte, es sich aber nicht anmerken ließ, sprach zu ihm mit ernster und gewichtiger Miene: »Seid nicht traurig, mein Herr, Ihr braucht mir nur einen Sack zu geben und mir ein Paar Stiefel machen zu lassen, mit denen ich durchs Gebüsch streifen kann, und Ihr werdet sehen, daß Ihr gar kein so schlechtes Teil erhalten habt, wie Ihr meint.«

Wenn auch der junge Herr diesen Worten nicht allzuviel Wert beimaß, so hatte er bei dem Kater doch eine ganz außerordentliche Findigkeit beim Fangen von Ratten und Mäusen beobachtet: da hatte er sich an den Pfoten aufgehängt oder sich im Mehl versteckt und sich tot gestellt, und so zweifelte er nicht daran, daß er ihm in seinem Elend helfen werde.

Als der Kater seinen Wunsch erfüllt sah, zog er artig seine Stiefel an, warf sich den Sack über die Schulter, nahm die Schnüre in die beiden Vorderpfoten und machte sich auf den Weg zu einem Wildgehege, wo es Kaninchen im Überfluß gab. Er steckte Kleie und Lattich in seinen Sack, stellte sich tot und wartete, daß irgendein junges Kaninchen, das noch wenig von den Schlingen der Welt erfahren hatte, in seinen Sack hineinschlüpfen und fressen würde, was er da hineingesteckt hatte. Kaum hatte er sich niedergelegt, so hatte er bereits Erfolg. Ein junges vorwitziges Kaninchen lief in den Sack hinein, und Meister Kater zog augenblicklich die Schnüre zu, packte es und tötete es erbarmungslos.

Voller Stolz auf seine Beute begab er sich zum König und verlangte ihn zu sprechen. Man führte ihn hinauf zu den Gemächern Seiner Majestät; er trat ein, machte eine große Verbeugung vor dem König und sprach: »Majestät, hier bringe ich Euch ein Kaninchen, das der Herr Marquis von Carabas« (so hatte es ihm beliebt, seinen Herrn nunmehr zu nennen) »mich beauftragt hat, Euch in seinem Namen zu überreichen«. »Sage deinem Herrn«, entgegnete der König, »daß ich ihm danke und daß er mir eine Freude gemacht hat.«

Ein anderes Mal versteckte er sich in einem Kornfeld und legte seinen Sack geöffnet neben sich. Als zwei Rebhühner hineingeschlüpft waren, zog er die Schnüre zu und packte sie alle beide. Anschließend ging er zum König und machte sie ihm, ebenso wie er es mit dem Kaninchen getan hatte, zum Geschenk. Der König nahm auch die beiden Rebhühner mit Vergnügen entgegen und ließ ihm zu trinken anbieten.

Der Kater fuhr nun während zwei oder drei Monaten fort, dem König von Zeit zu Zeit Wild aus dem Jagdrevier seines Herrn zu bringen. Eines Tages, als ihm zu Ohren kam, daß der König mit seiner Tochter, der schönsten Prinzessin auf der ganzen Welt, eine Spazierfahrt am Flußufer machen wollte, sprach er zu seinem Herrn: »Wenn Ihr meinem Rat folgen werdet, ist Euer Glück gemacht: Ihr müßt nur im Fluß an einer Stelle, die ich Euch zeigen werde, ein Bad nehmen, den Rest laßt mich nur machen.«

Der Marquis von Carabas tat wie ihn sein Kater geheißen hatte, ohne zu ahnen, wozu das gut sein mochte. Während er nun badete, fuhr der König vorüber, und der Kater begann aus Leibeskräften zu schreien: »Zu Hilfe, zu Hilfe, der Herr Marquis von Carabas ist am Ertrinken!« Auf diesen Schrei hin streckte der König seinen Kopf aus dem Wagen, und als er den Kater erkannte, der ihm so oft Wildbret gebracht hatte, befahl er seinen Wachen, dem Herrn Marquis von Carabas schnell zu Hilfe zu eilen.

Während man den armen Marquis aus dem Fluß zog, trat der Kater an die Kutsche heran und erzählte dem König, wie sein Herr gebadet habe und wie unterdessen Räuber seine Kleider gestohlen hätten, obgleich er aus Leibeskräften ›Haltet den Dieb‹ gerufen habe; das schlaue Kerlchen hatte sie unter einem großen Stein versteckt. Daraufhin befahl der König seinen Kammerdienern, eines seiner schönsten Gewänder für den Herrn Marquis von Carabas zu holen. Der König schenkte ihm unzählige Zeichen seiner Huld, erwies ihm tausend Freundlichkeiten, und da die schönen Gewänder, die man ihm angelegt hatte, sein gutes Aussehen so recht zur Geltung brachten (denn er war schön und wohlgestaltet), gefiel er der Königstochter nur allzu gut. Als ihr der Marquis von Carabas dann noch zwei oder drei ehrerbietige und ein wenig zärtliche Blicke zuwarf, verliebte sie sich bis über beide Ohren in ihn.

Der König hieß ihn in seine Kutsche einsteigen und ihn bei der Spazierfahrt begleiten. Der Kater, der ganz begeistert war, daß sein Vorhaben so erfolgversprechend begann, ging voraus, und als er auf einige Bauern traf, die eine Wiese mähten, sagte er zu ihnen: »Liebe Leute, die ihr da mäht, wenn ihr dem König nicht sagt, daß die Wiese, die ihr mäht, dem Herrn Marquis von Carabas gehört, werdet ihr alle kleingehackt wie Pastetenfleisch.«

Wer keine Stiefel hat, muß in Pantoffeln

Der König versäumte es nicht, die Mäher zu fragen, wem denn diese Wiese gehöre, die sie mähten: »Sie gehört dem Marquis von Carabas«, sagten sie einstimmig, denn die Drohung des Katers hatte ihnen Angst eingejagt. »Da habt Ihr einen schönen Besitz«, sprach der König zum Marquis von Carabas. »Das ist wahr, Majestät«, entgegnete der Marquis, »die Wiese bringt alljährlich eine gute Ernte.«

Meister Kater, der weiterhin vorausging, traf auf ein paar Schnitter und sagte zu ihnen: »Liebe Leute, die ihr da erntet, wenn ihr nicht sagt, daß all diese Kornfelder dem Herrn Marquis von Carabas gehören, werdet ihr alle kleingehackt wie Pastetenfleisch.« Der König, der kurz danach vorüberkam, wollte wissen, wem die Kornfelder gehörten, die vor ihm lagen. »Sie gehören dem Marquis von Carabas«, entgegneten die Schnitter, und wieder freute sich der König mit dem Marquis. Der Kater, der der Kutsche vorausging, sagte immer das gleiche zu allen Leuten, die er traf, und der König war sehr erstaunt über die großen Güter des Herrn Marquis von Carabas.

Endlich kam Meister Kater zu einem schönen Schloß, das einem Menschenfresser gehörte, dem reichsten Mann, den man sich nur denken konnte; denn all die Ländereien, durch die der König gefahren war, gehörten zu seinem Schloß. Der Kater, der sich sorgfältig erkundigte, wer dieser Menschenfresser war und über welche besonderen Kräfte er verfügte, verlangte ihn zu sprechen, denn – so sagte er – er wolle nicht an seinem Schloß vorübergehen, ohne die Ehre zu haben, ihm seine Aufwartung zu machen. Der Menschenfresser empfing ihn so höflich, wie das einem Menschenfresser nur möglich ist, und ließ ihn Platz nehmen. »Man hat mir versichert«, sprach der Kater, »daß Ihr die Gabe besitzt, Euch in jedwedes Tier zu verwandeln, daß Ihr Euch zum Beispiel in einen Löwen oder in einen Elefanten verwandeln könnt.«

»Das ist richtig«, entgegnete der Menschenfresser barsch, »und um Euch das zu zeigen, will ich jetzt vor Euren Augen zu einem Löwen werden.« Der Kater war so entsetzt, einen Löwen vor sich zu sehen, daß er augenblicklich auf die Dachrinne floh, was nicht ganz ungefährlich war, denn seine Stiefel eigneten sich nicht zum Klettern auf den Dachziegeln.

Wenig später, als der Kater sah, daß der Menschenfresser seine ursprüngliche Gestalt wieder angenommen hatte, stieg er herab und gestand, daß er große Angst bekommen hätte.

»Man hat mir weiterhin versichert«, sagte der Kater, »doch kann ich mir das nicht vorstellen, daß es auch in Eurer Macht steht, die Gestalt ganz kleiner Tiere anzunehmen, die einer Ratte zum Beispiel oder einer Maus; ich muß sagen, daß ich das für ganz unmöglich halte.« »Unmöglich«, erwiderte der Menschenfresser, »Ihr werdet es schon sehen«, und damit verwandelte er sich in eine Maus, die auf dem Fußboden herumlief. Kaum hatte der Kater sie gesehen, als er sich auf sie stürzte und sie verschlang.

Indessen verlangte der König, der auf seiner Fahrt das schöne Schloß des Menschenfressers erblickte, das Schloßinnere zu sehen. Der Kater hörte die Kutsche über die Zugbrücke fahren, lief herbei und sprach zum König: »Majestät, seid herzlich willkommen hier im Schloß des Herrn Marquis von Carabas.« »Wie, Herr Marquis von Carabas«, rief der König, »das Schloß gehört auch noch Euch! Ich kann mir nichts Schöneres vorstellen als diesen Hof und all die Gebäude, die ihn umgeben; erlaubt Ihr, daß wir eintreten?«

Der Marquis reichte der jungen Prinzessin die Hand; sie folgten dem König, der als erster die Treppe hinaufging, und betraten einen großen Saal. Dort fanden sie ein prächtiges Mahl aufgedeckt, das der Menschenfresser für einige Freunde hatte bereiten lassen. Sie sollten ihn an eben diesem Tage besuchen, hatten aber nicht hereinzukommen gewagt, als sie hörten, daß der König sich dort aufhielt. Der König war entzückt über den Herrn Marquis von Carabas, ebenso wie seine Tochter, die nur noch Augen für ihn hatte; und als er die großen Güter bedachte, die jener besaß, sprach er, nachdem er fünf oder sechs Schluck getan hatte: »Es liegt nur an Euch, Herr Marquis, ob Ihr mein Schwiegersohn werden wollt.« Der Marquis verbeugte sich mehrfach vor ihm, nahm den ehrenvollen Antrag an und heiratete noch am selben Tage die Prinzessin. Der Kater aber wurde ein großer Herr und ging nur noch zum Vergnügen auf die Mäusejagd.

Wilhelm Busch
Die fromme Helene

Ach, wie ist der Mensch so sündig! –
Lene, Lene! Gehe in dich!–

Und sie eilet tieferschüttert
Zu dem Schranke schmerzdurchzittert.
Fort! Ihr falschgesinnten Zöpfe,
Schminke und Pomadetöpfe!

Fort! Du Apparat der Lüste,
Hochgewölbtes Herzgerüste!

Fort vor allem mit dem Übel
Dieser Lust- und Sündenstiebel!

Trödelkram der Eitelkeit,
Fort! Und sei der Glut geweiht!!

Oh, wie lieblich sind die Schuhe
Demutsvoller Seelenruhe!! –

Sieh, da geht Helene hin,
Eine schlanke Büßerin!

Rolf Haufs
Rote Stiefel

Sie trat in mein Leben sie sagte
Das Wort Liebe paßt nicht zu dir
Da löste sich die Raserei die Schränke
Waren schnell ausgeräumt kein Halt
Vor exotischer Pflanze

Sie lief schreiend davon die Nachbarin
Versteckte sie ich dachte nun werden
Die Ordnungskräfte mit blauem Licht
Wo sind die Messer die betäubende
Großpackung. Sie alle auf einmal
Zu fressen

Da stand sie vor mir und hatte
Rote Stiefel an.

Martin Gregor-Dellin
Schlabrendorfs Stiefel

Sie drangen mitten in der Nacht in seine Wohnung ein und standen plötzlich vor seinem Bett, da er ja die Tür nie verschloß: »Bürger Schlabrendorf!« Er schrak hoch und blickte in die Laterne. »Bürger Schlabrendorf, mitkommen!« So klang das: »Citoyen!«

Es waren zwei mit Piken bewaffnete Sansculotten und ein Gendarm.

»Aber meine Herren«, sagte er unwillkürlich.

»Herren! Bist du ein Herrchen?« fragte der eine Pikenmann den andern wie in schlechten Dramen. Die Gesichter flackerten vom Licht der Laterne.

»Citoyens«, sagte Schlabrendorf ruhig, setzte sich im Bett auf und rieb sich den Schlaf aus den Augen. »Da lebe ich nun in selbstgewählter Zurückgezogenheit und bin nicht einmal Franzose.«

»Um so besser«, wurde ihm erklärt, »bei uns niesen auch Agenten und Ausländer ihre Köpfe in den Sack.«

Schlabrendorf stand schnell auf, verlangte jedoch den Haftbefehl zu sehen. Widerwillig suchte ihn der Gendarm hervor. Schlabrendorf bückte sich unter die Laterne, die einer der Sansculotten trug, und hielt das Dokument nah unter die Augen. »Alles muß seine Ordnung haben«, sagte er und nickte, als er die ihm vertrauten Unterschriften erkannte. Dann stieg er in die Hosen, zog seine halbhohen Schnürstiefel an, nahm eine Jacke über das Hemd, raffte schnell ein paar Sachen zusammen und steckte einen Beutel mit Geld in die Innentasche des Rockes.

»Wie wäre es«, schlug er vor, »wenn Sie mich zur Sektion brächten oder überhaupt gleich zum Ausschuß, in dem doch immer noch ein paar vernünftige Menschen sitzen müssen, die wissen, wer ihr Feind ist und wer nicht?«

Der Gendarm schwieg. Die Pikenträger sahen ihn an.

»Ich bin gern in Paris, aber lieber über der Erde, nicht darunter. Darf ich Sie noch zu einem Schluck Wein einladen? Sie werden erstaunt sein, etwas über Ihre Republik zu hören.« Er wies auf die Reihen der Bücher.

Der Gendarm hatte die Fassung verloren. Die Pikenträger stampften mißmutig auf. Der Gendarm ermannte sich und schrie plötzlich: »Alles durchsuchen! Schränke verriegeln!« Aber es gab keine Schränke, außer ein paar Wäscheregalen, und so beschränkten sich die Sansculotten darauf, die Bücher reihenweise von den Brettern zu werfen, aber es war nichts dahinter.

»Genug, gehen wir«, sagte Schlabrendorf. Die drei folgten ihm, und die Tür der Wohnung wurde versiegelt. Auf der Straße stiegen sie in einen Fiaker, aus dem die Seitenwände herausgebrochen waren. Die Straße lag leer und grau im ersten Frühlicht.

Sie fuhren zur Conciergerie, vor der ein Karren auf die Unglücklichen wartete, die an diesem Tag zum Schafott gefahren wurden. Die ersten Neugierigen sammelten sich vor den Türen. Als man Schlabrendorf durch das Gitter stieß, gab er die Hoffnung auf, diese Mauern noch anders zu verlassen als ein Todeskandidat, dem eine Frist von etwa einer Stunde verbleibt. Er wurde in einen Raum gewiesen, in dem sich die Kanzlei des Gefängnisses befand. Mehr als über sein Schicksal ärgerte er sich über die Frechheit, daß man ihn nicht unter seinem vollen Namen ins Register eintragen wollte. Das Eingangsgewölbe war durch ein weiteres Gitter geteilt, hinter dem die Verurteilten warteten, die an diesem Morgen zur Hinrichtung gefahren werden sollten. Diesmal waren es vier; drei Männer und eine Frau. Man hatte ihnen bereits den Hals entblößt, die Jacke abgenommen und das Haar aufgebunden, aber sie sahen gleichmütig und gefaßt aus, als sollten sie nur in ein andres Gefängnis verlegt werden. Sie unterhielten sich leise und blickten an dem Neuankömmling vorbei, als rechneten sie nicht mehr damit, angesprochen zu werden. Aber bevor er in die Zelle geführt wurde, wandte sich Schlabrendorf noch kurz an die Verurteilten und bat um ihre

Namen, damit er etwas für sie oder ihre Verwandten tun könne.

Einer antwortete, der Name habe keinen Wert mehr, da es keine Angehörigen gebe, denen er etwas bedeute.

Der Schreiber unterbrach sich, Schlabrendorf mußte warten, das Gitter wurde geöffnet, die vier Verurteilten wurden herausgewinkt, und Schlabrendorf trat auf sie zu und reichte ihnen die Hand. Etwas verwundert gingen sie darauf ein.

Als die vier das Gefängnis verlassen hatten, wurde Schlabrendorf in seine Zelle gebracht. Er teilte sie mit sechs Gefangenen. Sie lagen auf Stroh. Selbst tagsüber erhoben sie sich selten, da es keinen Sinn hatte, etwas andres zu tun als zu warten. Nach einigen Tagen wurde der erste gerufen und in einem kurzen Verfahren verurteilt. Er hatte sich gegen die Paßgesetze vergangen, da er seinen Aufenthalt in Paris nicht vom Sektionsausschuß hatte bestätigen lassen, wodurch er in den Verdacht geraten war, ein Agent zu sein. Danach ermunterte Schlabrendorf die übrigen Mitgefangenen, Briefe an ihre Angehörigen aufzusetzen, für deren Beförderung er durch Bestechung der Gefängniswärter sorgen wollte. Er war sicher, daß es ohne zufällige Beziehungen niemandem gelang, dem Spruch des Tribunals und damit der Guillotine zu entkommen, und er selber war darauf gefaßt, ohne große Umstände zum Tode befördert zu werden. Denn ihm konnte man alles vorwerfen, dessen man sich in Paris nur schuldig machen konnte, einschließlich der Verschwörung mit den Girondisten, denen es jetzt allesamt an den Kragen ging und die er zu gut gekannt hatte. Er gab denn auch zu, sich mit den Anführern der Gironde getroffen zu haben, und fügte zur Genugtuung seiner Richter hinzu, daß die betreffenden Bürger dies gern bestätigen würden. Auf den Gedanken, daß sie längst nicht mehr am Leben waren, kam er gar nicht.

Jane Christie hatte ihm ein paar traurige und auch ermutigende Worte zugehen lassen. Sie war nach Schlabrendorfs Verhaftung sofort zum Prokurator gegangen und hatte auch mit Mitgliedern des Sicherheitsausschusses gesprochen, leider vergeblich. Dann reiste sie nach England ab, und Schlabrendorf antwortete nicht mehr auf ihre Briefe. Später lebte sie glücklich verheiratet zu Inverness.

Mary Wollstonecraft besuchte ihn einmal im Gefängnis. Er war von den sanften Zügen ihres Gesichts wieder ganz bezaubert und bedauerte es sehr, daß er Mary gegenüber Jane Christie so vernachlässigt hatte. Mit der geistvollen und beruhigenden Frau, in ihrer stets wohltuenden Nähe hätte er leben können – aber nun war es zu spät, und er sah die bald von einer unheilbaren Krankheit Heimgesuchte nie wieder.

In den Zellen und Korridoren des Gefängnisses herrschte meist Ruhe. Die Häftlinge hatten sich mit allem abgefunden. Die Frauen durften zu bestimmten Stunden waschen und sich unterhalten. Sie gingen vor den Zellen auf und ab, und die männlichen Gefangenen sahen ihnen zu, ohne sie zu belästigen. Für die kurze Zeit, die noch blieb, lohnte sich auch kein Streit mehr, und alles, was sich an Verzweiflung und matter Hoffnung noch hätte anstauen können, entwich durch die Lücken, die im System der Willkür leichter auszumachen sind als in dem einer milderen, aber doch auf Gesetz gegründeten Ordnung. So durfte Besuch empfangen werden und den schon zur Guillotine Verurteilten wurde erlaubt, Geld zu erhalten und zu verteilen. Da sie sich auf nichts andres mehr vorbereiteten als auf den letzten Weg, wurden sie auch nicht mehr kontrolliert. Wenn die Namen morgens aufgerufen wurden, gab es fast keine Aufregung mehr. Der Zufall brachte den einen heute auf die Liste, den andern morgen. Gleichgültigkeit breitete sich aus. Die Gespräche kreisten nur noch um die Frage, wie man sich am Schafott verhalte und was von einem dabei verlangt werde, außer die Stufen hinaufzusteigen.

Schlabrendorf erhob sich zuweilen heftig und trat, da kein Platz zu gehen war, auf der Stelle. Er hatte einen Strich unter sein Leben gezogen, aber er teilte den Fatalismus nicht, weil sein Kopf arbeitete. Als sich die Nachricht von der Hinrichtung Marie Antoinettes verbreitete, führte er ein langes Selbstgespräch, als schicke er sich an, die Jakobiner in einer Debatte vor einem verhängnisvollen Irrtum zu retten: Glaubten sie wirklich dadurch, daß sie bis zum Äußersten gingen, ein ganzes Volk so an sich zu ketten, daß es keine Umkehr mehr gab, so befanden sie sich in einem Wahn und verschätzten sich in der menschlichen Natur. Dann sagte er sich allerdings, daß ihn das nichts angehe, und gab Ruhe.

Er wurde schließlich mit einigen andern ins Palais Luxembourg verlegt. Dort kam er noch einmal in die Lage, seinen Mitgefangenen helfen zu können; er setzte Verteidigungsschriften auf und gab Sprachunterricht für den Fall, es sollte einer davonkommen und sich ins Ausland absetzen. Er selbst rechnete mit seiner baldigen Hinrichtung. Die Zellen wurden voller, obwohl täglich die Transporte aufs Blutgerüst gingen.

Über eine Basler Bank verschaffte er sich noch einmal Geldmittel und verteilte sie unter den Mitgefangenen, damit sie für die letzten Tage ihre Verpflegung aufbessern konnten. Als das Ende immer näher zu rücken schien, übergab er sein beträchtliches Vermögen in Wechseln seinem Freund Oelsner, der noch frei war und die Erlaubnis bekam, ihn zu besuchen. Oelsner mußte allerdings ebenfalls mit der Verhaftung rechnen und hatte es daher sehr eilig. »Nehmen Sie das Geld«, sagte Schlabrendorf zu ihm, »und fliehen Sie, da Sie es noch können. Brauchen Sie es als das Ihre; sehen wir uns wieder, so geben Sie mir zurück, was noch da ist; werd ich guillotiniert, so gehört es Ihnen ganz.« Oelsner flüchtete noch am selben Tage nach Italien und verbarg sich.

Die zur Hinrichtung bestimmten Personen wurden frühmorgens von Listen verlesen und aus den Zellen geführt. Eines Morgens wurde auch Schlabrendorf aufgerufen.

Er machte sich ohne Widerstreben und Klagen sofort auf, um das Unvermeidliche hinter sich zu bringen. Angekleidet war er schnell, nur seine Stiefel fehlten. Der Karren, der die tägliche Ladung für die Guillotine aufnehmen sollte, wartete bereits vor dem Gefängnis, und auf den Fluren waren die Todeskandidaten zusammengetrieben worden, Schlabrendorf jedoch suchte noch immer mit Eifer, durchwühlte das Stroh und kramte in den Ecken. Sogar der Kerkermeister half suchen. Aber vergebens. Die Stiefel waren entweder gestohlen, vertauscht oder in einem Winkel vergraben. Verdrossen über das Mißgeschick warf Schlabrendorf dem Gefängniswärter die Bemerkung hin, man könne am Ende doch verlangen, in Stiefeln guillotiniert zu werden: »Ich muß doch etwas an den Füßen haben. Ohne Stiefel kann ich nicht fort, das sehen Sie ein. Nehmen Sie mich morgen mit statt heute, es kommt auf den einen Tag nicht an.«

Dem Wärter schien das einzuleuchten. Er sagte: »Also gut, dann morgen früh«, und fuhr mit den Opfern davon.

Schlabrendorf blieb zurück und setzte die Suche nach seinen Schnürstiefeln fort. Am nächsten Morgen waren sie wieder da, rätselhaft, aber er hatte sie gefunden. Ein andrer Wärter kam mit der Morgenliste, Schlabrendorf stand schon angezogen bereit, aber sein Name fiel nicht, er wartete umsonst. Jemand hatte vergessen, ihn an diesem Morgen auf die Liste zu schreiben. Da aus Gleichgültigkeit keiner mehr auf den andern achtete, fiel in der Zelle kein Wort darüber. Am nächsten Morgen rechnete er wieder damit, aufgerufen zu werden. Aber nichts geschah. Sein Name kam nicht vor. So den dritten und vierten Tag. Er blieb vergessen.

Die Wochen vergingen. Er setzte seine Arbeit für die Mitgefangenen fort. Und eines Abends – siebzehn Monate waren um – verbreitete sich das Gerücht, Robespierre sei gestürzt. Die Häftlinge gaben darauf nicht viel, denn längst hatten sich die Jakobiner selbst dezimiert. Einer löste nur den andern ab, und so mochte es auch diesmal sein. Der 27. Juli, nach revolutionärem Kalender der 9. Thermidor, brachte zunächst keine Veränderung. Noch am nächsten Tag, an dem Robespierre mit entsetzlich verstümmelter Kinnlade zum Blutgerüst gefahren wurde, ging das Morden weiter, und bis zum 30. Juli wurden in Paris einhundertfünf Anhänger Robespierres hingerichtet. Erst danach öffneten sich die Gefängnistore für alle, die in den letzten Monaten verhaftet worden waren, und auch Gustav von Schlabrendorf kam frei.

Er kehrte in die Rue de Richelieu zurück, als wäre nichts gewesen, und ordnete seine Bibliothek. Die Pässe lagen noch auf dem Tisch. Aber an Miss Jane Christie dachte er nur noch wie an eine Fata Morgana aus schlimmen Nächten.

Oelsner kehrte kurz nach Schlabrendorfs Freilassung nach Paris zurück. Er hatte eine Zeitlang in Italien unter sehr eingeschränkten Verhältnissen auf dem Lande gelebt, um das ihm anvertraute Vermögen Schlabrendorfs nicht angreifen zu müssen. Er hatte schon immer an eine gnädige Wendung des Schicksals geglaubt und hielt nun alles für höhere Fügung. Schlabrendorf konnte nicht einsehen, wieso sich das Schicksal ausgerechnet seiner Stiefel bedient haben sollte?

Das Wunder seiner Rettung erklärte sich aus den Vorzügen seiner Fehler, die zugleich Schwächen seiner Tugenden waren: Gleichmut, Pedanterie und Beharrlichkeit. Ein Mann seines Alters änderte sich nicht mehr. Er blieb in Paris.

Heinrich Heine
Ein Traum

Wie die Nachtträume meine Tagesgedanken verhöhnen, so geschieht es auch zuweilen, daß die Gedanken des Tages über die unsinnigen Nachtträume sich lustig machen und mit Recht, denn ich handle im Traume oft wie ein wahrer Dummkopf. Jüngst träumte mir, ich machte eine große Reise durch ganz Europa, nur daß ich mich dabei keines Wagens mit Pferden, sondern eines gar prächtigen Schiffes bediente. Das ging gut, wenn ein Fluß oder ein See sich auf meinem Wege befand. Solches war aber der seltenere Fall, und gewöhnlich mußte ich über festes Land, was für mich sehr unbequem, da ich alsdann mein Schiff über weite Ebenen, Waldstege, Moorgründe, und sogar über sehr hohe Berge fortschleppen mußte, bis ich wieder an einen Fluß oder See kam, wo ich gemächlich segeln konnte. Gewöhnlich aber, wie gesagt, mußte ich mein Fahrzeug selber fortschleppen, was mir sehr viel Zeitverlust und nicht geringe Anstrengung kostete, so daß ich am Ende vor Überdruß und Müdigkeit erwachte. Nun aber, des Morgens, beim ruhigen Kaffee, machte ich die richtige Bemerkung: daß ich weit schneller und bequemer gereist wäre, wenn ich gar kein Schiff besessen hätte, und wie ein gewöhnlicher armer Teufel immer zu Fuß gegangen wäre.

Am Ende kommt es auf eins heraus, wie wir die große Reise gemacht haben, ob zu Fuß, oder zu Pferd, oder zu Schiff... Wir gelangen am Ende alle in dieselbe Herberge in dieselbe schlechte Schenke, wo man die Türe mit einer Schaufel aufmacht, wo die Stube so eng, so kalt, so dunkel, wo man aber gut schläft, fast gar zu gut...

Ob wir einst auferstehen? Sonderbar! meine Tagesgedanken verneinen diese Frage, und aus reinem Widerspruchsgeiste wird sie von meinen Nachtträumen bejaht. So z.B. träumte mir unlängst: ich sei in der ersten Morgenfrühe nach dem Kirchhof gegangen, und dort, zu meiner höchsten Verwunderung, sah ich, wie bei jedem Grabe ein Paar blankgewichster Stiefel stand, ungefähr wie in den Wirtshäusern vor den Stuben der Reisenden... Das war ein wunderlicher Anblick, es herrschte eine sanfte Stille auf dem ganzen Kirchhof, die müden Erdenpilger schliefen. Grab neben Grab, und die blankgewichsten Stiefel, die dort in langen Reihen standen, glänzten im frischen Morgenlicht, so hoffnungsreich, so verheißungsvoll, wie ein sonnenklarer Beweis der Auferstehung.

Was Frauenpantoffel über Männerträume verraten und umgekehrt

Johann Wolfgang Goethe
Ein Brief an Christiane Vulpius

[Weimar,] Dienstag, den 12. Juli 1803.

Erst heut erwarteten wir Deinen Brief, der uns desto größere Freude machte, als er schon gestern Abend unvermuthet ankam. Daß Dir alles glücklich von Statten geht, freut mich sehr, Du verdienst es aber auch, da Du Dich so klug und zierlich zu betragen weißt. Mache Dir wegen der Ausgaben kein Gewissen, ich gebe alles gern, und Du wirst zeitig genug in die Sorglichkeiten der Haushaltung zurückkehren. Sonnabend, den 16., werden die Kaufgelder bezahlt, da es denn hinterdrein manches zu bedenken und zu besorgen gibt. Aus dieser und andren Ursachen komme ich nicht nach Lauchstädt, wo ich ohnehin, außer Dir, nichts zu suchen habe.

Dir aber wollte ich rathen, nach Dessau zu fahren und etwa Demoiselle Probst mitzunehmen, damit Du dort auf eine anständige Weise erschienst. Schlösse sich noch andre Gesellschaft an, so wäre es auch schicklich. Doch das wirst Du schon selbst am besten einrichten. Du brauchst vier bis fünf Tage zu dieser Tour, wenn Du alles sehen und mit einiger Ruhe genießen willst, und so ginge Dir der Monat vergnügt hin. Die Kosten mußt Du nicht scheuen! Mein einziger Wunsch ist, daß Du heiter und liebend zurückkommst. Auf Deine Erzählungen freu ich mich sehr. Wenn ich es kann möglich machen, so schicke ich Dir Gusteln, damit Du ihn nach Dessau mitnehmen kannst. Übrigens ist er gar artig und hat so auf die Lauchstädter Reise ziemlich Verzicht gethan.

Mittwoch, den 13.

Deinen Brief von gestern habe ich heut nach Tische erhalten und freue mich, Dir immer zu folgen, wohin Du gehst, und aus Deinen Nachrichten zu sehen, daß es Dir recht gut geht.

Seit meiner Rückkunft von Jena greift sich die Köchin besonders an und kocht sehr gut. Die Bohnenstangen sind auch angekommen, die noch fehlten, das war das Einzige, was im Garten abging; und ich wüßte überhaupt nichts, was Dir Sorge zu machen brauchte.

Donnerstag, spät.

Herr Hofrath ist angekommen und hat mir Deinen Brief gebracht. Ich freue mich Deiner Freude und schicke Dir Gegenwärtiges durch einen lieben Boten.

Er wird, hoffe ich, glücklich bei Dir eintreffen und Dir sagen, wie viel wir an dich gedacht haben. Dem Kutscher habe ich einen Kronenthaler mitgegeben, daß er für August unterwegs bezahlen soll; höre, was übrig geblieben ist, und gib dem Menschen ein gutes Trinkgeld. Auch erhältst Du noch 6 Bouteillen Wein.

Jetzt, da Du Augusten hast, besinne Dich nicht lange und fahre auf Dessau und wieder auf Lauchstädt zurück, bleibe noch etliche Tage und komme Ende des Monats wieder; so hast Du einen hübschen Genuß gehabt, und ich werde mich an Deiner Erzählung nachfreuen.

Schicke mir mit nächster Gelegenheit Deine letzten, neuen, schon durchgetanzten Schuhe, von denen Du mir schreibst, daß ich nur wieder etwas von Dir habe und an mein Herz drücken kann. Lebe wohl. Grüße Silien und danke ihr für ihren artigen Brief.

Schreibe mir so bald als möglich wieder.

Weimar, den 14. Juli 1803. G.

Deine Briefe habe, wie Du siehst, sämmtlich erhalten.

Da Du mehrere Personen in Lauchstädt findest, welche in

Dessau gewesen, so erkundige Dich nur nach der Art und Weise, wie man dort verfährt. Die Trinkgelder in Wörlitz, wo man an so viel Gärtner und Castellane zahlen muß, betragen vielleicht einen Carolin. Ein Lohnbedienter macht das gewöhnlich. Du mußt ja alles sehen. Lebe recht wohl und liebe mich.

Johann Wolfgang Goethe
Philines Pantoffeln

Die Hauptprobe war vorbei; sie hatte übermäßig lange gedauert. Serlo und Wilhelm fanden noch manches zu besorgen: denn ungeachtet der vielen Zeit, die man zur Vorbereitung verwendet hatte, waren doch sehr notwendige Anstalten bis auf den letzten Augenblick verschoben worden.

So waren zum Beispiel die Gemälde der beiden Könige noch nicht fertig, und die Szene zwischen Hamlet und seiner Mutter, von der man einen so großen Effekt hoffte, sah noch sehr mager aus, indem weder der Geist noch sein gemaltes Ebenbild dabei gegenwärtig war. Serlo scherzte bei dieser Gelegenheit und sagte: Wir wären doch im Grunde recht übel angeführt, wenn der Geist ausbliebe, die Wache wirklich mit der Luft fechten und unser Souffleur aus der Kulisse den Vortrag des Geistes supplieren müßte.

Wir wollen den wunderbaren Freund nicht durch unsern Unglauben verscheuchen, versetzte Wilhelm; er kommt gewiß zur rechten Zeit und wird uns so gut als die Zuschauer überraschen.

Gewiß, rief Serlo, ich werde froh sein, wenn das Stück morgen gegeben ist: es macht uns mehr Umstände, als ich geglaubt habe.

Aber niemand in der Welt wird froher sein als ich, wenn das

Stück morgen gespielt ist, versetzte Philine, so wenig mich meine Rolle drückt. Denn immer und ewig von Einer Sache reden zu hören, wobei doch nichts weiter herauskommt als eine Repräsentation, die, wie so viele hundert andere, vergessen werden wird, dazu will meine Geduld nicht hinreichen. Macht doch in Gottes Namen nicht so viel Umstände! Die Gäste, die vom Tische aufstehen, haben nachher an jedem Gerichte was auszusetzen; ja wenn man sie zu Hause reden hört, so ist es ihnen kaum begreiflich, wie sie eine solche Not haben ausstehen können.

Lassen Sie mich Ihr Geheimnis zu meinem Vorteile brauchen, schönes Kind, versetzte Wilhelm. Bedenken Sie, was Natur und Kunst, was Handel, Gewerke und Gewerbe zusammen schaffen müssen, bis ein Gastmahl gegeben werden kann. Wie viel Jahre muß der Hirsch im Walde, der Fisch im Fluß oder Meere zubringen, bis er unsre Tafel zu besetzen würdig ist, und was hat die Hausfrau, die Köchin nicht alles in der Küche zu tun! Mit welcher Nachlässigkeit schlürft man die Sorge des entferntesten Winzers, des Schiffers, des Kellermeisters beim Nachtische hinunter, als müsse es nur so sein. Und sollten deswegen alle diese Menschen nicht arbeiten, nicht schaffen und bereiten, sollte der Hausherr das alles nicht sorgfältig zusammenbringen und zusammenhalten, weil am Ende der Genuß nur vorübergehend ist? Aber kein Genuß ist vorübergehend: denn der Eindruck, den er zurückläßt, ist bleibend, und was man mit Fleiß und Anstrengung tut, teilt dem Zuschauer selbst eine verborgene Kraft mit, von der man nicht wissen kann, wie weit sie wirkt.

Mir ist alles einerlei, versetzte Philine, nur muß ich auch diesmal erfahren, daß Männer immer im Widerspruch mit sich selbst sind. Bei all eurer Gewissenhaftigkeit, den großen Autor nicht verstümmeln zu wollen, laßt ihr doch den schönsten Gedanken aus dem Stücke.

Den schönsten? rief Wilhelm.

Gewiß den schönsten, auf den sich Hamlet selbst was zugute tut.

Und der wäre? rief Serlo.

Wenn Sie eine Perücke aufhätten, versetzte Philine, würde ich sie Ihnen ganz säuberlich abnehmen: denn es scheint nötig, daß man Ihnen das Verständnis eröffne.

Die andern dachten nach, und die Unterhaltung stockte. Man war aufgestanden, es war schon spät, man schien auseinandergehen zu wollen. Als man so unentschlossen dastand, fing Philine ein Liedchen, auf eine sehr zierliche und gefällige Melodie, zu singen an.

Singet nicht in Trauertönen
Von der Einsamkeit der Nacht;
Nein, sie ist, o holde Schönen,
Zur Geselligkeit gemacht.

Wie das Weib dem Mann gegeben
Als die schönste Hälfte war,
Ist die Nacht das halbe Leben,
Und die schönste Hälfte zwar.

Könnt ihr euch des Tages freuen,
Der nur Freuden unterbricht?
Er ist gut, sich zu zerstreuen,
Zu was anderm taugt er nicht.

Aber wenn in nächtger Stunde
Süßer Lampe Dämmrung fließt
Und vom Mund zum nahen Munde
Scherz und Liebe sich ergießt;

Wenn der rasche, lose Knabe,
Der sonst wild und feurig eilt,
Oft bei einer kleinen Gabe
Unter leichten Spielen weilt;

Wenn die Nachtigall Verliebten
Liebevoll ein Liedchen singt,
Das Gefangnen und Betrübten
Nur wie Ach und Wehe klingt:

Mit wie leichtem Herzensregen
Horchet ihr der Glocke nicht,
Die mit zwölf bedächtgen Schlägen
Ruh und Sicherheit verspricht!

Darum an dem langen Tage
Merke dir es, liebe Brust:
Jeder Tag hat seine Plage,
Und die Nacht hat ihre Lust.

Sie machte eine leichte Verbeugung, als sie geendigt hatte, und Serlo rief ihr ein lautes Bravo zu. Sie sprang zur Tür hinaus und eilte mit Gelächter fort. Man hörte sie die Treppe hinunter singen und mit den Absätzen klappern.

Serlo ging in das Seitenzimmer, und Aurelie blieb vor Wilhelmen, der ihr eine gute Nacht wünschte, noch einige Augenblicke stehen und sagte:

Wie sie mir zuwider ist! recht meinem innern Wesen zuwider! bis auf die kleinsten Zufälligkeiten. Die rechte braune Augenwimper bei den blonden Haaren, die der Bruder so reizend findet, mag ich gar nicht ansehn, und die Schramme auf der Stirne hat mir so was Widriges, so was Niedriges, daß ich immer zehn Schritte von ihr zurücktreten möchte. Sie erzählte neulich als einen Scherz, ihr Vater habe ihr in ihrer Kindheit einen Teller an den Kopf geworfen, davon sie noch das Zeichen trage. Wohl ist sie recht an Augen und Stirne gezeichnet, daß man sich vor ihr hüten möge.

Wilhelm antwortete nicht, und Aurelie schien mit mehr Unwillen fortzufahren:

Es ist mir beinahe unmöglich, ein freundliches, höfliches Wort mit ihr zu reden, so sehr hasse ich sie, und doch ist sie so anschmiegend. Ich wollte, wir wären sie los. Auch Sie, mein Freund, haben eine gewisse Gefälligkeit gegen dieses Geschöpf, ein Betragen, das mich in der Seele kränkt, eine Aufmerksamkeit, die an Achtung grenzt und die sie, bei Gott, nicht verdient!

Wie sie ist, bin ich ihr Dank schuldig, versetzte Wilhelm; ihre Aufführung ist zu tadeln, ihrem Charakter muß ich Gerechtigkeit widerfahren lassen.

Charakter! rief Aurelie: glauben Sie, daß so eine Kreatur einen Charakter hat? O ihr Männer, daran erkenne ich euch! Solcher Frauen seid ihr wert!

Sollten Sie mich in Verdacht haben, meine Freundin? versetzte Wilhelm. Ich will von jeder Minute Rechenschaft geben, die ich mit ihr zugebracht habe.

Nun, nun, sagte Aurelie, es ist spät, wir wollen nicht streiten. Alle wie einer, einer wie alle! Gute Nacht, mein Freund! gute Nacht, mein feiner Paradiesvogel!

Wilhelm fragte, wie er zu diesem Ehrentitel komme.

Ein andermal, versetzte Aurelie, ein andermal. Man sagt, sie hätten keine Füße, sie schwebten in der Luft und nährten sich vom Äther. Es ist aber ein Märchen, fuhr sie fort, eine poetische Fiktion. Gute Nacht, laßt Euch was Schönes träumen, wenn Ihr Glück habt.

Sie ging in ihr Zimmer und ließ ihn allein; er eilte auf das seinige.

Von Kopf bis Fuß auf Liebe eingestellt: Der blaue Engel hieß Marlene und machte leichtfüßigen Männern Beine

Halb unwillig ging er auf und nieder. Der scherzende, aber entschiedne Ton Aureliens hatte ihn beleidigt: er fühlte tief, wie unrecht sie ihm tat. Philinen konnte er nicht widrig, nicht unhold begegnen; sie hatte nichts gegen ihn verbrochen, und dann fühlte er sich so fern von jeder Neigung zu ihr, daß er recht stolz und standhaft vor sich selbst bestehen konnte.

Eben war er im Begriffe, sich auszuziehen, nach seinem Lager zu gehen und die Vorhänge aufzuschlagen, als er zu seiner größten Verwunderung ein Paar Frauenpantoffeln vor dem Bett erblickte; der eine stand, der andere lag. – Es waren Philinens Pantoffeln, die er nur zu gut erkannte; er glaubte auch eine Unordnung an den Vorhängen zu sehen, ja es schien, als bewegten sie sich; er stand und sah mit unverwandten Augen hin.

Eine neue Gemütsbewegung, die er für Verdruß hielt, versetzte ihm den Atem; und nach einer kurzen Pause, in der er sich erholt hatte, rief er gefaßt:

Stehen Sie auf, Philine! Was soll das heißen? Wo ist Ihre Klugheit, Ihr gutes Betragen? Sollen wir morgen das Märchen des Hauses werden?

Es rührte sich nichts.

Ich scherze nicht, fuhr er fort, diese Neckereien sind bei mir übel angewandt.

Kein Laut! Keine Bewegung!

Entschlossen und unmutig ging er endlich auf das Bette zu und riß die Vorhänge voneinander. Stehen Sie auf, sagte er, wenn ich Ihnen nicht das Zimmer diese Nacht überlassen soll.

Mit großem Erstaunen fand er sein Bette leer, die Kissen und Decken in schönster Ruhe. Er sah sich um, suchte nach, suchte alles durch und fand keine Spur von dem Schalk. Hinter dem Bette, dem Ofen, den Schränken war nichts zu sehen; er suchte emsiger und emsiger; ja ein boshafter Zuschauer hätte glauben mögen, er suche, um zu finden.

Kein Schlaf stellte sich ein; er setzte die Pantoffeln auf seinen Tisch, ging auf und nieder, blieb manchmal bei dem Tische stehen, und ein schelmischer Genius, der ihn belauschte, will versichern: er habe sich einen großen Teil der Nacht mit den allerliebsten Stelzchen beschäftigt; er habe sie mit einem gewissen Interesse angesehen, behandelt, damit gespielt und sich erst gegen Morgen in seinen Kleidern aufs Bette geworfen, wo er unter den seltsamsten Phantasieen einschlummerte.

Und wirklich schlief er noch, als Serlo hereintrat und rief: Wo sind Sie? Noch im Bette? Unmöglich! Ich suchte Sie auf dem Theater, wo noch so mancherlei zu tun ist.

Marianne von Willemer / Johann Wolfgang Goethe Ein Briefwechsel

Marianne von Willemer an August von Goethe

Lieber August!
Ich danke Dir für die vortreffliche Besorgung meiner Kommissionen und wünsche Dir von Herzen zu Deinem und meinem Geburtstage alles Gute und Erfreuliche, welches mein himmlischer Vater in vollem Maße Dir zuteilen möge.

Das Kistchen, was hoffentlich den Montag Abend oder Dienstag Morgen in Weimar anlangen wird, bitte ich Dich zu öffnen und die bewußten Pantoffeln nebst einem kleinen Bildchen, welches noch beigepackt, Deinem Vater am

Christabend bei einigen Lichtern (denn das Licht ist mein Element) in meinem Namen zu bescheren, und zugleich sind die Pfeffernüsse und Brenten für ihn bestimmt, denn ich weiß, daß er sie gerne ißt. Den Schinken und die Würste habe ich für Dich beipacken lassen, auch wünsche ich, daß Du Dir aus den glasierten Figuren wählst, was sich für Deinen Zustand paßt; das den Pantoffeln beigepackte *Christ*kindchen aber ist Dir dediziert und eine allegorische [Anspielung] auf unsre Kindheit. Du bist nun freilich gewachsen, aber ich bin und bleibe klein, und wenn ich schon die übrige Zeit des Jahres groß bin, so werde ich jedes *Christ*fest wieder zum Kinde. Zudem kannst Du Dir auch mein Portrait unter dem Kindchen denken, es ist noch immer keins der schlimmsten von den tausenden, die auf der Erde von mir gemacht wurden; ich bin es schon gewohnt, daß man sich die wunderbarsten Vorstellungen von mir macht. Dir mein wirkliches und wahrhaft ähnliches Bild zu schicken, ist mir nicht vergönnt, und wäre es auch, so hat mich noch niemand getroffen, ja selbst der heilige Lukas hat es ein paarmal vergebens versucht. Es ist schwer, dem Geiste eine irdische Form zu geben, und so umgekehrt, und das war auch von jeher mein Schicksal: dem die Gestalt gelang, der faßte den Geist nicht, und wer jenen ahnete, wußte ihn nicht zu gestalten. Doch hoffe ich Dir einen Beweis meiner Zuneigung dadurch zu geben, daß ich, da Du doch wahrscheinlich bald eine gute Frau bekommst, meinen Vater bitte, Deinen ersten Sohn mir so ähnlich als möglich zu schaffen. Ich grüße Dich und Deinen Vater.

Den 20. Dezember 1816 Das *Christ*kindchen

Das Christkindchen hat dieses Jahr, man muß es gestehen, sich sehr liebenswürdig erwiesen, doch kann es eine gewisse Tücke nicht lassen; denn ob es gleich herkömmlich ist, daß man des Papsts Pantoffel küsse, weil ein Kreuz drauf, wohl auch, daß man die Füße der Geliebtesten liebkose, um anzudeuten, daß man sich dem Willen ganz hingibt, der sich uns ergeben hat: so ist es doch unerhört, daß man eine würdige Person durch magische Zeichen nötige, die Hülle seines eigenen Fußes zu verehren, wozu moralisch und physisch gar wunderbare Gebärden nötig wären.

Mit allem dem aber sind Geschenke der Götter, wenn sie auch, wie immer, etwas Problematisches mit sich führen, alles Dankes und aller Freude wert, wie denn ja durch das begleitende Süße alles etwa Bedenkliche aufgehoben wird.

Die hinzugefügten kleinen eingewickelten Gestalten bringen in die Einsiedlerhütte eine wundersame Bewegung. Diese kleine Figuren tun manchmal die Wirkung Congrevescher Raketen, und ich fürchte sehr, die Zeitungen werden ehstens von entzündeten Burgen einige Nachricht geben.

Ähnliche magische Wirkung läßt sich denn auch bei dem Anblick des so unschuldig scheinenden Landsitzes spüren, denn das Blättchen hat völlig die Art der Klapperschlange, man sieht es immer lieber an, je gefährlicher es anzieht.

Hieraus ist denn abermals deutlich, daß nichts schön, gut und erfreulich sein kann, ohne gewissermaßen bedenklich zu sein; wir aber wollen die Nutzanwendung daraus ziehen, daß der Gedanke, er mag denken oder bedenken, dem Genuß so sehr zu Statten kommt, den er nicht stört, als der Genuß dem Gedanken, wenn er ihn auch auf kurze Zeit stören sollte.

Und um nicht ganz amphigurisch zu schließen, setze ich Folgendes hinzu. Um das Porträtieren mag es freilich eine bedenkliche Sache sein, da es sogar dem heiligen Lukas nicht gelungen sein soll. Ob man der Bemühung eines orientalischen Wortschilderers ein besseres Zeugnis geben wird, steht zu erwarten. Hievon zunächst einige Proben. Heute nur den herzlichsten Dank!

Freude und Liebe ins neue Jahr hinüber
W. d. 31 Dez. 1816 G

Marianne und Jakob von Willemer
an Goethe

Das *Christ*kindchen hat alle Ursache sich zu freuen, daß man seinen guten Willen so freundlich anerkennt und durch liebreiche Worte so reichlich belohnt; es ist aber doch etwas betroffen, daß man glauben könne, es nötige eine würdige Person, magischen Zeichen zu gehorchen, es will im Gegenteil nur andeuten, wie viele Gewalt sie über eine unwürdige Person ausüben, die sich schon glücklich fühlt, wenn es ihr vergönnt wird, mit dem Staube gleiche Rechte zu haben.

Die Congreveschen Raketen und entzündeten Burgen sind Hieroglyphen, die ich nicht zu deuten vermag: möge sich der harmlose Scherz recht bald in freudigen Ernst umwandeln.

Sehr gerne wäre ich zugegen gewesen, wie die kleine Sendung des *Christ*kindchens beschert wurde, um zu sehen, ob auch der heilige Crispin das Maß getroffen habe.

Der kleine Kritiker, der sich, etwas beschämt, bewußt ist, diesen Titel durch sein vorlautes Wesen verdient zu haben, hätte in der tröstlichen Voraussetzung: wem Gott ein Amt gibt, dem gibt er auch den Verstand dazu, schon lange gern sein bescheidentliches Votum über jene hübsche Baßstimme ausgesprochen, wenn es ihm vergönnt gewesen wäre, sie völlig entwickelt zu hören; die Ausbeute eines einzigen Abends, an dem Herr Genast bei uns am Klaviere sang, war aber doch sehr erfreulich für uns und erweckte den Wunsch, ihn auch auf dem Theater zu sehen. Leider war dies nicht möglich, und seine schnelle Abreise brachte uns nicht allein um das Vergnügen, ihn noch einmal zu hören, sie betrübte mich besonders, da ich weder Worte noch Töne mitzugeben hatte, und ich, wie Sie wohl wissen, Aufforderungen dieser Art nur gar zu gerne befolge; ich erlaube mir nächstens das Versäumte einzuholen, auch diese Zeilen kommen so spät, um nicht zu früh und zu oft zu kommen.

Freude und Liebe im neuen Jahre wünschen wir so gerne denen, die wir lieben, möge auch uns das Gleiche zu Teil werden.

treu ergeben

Frankfurt, den 15. Januar 1817 Marianne

Heil, Freudigkeit und Gesundheit dem geehrten Freund, denen, die ihn ehren, seine Zuneigung, damit seine Liebe zu uns, die uns so glücklich macht, fortdaure.

G. Aigremont
Schuh-Symbolik und -Erotik

Im germanischen Volksglauben gilt der Schuh als Symbol der geschlechtlichen Fruchtbarkeit, der weiblichen Fruchtbarkeit, und zwar so, daß er sehr deutlich zum Sinnbild des weiblichen Geschlechtsteils selbst wird. Neben dem Schuh als der gebräuchlichsten Fußbekleidung nehmen auch Stiefel, Pantoffel, ferner der Strumpf der Frau dieselbe Symbolik, die der Schuh hat, an. – Allerlei Volksgebräuche, Volksrätsel, Sprichwörter, Redewendungen, obszöne Lieder sind die Belege für diese sehr alte Vorstellung.

Der Schuh ist das Symbol des weiblichen Geschlechtsteils. Zunächst aus welchem Grunde? – Alte Volksrätsel offenbaren uns ihn: man fährt in den Schuh, Stiefel, Pantoffel hinein. Diese Fußbekleidungen haben eine Öffnung, ein Loch, oft mit Pelzhaaren umwachsen, dieses Loch wird mit menschlichem Bein und Fleisch ausgefüllt. Das Hineinfahren des Fußes erinnert an das Hineinfahren des penis in die vulva. Mit dem Bein wird daher auch der penis verglichen, man nennt ihn das dritte Bein, im Slovenischen heißt er trétja noga, der dritte Fuß. – Mit Kleptomanie Behaftete stehlen Schuhe, Stiefeln, Pantoffeln, Strümpfe; auch bei ihnen liegt jene erotische Vorstellung zu Grunde, daß man in diese Dinge etwas hineinsteckt, wie den penis in die vulva. Vielfach sind diese Diebe ganz gute Leute, die jene Dinge nur aus unbefriedigtem sexuellen Leben stehlen müssen. Diese Diebe suchen nur eine vulva, wie die Kleptomaninnen einen Penis, die dessen Symbole Bleistifte, Schirme, Spitzen usw. stehlen. In den Volksrätseln tritt die dunkle Vorstellung deutlich zu Tage: das sinnlich gesunde Bild wird in die sinnlich obszöne Redewendung verkehrt. Es ist aber durchaus falsch, etwa deswegen auf den moralischen Wert oder Unwert eines Volkes zu schließen.

Ein czechisches Stiefelrätsel heißt: »Du schöne Schwarze, sei mir getreu, Ich habe dich gekauft, um ein Stückchen Fleisch in dich zu stecken.« – Bei niederdeutschen Rätseln ist die alte traditionelle Einkleidung die: eine alte Frau soll gerichtet werden, ihr Mann ist vor 4 Wochen, (9 Wochen, 7 Jahren) gestorben, seine Stiefel stehen schon beschimmelt da. Sie gibt dem Richter ein Rätsel auf, der das natürlich auf die vulva anstatt auf den Stiefel deutet. So erlangt sie ihr Leben und ihre Freiheit wieder:

O Himmel, o Himmel,
Das Loch ist voll Schimmel,
Darinnen in sieben Jahr
Kein Mannesfleisch drinnen war.

Eine andere Wendung ist:

Ein Wunderloch von Lederlein,
Da geht ein gut Stück Fleisch hinein,
Wills nicht rein, wupp mit dem Arsch.
So geht's hinein!

Der Strumpf vertritt öfters dasselbe weibliche Organ wie der Schuh, man fährt in ihn hinein, wie der penis in die vulva; daher das Rätsel:

Rauh außen, rauh drinnen, heb hoch, steck rein:
Je höher an den Leib, desto tiefer geht es ein.

Ähnlich heißt es in der Türkei:

Das Haarige öffnet seinen Mund,
Das Kahle sprang hinein.

Im Holländischen heißt der Strumpf »de Kous« gradezu der cunnus, und pisskous (Pißstrumpf) nennt man zweideutig ein junges Mädchen.

Der Schuh (die Fußbekleidung) ist also das Symbol des weiblichen Geschlechtsteiles, weil er eine Höhlung wie die Vulva darbietet, in die Fleisch und Bein hineinfahren; ferner aber auch darum, weil schon dem nackten Fuß, wie wir sahen, eine geschlechtliche Symbolik, die der weiblichen Fruchtbarkeit, anhaftet; die Schuhbekleidung als zum Fuße gehörig wird nun derselben Symbolik teilhaftig. Zu dritt spricht auch ein anderer Grund mit, die sexuelle Bedeutung der Fußbekleidung zu erhöhen: der Geruch. Über den Fußgeruch haben wir bereits oben gesprochen. Jetzt tritt noch der Geruch des Leders hinzu: der intensive Geruch des Leders ähnelt dem foetor cunni.

Diese drei erwähnten Momente sind bei dem Schuhfetischismus, dessen Besprechung gleich hier eingefügt werden soll, nicht ganz von der Hand zu weisen. Wenn auch Kind in seiner Bemerkung wohl Recht hat, daß der prägnante Schuhfetischist den Stiefel zu besitzen trachtet und ihn behandelt (streichelt, drückt, liebkost, auch in ihn ejakuliert), als hätte er die Trägerin des Objektes vor sich, also daß der Fetisch eigentlich niemals lebloses Objekt ist, sondern daß ihn immer die begehrte Person umschwebt. Man muß aber doch festhalten, daß diesem ganzen Verhältnis des Schuhfetischisten zum Stiefel die dunkle uralte Vorstellung des Stiefels als eines geschlechtlichen Symbols zu Grunde liegt, daß der Stiefel an einen andern Behälter des Penis erinnert. Darum reizt auch der nackte Frauenfuß einen prägnanten Schuhfetischisten nicht, da die Vorstellung des Behälters hierbei fehlen muß. Bei homosexuellen männlichen Fetischisten wandelt sich die Vorstellung zur päderastischen. – Für den Schuhfetischisten kommen noch andere Momente: Form, Gestalt und Farbe des Schuhwerkes in Betracht, den geschlechtlichen Fetisch zu heben. Die Damenstiefel (Schuhe, Pantoffel) müssen eng, klein, zierlich sein. Es mischt sich alsdann eine sadistische Schmerzvorstellung wie bei eng anschließenden Korsetts, Handschuhen usw. ein. Auf die Spitze ist dieses Motiv bei den Chinesinnen getrieben. Um einen eleganten, kleinen Fuß bzw. Schuh zu erzielen, bandagierte man den Fuß, bis man zur scheußlichsten Einschnürung und Verkrüppelung fortschritt. – Oder die Stiefel müssen doppelte Knopfreihen haben oder hochknöpfig sein. Das Schuhwerk muß vor allen Dingen hohe Hacken haben. Der Gang der Frau erregt alsdann noch stärker: er ist hoch, stolz, herrisch oder lüstern, wenn sie mit dem Hinterteil »schwänzelt«; andere meinen, er sei ätherischer, weniger energisch, die Frau schwebe wie eine Sylphide, sie sei durch die hohen Hacken dem Schmutze der Erde ferner, sie sei reiner. Wieder andere sagen, durch die hohen Hacken werde der untere Teil des Beines und des Frauenfußes ästethisch schöner. Retif de la Bretonne rät den Frauen, recht hohe Absätze zu tragen, daß die Männer keine homosexuellen Neigungen bekämen. Kind meint wohl mit Recht, die hohen Hacken sind für den Damenschuhfetischisten als besondere Abzeichen weiblicher Schuhe bemerkenswert. Vergleicht man etwa einen Offizierstiefel mit dem einer vornehmen Dame, so liegt der charakteristische Unterschied abgesehen vom Größenverhältnis beim männlichen Stiefel im hohen Schaft, beim weiblichen im hohen Hacken. Diese bezeichnende Differenz haben die Schuhfetischisten instinktiv herausgefühlt. – Die Farbe ist nicht ohne Bedeutung. In den »Priesterinnen der Freude« werden drei Mädchen geschildert, die sehr erregten, weil ihre Waden und Füße durch weißseidene durchbrochene Strümpfe und rote Atlasschuhe sich gehoben hatten. Neuerdings spielen gelbe Schuhe, weiße Damenstiefel selbst auf den Straßen eine Rolle. – Auch die Strümpfe, ihre Farbe, ihr Stoff sind dem Damenschuhfetischisten nicht gleichgültig. Die einen verlangen nur seidene Strümpfe, bald weiße, bald schwarze, bald rote. – Einige lieben Strümpfe bis zum Knie, andere übers Knie, bis hoch an den Oberschenkel hinauf. Bei manchen müssen die Strümpfe durchbrochen sein, daß man das Fleisch hindurchschimmern sieht, schwarzseidene Strümpfe sind hierfür am wirkungsvollsten. Andere verlangen Strümpfe mit Spitzen und Kanten, ein knallrotes Strumpfband auf weißen, ein weißes auf schwarzen Strümpfen. Strindberg (Beichte eines Toren 125) erzählt: er entdeckt bei der Dame eine von den erhobenen Röcken freigelassene Wade, ein zartes Bein, fest vom weißen Strumpfe umschlossen, unter dem Knie von einem buntgestickten Strumpfband festgehalten. – Der prägnante Schuhfetischismus hat immer den Ausdruck entweder einer heterosexuellen oder ausgesprochenen homosexuellen Veranlagung.

Echte eingeborene Homosexuelle, die gar Ekel oder Abscheu vor dem Weibe empfinden, lieben kräftige Männerstiefel mit hohen Schäften.

Bei den Stiefelfetischisten, die sich durch Stiefel treten, mißhandeln lassen, ist die masochistische Vorstellung, von dem geliebten Weibe oder Mann gequält zu werden, wohl die Hauptquelle der Lustempfindung, weniger daß es der Stiefel ist. Diese »Stiefelfreier« brauchen auch gar nicht darum an die immissio penis in vaginam zu denken, eben darum bewirkt es großen Reiz auch von dem nackten Fuß eines Weibes gestoßen zu werden. Das Gefühl der hündischen Demut ist die Hauptsache der Wollust, ob dies durch die Füße oder Fäuste oder Hände der Damen bewirkt wird, ist im letzten Grunde Nebensache. Die höchste Wollust der Stiefelfreier ist es eben, nackt an der Erde zu liegen und sich von Mädchen mit eleganten Stiefeln treten zu lassen, am besten je herrischer und stolzer die Mädchen sind und je kräftiger und schmerzvoller die Tritte werden.

Das Motiv des *zierlichen kleinen Stiefels oder Pantoffels*, das ja bei den Fetischisten eine so große Rolle spielt, ist bereits im Altertum lebendig. Omphale, die Königin der Lyder, schlug den Herakles mit ihrer zierlichen goldenen Sandale, und um die Gestalt der ägyptischen Königin Nitagrit (Nitokris), »Die Schöne mit den Rosenwangen«, rankt sich gewissermaßen schon der Aschenbrödelstoff: die Schönheit der unbekannten, im niedrigen Stande dahinlebenden Geliebten wird durch den zierlichen, niedlichen Schuh erkannt. – Uns allen ist ja das deutsche Märchen vom Aschenputtel bekannt. Aschenputtel verliert beim letzten dritten Mal, da es mit dem Prinzen tanzt, seine kleinen goldenen Pantoffel auf der Treppe, die der Prinz hatte mit Pech bestreichen lassen. Den beiden bösen Stiefschwestern ist der zierliche Pantoffel viel zu klein; die eine schneidet sich die Zehe, die andere die Ferse ab, bis der Prinz endlich Aschenputtel findet, welcher der Pantoffel wie angegossen paßt. – Im Pentameron I, 6 kommt das Kohlenmädchen Zezolla durch die Taube der Fee zu Pracht und Schmuck. Sie tanzt unerkannt mit dem Prinzen. Beim letzten Mal wirft sie die Pantoffel hinter sich, durch diese wird sie erkannt. – Eine andere Variation des alten Märchenstoffes ist das schwedische Märchen »Der kleine Goldschuh« von Turley: ein grüner Hecht schenkt dem Aschenmädel die herrlichsten Kleider. Es tanzt mit dem Prinzen. Der kleine goldne Schuh bleibt auf dem Pech, das der Prinz auf die Schwelle der Kirchtür gestrichen hat, kleben; so wird die Geliebte erkannt. – In dem französischen Märchen (von Perrault bearbeitet) verliert der Aschenputtel Cendrillon einen winzigen kleinen Glasschuh. – Wenn in Zingerles Märchen »Die drei Schwestern« nicht die dritte und gute Schwester den kleinsten Fuß hat, sondern die mittelste, die dann, um zu täuschen, mit Lumpen den Schuh ausfüttert, so ist das eine spätere Variation, die etwa aus der Idee: das Allzugroße und Allzukleine sind schädliche Extreme, das Gute liegt in der Mitte, entstanden ist. – Unser weitverbreiteter Märchenstoff zeigt, daß der reizend kleine Schuh bzw. Pantoffel als ein ganz hervorstechendes Schönheitsmerkmal von den verschiedensten Völkern betrachtet wurde. Vielleicht mag diesem Motive ursprünglich eine andere Bedeutung zugekommen sein. Gubernatis sagt: das Wort apâd kann auch wirklich nicht nur die bezeichnen, die keine Füße hat, sondern auch die, welche keine Fußspuren hinterläßt, oder ferner: die keine Schuhe anhat. Diese hat die Morgenröte nämlich offenbar verloren, denn der Prinz Mitra findet, als er dem schönen Mädchen folgt, einen Pantoffel, der ihre Fußspur, das Maß ihres Fußes zeigt und zwar eines so kleinen Fußes, wie ihn kein anderes Weib hat, eines fast unerfindlichen, fast unbemerkbaren Fußes.

Ich wende mich nach diesem Excurs über den Schuhfetischismus zu dem Schuh als Geschlechtssymbol wieder zurück. Der Schuh ist auch das Sinnbild des weiblichen Geschlechtsteils, aus welchen Gründen, haben wir bereits oben gesehen. Der Schuh kann alsdann wie die Schürze *ein Bild des Weibes selbst werden* (pars (= vulva) pro toto). Der Latsch (ausgetretener Schuh) ist ein vielgebrauchtes Weib. Auslatschen heißt in Sachsen geschlechtlich ausschweifen, Ehebruch begehen. Eine sprichwörtliche Redewendung, die den Mann vor dem Ehebruch warnt, heißt: Man muß nicht die Füße in fremde Schuhe stecken. Schustern bedeutet, sich mit dem Schuh (= vulva) der Frau beschäftigen, also coire. – Die Vergänglichkeit der Reize des Weibes und seiner vulva besagt ein Sprichwort: »Auch der schönste Schuh (Pantoffel) wird zuletzt zur Schlurre« oder »Die schönsten Schuhe werden einmal zu Latschen«. Im Gegensatz dazu: »Ein schöner Schuh wird nie ein häßlicher Pantoffel« d. h. eine schöne Frau behält eine gewisse Anmut auch im Alter. »Schöne Schuhe drücken oft am meisten« d. h. schöne Weiber kosten oft viel Geld und machen schwere Sorgen. – Schuh und Weib werden in manchen Sprichwörtern so zusammengestellt, daß Gleiches von beiden ausgesagt wird: »Wen der Schuh wringet und das Weib dringet, der ist ein armer Mann!« Oder »Wer von Schuhen und Weibern sich läßt drücken, den soll man ins Narrenhaus schicken«, »Wer von Schuhen und Weibern leidet Pein, muß ein großer Narre sein«, »Hunc fatuum fateor, Quem calceus urget et uxor.« – Der Schuh (Pantoffel) ist das Symbol des Weibes bei vielen Völkern, so auch bei den orientalischen. Wenn der Beduine sich von seiner Frau getrennt hat, sagt er : »Ich habe den Pantoffel weggeworfen«. Auf derselben Metapher beruht der Aberglaube galizischer Juden: »Wer in einem Schuh oder in einem Strumpf herumgeht, dem stirbt die Braut«. Dieser eine Schuh ist das Sinnbild für den Mann, der andere verlorene für die Braut.

Ferner heißt die weibliche Periode der rote Schuster. Der Schuster macht den Laden zu, d. h. die Menses verbieten den Coitus. »Den Schuster auf der Stör haben« heißt die Menses haben, die Frauen und Mädchen beschuhten sich zu dieser Zeit (Höfler, Deutsches Krankheitsnamenbuch). Daher: ein Mädchen kommt in die Schuhe = sie ist menstruiert. Das Wort Schuh leitet man von schehen, geschehen, schicken ab. Mit Beziehung auf das Geschehen heißen die Menses »Geschichte«, »Geschüech«. – »Sie ist geschickt« (geschücht?) heißt auch: Sie ist schwanger, denn die Schwangere ist mit Schuhen versehen wie die Menstruierte. War ein Mädchen defloriert worden, so mußte man ihr dafür einen Schuh geben, sie zur beschuhten Frau machen. So überreichte der Franke ein paar Schuhe seiner Braut. Freilich heißt es jetzt in Schlesien und Thüringen (Altenburg): Liebende oder Brautleute dürfen einander keine Schuhe schenken, sonst wird die Liebe zerlatscht. Das ist grob oberflächlich und entspricht nicht altdeutschem Herkommen, jedoch läßt sich eine versteckte Erotik im Begriff Schuh nicht abstreiten. Auch in Samland dürfen Brautleute einander keine Schuhe schenken, sie zwingen zum Weglaufen. – Ein anderer Ausdruck für schwanger sein ist: »Sie lebt auf großem Schuh«, wie früher: »Sie lebt auf großem Fuß«. Aber man sagt auch in demselben Sinne: »Sie hat ein Hufeisen verloren«, »Sie hat ein Hufeisen abgeworfen«. Das Hufeisen ist der Eisenbeschlag am Schuh. Der Sinn ist also: Ihr Gang ist nicht mehr so fest und sicher wie früher. Es heißt: »Sie hat ein Hufeisen abgeworfen und ist zum Kirschbaum geworden«. Der Kirschbaum gilt als Symbol eines üppigen, leichtfertigen Mädchens, da seine Früchte alle leckergierigen Spatzen anzulocken pflegen. Daß übrigens der Verlust des Hufeisens mit dem Gang als solchem zusammenhängt, zeigt ein alter Brauch der siebenbürgischen Sachsen: dem Toten werden Schuhe angezogen, denen vorher die Hufeisen (Eisenbeschläge) abgerissen sind. Begraben heißt daher »einem die Hufeisen abreißen«.

In derben *Gassenhauern* des Volkes finden sich häufig die Bilder: Schuh = Vulva, der Schuster = der Mann, der den Schuh ausbessert oder flickt.

Auch der *Strumpf* ist ein Symbol der vulva. Im Holländischen heißt der Strumpf de Kous; de Kous heißt auch die vulva. Den Strumpf auswringen = mingere wird vom Mann wie vom Weibe gesagt, scheint aber ursprünglich auf das männliche Glied bezogen zu sein. Denn der Strumpf (Stumpf), ursprünglich Schenkel mit Fuß, bedeutet penis. Der Hund der Hexen auf dem Blocksberge ist strümpfig = mit großem, erigiertem penis versehen. – Das bekannte Volkslied »Zu Lauterbach hab ich meinen Strumpf verloren« spielt wenigstens in einer Fassung mit ähnlichen erotischen Vorstellungen (Strumpf = vulva); das Lied wird einem Mädchen alsdann in den Mund gelegt. – Das Strumpfband deutet ebenfalls auf geschlechtliche Beziehungen. Die Braut läßt das Strumpfband offen, damit sie leichter gebären kann. Der Geschlechtsteil der Frau gilt als Schloß, hier als Strumpfbandschloß. Und andererseits: Will die Milch nicht zu Butter werden, bindet man ein Strumpfband um das Faß (Oldenbg.).

Der Schuh (Strumpf) ist das Symbol der vulva wie der weiblichen Fruchtbarkeit. Daraus lassen sich manche Volksgebräuche erklären: Hühner legen fleißig Eier, wenn man sie Erbsen am heiligen Abend aus den Schuhen fressen läßt (Böhmen). Erbsen sind die fruchtbringende Speise Donars, des Ehe- und Flurgottes, der heilige Abend ist die heilige Zeit, gegen Zauber und Behexung gefeit. – Ebenso ist der Weiberstrumpf ein Symbol der Fruchtbarkeit. Beim ersten Viehaustreiben soll man eine Holzaxt mit einem roten (der Farbe Donars, des Gewitter- und Blitzfeuergottes) Weiberstrumpfe überziehen, sie auf die Schwelle der Stalltüre legen, damit jedes Stück Hornvieh darüber schreitet. – Natürlich ist der Schuh als Symbol des Geschlechtlichen zugleich eine kräftige Abwehr gegen Hexenspuk und Verzauberung: man wechselt die Schuhe, wenn man gegen Hexen und Gespenster geschützt sein will. Der Schuh, gegen den feurigen Mann geworfen, schützt gegen diesen. Sieht man irgendwo Geld oder Schätze brennen, so muß man einen Schuh darauf werfen, dann kann man sie bei Tage heben. Möglich, daß der Schuh hier auch ein Sinnbild der Herrschaft und der Besitzergreifung bedeutet, siehe weiter unten. –

Als Behälter der Fruchtbarkeit und des Segens dient der Schuh (Strumpf) wie die Tasche (ebenfalls = vulva) in manchen Volksgebräuchen, z. B. wenn die Braut zur Kirche geht. Die Braut steckt sich vor dem Kirchgang Geld in den Schuh oder Strumpf, so wird sie nie Mangel leiden (Sachsen, Böhmen, Ostpr., Vogtland, Baden); oder Flachs (Thüringen); oder Getreide (Brandenburg); oder heimlich Salz und Brot, so wird sie Segen haben (Waldenb.). Deutlich als Geschlechtsteil, der fruchtbar bzw. unfruchtbar gemacht wird, dient der Schuh: die Braut steckt sich Mohn in die Schuhe, so bekommt sie keine Kinder (Böhmen). Der Mohn gilt als Abtreibemittel. Die Braut legt sich Raute (Artemisia, Beifuß) in die Schuhe, um Glück, Gesundheit, Fruchtbarkeit in der Ehe zu haben (Waldenburg). Die Raute war nämlich ein hochberühmtes und wichtiges Zauberkraut an dem Fruchtbarkeitsfeste des Sonnenwendtages (24. Juni, Johanni). Die Raute (Artemisia abrotanum) heißt daher Schuhwurz im Mittelhochdeutschen. Aus Sonnenwendfuß, Sunnibendfuß wird »Siebenter Fuß« und Sunnwendschuh wird »Siebenter Schuh!« –

Der alte Schuh dient mit deutlicher Anspielung auf die

vulva (vgl. »Latsch«) als Symbol des ehelichen Glücks, der ehelichen Fruchtbarkeit (die vielbenutzte vulva). Jung getraute Eheleute werden in England beim Heraustreten aus der Kirche mit alten Schuhen beworfen, und selbst Mitglieder des königlichen Hauses unterwerfen sich willig dieser Sitte. Manchmal wird auch ein alter Schuh an den Koffer der Braut (nur der Braut!) befestigt. – Auch in Deutschland pflegt man Schuhe nach den Neuvermählten zu werfen; ferner bei den Czechen. – Der alte Schuh wird dann überhaupt zum Symbol des Glücks: Sollte einer in wichtigen Geschäften Glück haben, so warf man beim Verlassen des Hauses alte Schuhe hinter ihm her. Das geschah auch bei Dienstboten, wenn sie sich auf die Suche nach einer Stelle begaben.

Der Brautschuh (Jungfernschuh) ist das Symbol der jungfräulichen vulva. Den Brautschuh ausziehen ist eine sinnbildliche Handlung wie den Brautkranz durchreißen oder den Brautgürtel lösen, alles sind Symbole für »Deflorieren«. Bei den Hochzeiten in der Gegend von Darmstadt sitzt die junge Frau zunächst am Tische der jungen unverheirateten Frauen. Die verheirateten Frauen versuchen ihr den Kranz abzureißen und den Schuh auszuziehen. Gelingt das, so muß sie unter den Verheirateten Platz nehmen, gelingt es nicht, so müssen die Verheirateten sie mit Wein von den Ledigen loskaufen. Es geht bei dem Schuhausziehen oft sehr heftig und mutwillig her. Der Brauch zeigt deutlich, daß der Schuh ein Symbol der Jungfräulichkeit ist. Sie wird der Braut durch den Ehestand ausgezogen. – Ein anderer Brauch mit dem Brautschuh herrscht in Axin bei Brettin; während des Hochzeitsschmauses sucht einer der Junggesellen der Braut den Schuh auszuziehen. Ist es geglückt, füllt er ihn mit Wein und hält eine Ansprache. Darauf trinken die Junggesellen alle der Reihe nach aus dem Schuh, der wird zum Schluß verauktioniert. Den Erlös bekommen die Armen. Es handelt sich offenbar um ein Preistrinken auf die verlorene (oder zu verlierende) Jungfernschaft. –

Auch die Vorstellung: einem Mädchen das Strumpfband lösen hat eine sexuelle Nebenbedeutung ähnlich wie den Schuh ausziehen oder den Gürtel lösen. Wenn einem Mädchen sich das Strumpfband löst, denkt ihr Schatz an sie, ebenso, wenn sich das Schürzenband löst (Schürze = vulva); allgemein in Deutschland bekannt. Der Bräutigam ist es natürlich, der zauberisch das Strumpfband löst, da er brennende Liebesgedanken zu dem Mädchen hat.

Ich will hier beiläufig das schweizerische Gesellschaftsspiel des Schuhschlüpfens (Schüeli-Schläuffe) erwähnen; es hat einen durchaus erotischen Charakter. Abwechselnd hocken Burschen und Mädchen im Kreise auf dem Boden herum mit gebogenen Knieen, sodaß ein Schuh oder Pantoffel leicht unter die Kniee hindurchgeschoben werden kann. Der Schuh wird beständig weiter gegeben, während einer außerhalb der Kreises trachten muß, den Schuh in dem Moment zu erhaschen, wo er zwischen zwei Spielern sichtbar wird. Man foppt den Haschenden, indem man den Schuh ihm zeigt und spricht: »Der Schuh muß geflickt und besohlt werden« und dann rasch weiter gibt. Wenn er ihn hascht, muß die Person, bei der der Schuh gehascht wird, die Suchende werden. –

In den Schuh ist das Wesen, die Lebenswärme des Mädchens eingezogen. Er ist ein Teil des Mädchens selbst geworden. So erklärt sich der Liebeszauber: ein Liebender entwendet dem geliebten Mädchen einen Schuh, trägt ihn selber acht Tage, vermischt ihn also mit seinem Wesen und gibt ihn ihr zurück (Hessen). Ihr Wesen ist also mit dem seinen vermischt, so muß sie ihm zu eigen werden. Auf ebenderselben Vorstellung beruht es, daß man die ersten Schuhe, die eine junge Ehefrau abgerissen hat, nicht verschenken darf. Sie müssen weggeworfen werden, sonst wird die Ehe unglücklich (Erzgebirge). Das Lebensod der jungen Frau steckt in diesen ersten Schuhen am kräftigsten, es würde in fremden Händen verhext werden können. In dem Schuh verbirgt sich das Leben, die Natur des Mädchens selbst, darauf gründet sich die uralte Volksanschauung: wenn man den Schuh (oder auch das Hemd) gewissen dämonischen weiblichen Wesen z.B. den wilden Frauen stiehlt, so müssen sie selber kommen, um das Gestohlene zu holen. –

Die erotische Bedeutung des Schuhes zeigt sich auch in den Liebesorakeln, die mit ihm angestellt werden; und zwar ist es stets das Mädchen, die ihren Schuh dazu benutzt, sodaß ähnlich wie das Hemd auch der Schuh gewissermaßen Stellvertreter von ihr selbst, von ihrem Leibe ist. Andreas und Thomas sind Patrone der Liebenden. In den ihnen geweihten Tagen (bzw. Nächten) werden jene Liebesorakel abgehalten. Das oberpfälzische Bauernmädchen schleudert in diesen Zeiten ungesehen ihren Schuh über den Peuntbaum und horcht, aus welcher Gegend her wiederholtes Hundegebell herüberschallt, ebendaher wird einst der Werber kommen.

Hunderl, ball, ball,
ball übers Land,
ball über neunmal,
Wan mein feins Lieb wahnd.

In der Christ- und Thomasnacht werfen die jungen Leute ihren Schuh dreimal auf einen Birn- oder Apfelbaum, wenn er das dritte Mal liegen bleibt, wird aus der Liebschaft eine Ehe (Pfalz). Der Schuh erscheint auch als erotisches Zaubermittel, den Gang des Bräutigams zu dem Mädchen zu leiten und zu zwingen: am Andreasabend werfen die Mädchen, mit dem Rücken nach der Tür gekehrt, den linken Pantoffel rückwärts über den Kopf, liegt er mit der Spitze nach der Stube zu, kommt in demselben Jahr ein Bräutigam (Schlesien, Ostpreußen). Der Schuh zeigt also in die Stube hinein, der Künftige tritt also gewissermaßen auf ihm in die Stube ein. In Mecklenburg und in dem Vogtland versucht man das Orakel am Sylvesterabend, in Tirol und Bayern am Thomasabend. Diese zauberhafte Kraft des Schuhes zeigt sich auch in folgenden Bräuchen: wenn man in den Wirbelwind oder Hagel den linken Schuh hineinwirft, dann muß auch die im Wirbelwind tanzende Hexe erscheinen (Schweiz). Oder steckt sich das Mädchen Brunnenkraut in die Schuhe, so muß ihr der künftige Bräutigam begegnen (Waldenburg). – Noch andere Aufschlüsse erteilt das Schuhorakel: welches Mädchen den Schuh nach einwärts schief eintritt, wird reich, nach auswärts arm (Bayern); ein Aberglaube, der grade umgekehrt in Amerika herrscht: die Amerikanerin, die ihre Schuhe besonders an der Seite austritt, wird die Braut eines reichen Mannes, die hingegen, welche beim Gehen die Kappen aneinander reibt, erhält einen Taugenichts.

Worn at the side
A rich man's bride,
Worn at the wamp
You're sure to get a scamp.

Im ersten Falle könnte die Ideenverbindung vorwalten, daß nach auswärts Geld, Gut, Glück entfliehen.

Mit dem sexuellen Symbol des Schuhes hängt es zusammen, daß dieser das Sinnbild des Lebensglückes überhaupt, der Gesundheit, der Lebensmacht ist. Im Schuh konzentriert sich die Lebensmacht: Duft, Schweiß, Wärme des Körpers hat er viel mehr als ein anderes Kleidungsstück eingesogen, er hat die Seelenwärme, die Lebenskraft des Menschen in sich. Zudem verbindet er ja den Menschen mit der allmächtigen Erde. Obendrein heißt es: ist der Mensch am Fuße gesund, ist er überhaupt gesund. Daher macht der Aberglaube es vom Schuh abhängig, daß man stets gut zu Fuße ist, daß man sogar gesund ist bzw. wird. So läßt man krankes Vieh aus Schuhen

Die Liebe ist ein Spiel mit Hand und Fuß: Man reicht den kleinen Finger und bekommt nichts als Druck zu spüren

fressen, daß es gesund wird, kranken Hühnern (Böhmen), kranken Kälbern gibt man Salz und Wasser aus Schuhen zu trinken (Oldenburg). – Damit die Braut stets gut zu Fuße ist, zieht der Bräutigam am Hochzeitstage ihr die Schuhe an, auch die Strümpfe: soll es eine glückliche Ehe geben, so muß sich die Braut die Strümpfe vom Bräutigam anziehen lassen (Schweiz). Ebenfalls muß sich die Braut die Strümpfe vom Bräutigam ausziehen lassen, so bekommt sie nie böse Füße (Schweiz). – Die eigene Lebenskraft im Schuh hilft sogar gegen fremden Liebeszauber: man zieht ein paar neue Schuhe über nackte Füße, läuft damit eine Meile des Weges, daß die Füße wohl schwitzen. Dann zieht man den rechten Schuh aus und trinkt daraus Wein oder Bier, so wird man die Person los, die einem Liebe auf geheime Art eingeflößt hat. – Dieses Lebensod hilft auch gegen das Fieber im Verein mit Sympathie: der Fieberkranke legt einen Zettel mit dem Namen des Fiebers in die Schuhe; wenn er zerfetzt ist, geht das Fieber davon (Oldenburg). – Auch der Strumpf hilft gegen Krankheiten: gegen Gicht schützt man sich, wenn man stets den rechten Strumpf zuerst anzieht (Oldenburg). Dagegen bekommt man Fußreißen, wenn man die Strümpfe über Nacht auf dem Tische liegen läßt (Böhmen). – Von der magischen Kraft der Schuhe berichtet auch ein Märchen »Die gelben Pantoffeln«. Eine ägyptische Zauberin schenkt einer Frau magische Pantoffeln. Zieht sie die an, sind alle Kräfte des Körpers und der Seele an diese Schuhe gebannt, der sichtbare Körper sinkt entseelt hin, der unsichtbare schreitet in diesen Schuhen einher. So kann in der Tat die Frau ihren heimkehrenden Gatten unsichtbar aus Mörderhand erretten, und er erlöst seine wie tot daliegende Gattin durch seine treue Liebe, indem er selber die magischen Schuhe an die scheinbare Tote anfügt und sie so zum Leben wieder erweckt. –

Aber der Schuh dient auch noch anderer Symbolik, nicht

bloß der sexuellen. Zunächst ist er wie der nackte Fuß bzw. die Fußsohle das Symbol des Gehens, Schreitens, Wegschreitens. Er verkündet, wohin man schreitet oder wie (gut oder schlecht) man schreitet. Männer wie Frauen benutzen den Schuh zu solcherlei Prophezeiungen. Am Sylvesterabend schleudert das Mädchen seinen Schuh, weist die Spitze zur Tür, verläßt das Mädchen im neuen Jahr das Haus, weist die Spitze nach innen, bleibt sie im Hause (Ostpr., Südd., Vogtl., Sachsen). Die Richtung der Schuhspitze bezeichnet auch die Gegend, nach welcher man im neuen Jahre kommen wird oder daß man sterben muß, wenn der Schuh z.B. nach dem Kirchhof zeigt (Vogtland). Man zieht den Schuh über Nacht an und schleudert ihn beim Erwachen mit dem Fuß über den Kopf, so zeigt er die Richtung an, in die man kommen wird (Ostpr.). Dasselbe liegt dem Orakel in der Brautnacht zu Grunde: der junge Ehemann wirft seinen Schuh, fällt die Spitze nach der Wand (Türe?) zu, so stirbt zuerst der Mann, fällt sie nach dem Bette zu, die Frau (Krain). In der Sylvester- oder Thomasnacht stecken die Mädchen einen Besen in die Erde oder in den Schnee und stellen ihre Schuhe rings herum; am andern Morgen finden sie diese meist verschoben, die Richtung auf den Kirchhof zeigt den Tod an (Oestr.). – Es müssen auch die Spitzen des Schuhs in das Zimmer hineinweisen und so unter dem Bette nachts stehen; wenn sie nach außen weisen, wird der Mann untreu, d.h. er lenkt seine Schritte nach außen, verbringt die Nächte außerhalb des Ehebettes, des Hauses. Ja, sogar den Schlaf bändigt und zwingt man zu sich, wenn man die Spitze der Schuhe gegen das Bett zu stellt (Brandenburg, Schlesien). – Will man etwas vergessen, so werfe man, wenn man wieder daran denkt, den Pantoffel rückwärts über den Kopf (Oldenburg), das bedeutet also: das Gedachte schreitet mit dem Pantoffel über einen zurück, fort.

In den Schuhen geht, schreitet, wandert man. Ein glücklicher Gang hängt von ihnen ab. Man darf in ihnen nicht straucheln, fallen, sich Schaden tun, nicht irre gehn, man muß in ihnen stets den rechten Weg finden, zum Ziele kommen, etwas erreichen. Beim ersten Kirchgang muß die junge Mutter neue Schuhe anziehen, so tut ihr Kind nie einen gefährlichen Fall (Wetterau). – Man soll sich die Schuhe am Christabend putzen, so ist man stets gegen Schlangenbiß gefeit (Neumark). – Neue Schuhe darf man nicht auf den Tisch stellen, sonst fällt man in ihnen. Der Tisch ist kein Platz für die Schuhe, sie haben auf dem Erdboden ihre sichere Heimat. Stehen daher die Schuhe auf einem Tisch, muß man sie erst auf die Erde setzen, ehe man sie anzieht, sonst hat man Unglück (Oldenb.). – Zweierlei Schuhe anziehen hilft gegen Behexung (Hessen). Wenn man über Irrkraut gegangen ist, muß man die Schuhe wechseln, um den Zauber zu vernichten. Oder hat man sich im Walde verirrt, muß man die Schuhe wechseln (Thüringen, Schweiz). – Schuh und Strumpf sind, wie wir schon öfter sahen, vielfach identisch. So schützen auch zweierlei Strümpfe gegen Behexung. In Wales hilft man sich dagegen auch so: man dreht den einen Strumpf um und trägt ihn am linken Fuß. Der linke Strumpf in die Wiege des Kindes getan schützt dieses gegen Hexerei (vielleicht, weil der Strumpf ein sexuelles Symbol ist, siehe oben). Der rechte Schuh hat die stärkere Kraft: wer den rechten Schuh zuerst anzieht und dann auf den Markt geht, wird seine Ware gut verkaufen (Schwaben). Im Süden der Vereinigten Staaten muß man erst beide Schuhe anziehen und sie dann erst zuschnüren, schnürt man den linken gleich zu, wird man den ganzen Tag schlecht gelaunt sein. – Man legt auch Zaubermittel in den Schuh, um den eigenen wie fremden Gang gut zu lenken. Solche sind vierblättriger Klee, Johanniskraut, Erbsen. Liebende stecken sich vierblättrigen Klee einander in die Schuhe, so bleiben sie treu (Ostpr., Oberpfalz). Der Liebende steckt einem Mädchen vierblättrigen Klee in den Schuh, so muß es ihm nachlaufen. Die Mädchen stecken sich rohe Erbsen in die Schuhe, so locken sie viele Tänzer an. Die Erbsen sind glück- und liebebringende Früchte, sie sind dem Donar, dem Ehegott, heilig. Man streut sich Johanniskraut in die Schuhe, um nicht müde zu werden (Tirol). Die Mädchen stecken sich Brunnenkraut in die Schuhe, so lenken die Schuhe ihre Schritte dahin, wo sie dem künftigen Bräutigam begegnen (Waldenb.). – Besonders große Schuhe gewähren einen breiten d. h. sicheren Gang. Schon im germanischen Mythos spielt der große Schuh eine bedeutsame Rolle: Widar wird den Fenriswolf besiegen, den Fuß, an dem er den großen Schuh hat, wird er in den Unterkiefer setzen, mit der Hand aber wird er den Oberkiefer ergreifen und so den Rachen des Untiers entzwei reißen. – Man vergleicht die großen Schuhe mit Booten und Kähnen; die Vorstellung ist, daß man mit ihnen wie auf dem Wasser dahin fährt. Hier nennen wir solche Schuhe »Elbkähne«, »Saalekähne«, in Amerika »canal-boats«, »barges« (Barken).

Der Schuh (Sandale, Pantoffel usw.) wird wie der Fuß zum Symbol der Macht und daraus gefolgert, des Rechts, des Besitzes. Worauf man den Fuß, Schuh setzt, das erklärt man als sich unterworfen, als sein Eigentum wie das, woran man die Hand hält, das man anfaßt, berührt. – Schon bei den alten Ägyptern ist die Sandale das Symbol der Macht, der Herrschaft. In ägyptischen Texten kehrt häufig die Wendung wieder »Deine Feinde seien unter deinen Sandalen«. Als Symbole der Herrschaft legte man auch Sandalenpaare in den Gräbern nieder. – Den Hebräern war dieselbe Vorstellung geläufig (V. Mose 25, 7-10): Weigert sich der Bruder das Weib seines verstorbenen Bruders zu ehelichen, so soll seine Schwägerin vor den Ältesten ihm seine Schuhe ausziehen, ihn anspeien und sprechen: Also soll man tun einem jeden Mann, der seines Bruders Haus nicht erbauen will. Und sein Name soll in Israel heißen des Barfüßers Haus. – Der Schuh wird ihm ausgezogen zum Zeichen, daß dem sich Weigernden das Recht auf das Eigentum des Bruders genommen ist, durch das Anspeien wird der Schimpf, den er seiner Schwägerin und der ganzen Familie angetan hat, auf ihn selbst zurück geworfen. Deutlich ist auf die Sitte, durch den Schuh Besitz zu ergreifen, in Ruth IV, 7 hingewiesen: »Es war von Alters her eine Sitte in Israel, wenn einer ein Gut nicht beerben noch erkaufen wollte, so zog er seinen Schuh aus und gab ihn dem andern«. – Auch den Griechen war das Herrschaftssymbol des Schuhes bekannt. Plutarch ermahnt die Griechen, sie sollten nie vergessen, daß die Stiefel des römischen Magistrates über ihrem Haupte schwebten. –

In Liebes- und Ehesachen ist die Sandale von altersher Symbol der Herrschaft des Weibes über den Mann. Die Lyderin Omphale führt die Sandale als Zeichen ihrer Macht über Herakles. Lucian (Göttergespräche 13) läßt die Königin mit der goldenen Sandale den wollekrempelnden Heroen schlagen. Ebenso erwähnt Terenz (Eunuch V, 8) das Sandalenmotiv. Auch standen neben Tanaquils Bild im Sancustempel ein Paar Sandalen als Symbol der weiblichen Herrschaft. Die Statue der Venus mit dem aufgehobenen Schuh bezieht sich auf dasselbe Motiv. Im japygischen Tempel der Herrscherin Athene stand ein Sandalenpaar, das Menelaos als das der Helena daselbst geweiht haben sollte. Diese Göttin ist offenbar orientalisch hetärisch aufgefaßt, die Sandale bezeichnet die Obherrschaft über den Mann (= Herakles). Übrigens standen die Sandalen gesondert, ihren symbolischen Charakter betonend, neben dem Bilde. – Der Schuh (Pantoffel) ist auch bei den modernen Völkern das Machtsymbol der Frau über den Mann. Eine sprichwörtliche Redewendung bei germanischen Völkern ist: Die Frau hat ihren Mann unter dem Pantoffel. Sie setzt gewissermaßen ihren Fuß auf ihn wie auf einen Sklaven. Es ist ein uralter Brauch in Deutschland: die Frau setzt bei der Trauung den linken Fuß auf den rechten des Mannes, wenn sie in der Ehe die Oberhand erlangen will. Dem kommt der Mann zuvor, der seinen Fuß auf den der Braut setzt, um seine Herrschaft über die Braut zu erkennen zu geben. So schon im XIII. Jhd. in der Erzählung vom Meier Helmbrecht (V. 1554): uf den vuoz er ir trat. Luther legte bei der Hochzeit der Tochter von Hans Lufft dem Bräutigam einen Schuh, den er diesem abgezogen hatte, auf das Himmelbett. Auch ermahnt Luther die Männer, ihre Schuhe stets an das obere Ende des (gemeinsamen) Bettes als Zeichen ihrer Autorität zu stellen. In Altbayern suchen die Brautleute noch vor dem Altare gleich nach der Trauung auf den Schuh oder auch auf das Kleid des anderen zu treten, in dem Glauben, daß der zuerst getretene Teil während der Ehe unter der Herrschaft des anderen stehen werde. Es findet zuweilen ein förmlicher Wettkampf statt. Genau derselbe Brauch wird von den Zigeunerinnen in Siebenbürgen befolgt. Dagegen ist bei den Hochzeiten in Slavonien folgende Sitte im Schwung: Die Brautleute gehen mit den Hochzeitsgästen in die Brautkammer. Die Braut entkleidet zuerst den Bräutigam bis aufs Hemd. Sobald sie ihm die Stiefel oder Schuhe ausgezogen hat, gibt sie ihm mit dem Stiefel einen Streich auf den Kopf zum Zeichen, daß sie die Herrin im Hause sein wird. Dann wird sie vom Bräutigam entkleidet. Andere deuten den slavischen Brauch so: die Braut wolle dem Mann ein für alle Mal abgewöhnen, daß er sich von ihr die Schuhe ausziehen lasse. Bei den moslemitischen Slaven muß die Frau dem Manne vor dem Schlafengehen die Schuhe ausziehen und morgens wieder anziehen. – Auch daß der Bräutigam vor der Braut niederkniet und ihr den Pantoffel anzieht, wird als Symbol ihrer einstigen Herrschaft gedeutet. Im Ansbachschen glaubte man, wenn sich die Braut vom Bräutigam den linken Schuh anschnallen ließ, werde sie im Hause herrschen. Andrerseits war es altdeutsche Sitte bei Verlöbnissen, daß der Bräutigam der Braut die Schuhe darreicht und diese durch Anziehen der Schuhe sich ihm als unterworfen betrachtete (Grimm, Rechtsaltertümer). Im Rothariliede läßt König Rothar zwei silberne und zwei goldene Schuhe für die Braut schmieden. Er zieht unerkannt die Schuhe der Geliebten an. Das war hier das Sinnbild, daß Rothari die Braut als sein Eigentum beanspruchte, der Vater der Braut wollte ja von dem Verlöbnis nichts wissen. Der Schuh war, wie wir sahen, das Zeichen, daß das Mädchen als Braut und Frau anerkannt wurde. Der Mann schenkte dem Mädchen den Schuh, d. h. er machte es zu seiner Gattin.

Der Schuh hat wie der Fuß, die Fußspur zuletzt auch eine funerale Bedeutung. Der Sterbende schreitet gewissermaßen von dannen. Von seinem Fortgange künden einzig und allein die letzten Fußspuren. Diese düstere Symbolik eingemeißelter Fußtritte findet sich vielleicht schon in spätrömischen Denkmalen, sicher in der altchristlichen Kunst: die Fußtapfen sind die Sinnbilder des Weggangs aus dieser und des Übergangs in die bessere Welt, Sinnbilder der glücklich beendeten Lebensreise, daheim zu sein bei dem Herrn (2. Corinth. 5. 8). Ebenso lehrte die Kirche, der Totenschuh versinnbildliche, daß der Verstorbene nun zum Herrn verreise; und man müßte selbst, um jenem darin beizustehen, ein paar Eisenschuhe verlaufen. – Nach altem germanischen Volksglauben mußte der Tote nach Walhall wandern, deswegen gab man ihm den Helschuh oder Totenschuh mit. Altnordische Sitte war es, daß der Nächstverwandte in den Leichenhügel hineinging, ehe er geschlossen wurde, und dem Toten den Helschuh festband. In Alemannengräbern am württembergischen Lupfen, O. A. Tuttlingen, fand sich außer den Sandalenriemen bei manchen Leichen auf jeder Seite je ein Holzschuh, in Form eines Leistens mit gebogener Spitze, der zum Teil kunstreich mit Zieraten geschnitzt war. Es sind Modelle, welche die schwierige Wanderung auf den steinigten und dornigten Totenwegen versinnbildlichen (Weinhold, Altnord. Leben). Im Hennebergischen wird das Leichenmal »Totenschuh« genannt. Ursprünglich hängt dieser Name mit der letzten Ehre zusammen, die man dem Toten widerfahren ließ, nämlich daß man ihm ein paar neue Schuhe mitgab. In manchen Gegenden ist es noch heute üblich, der Leiche neue oder doch die besten ihrer Schuhe oder Stiefel anzuziehen, damit sie auf ihrer weiten Wanderung zum Jenseits gut marschieren könne. Wer der Leiche keine Schuhe mitgibt, muß sie ihr noch zehnfach erstatten. Wer ihr schlechte mitgibt, bei dem läßt sie sich schlürfend hören mit einem auf weitem Wege niedergetretenen, nachschlappenden Schuh. In Stöbers elsässischen Sagen wird erzählt: in Ingersheim stirbt eine Wöchnerin, der hatte man keine Schuhe mitgegeben. Da klopfte sie gleich in der ersten Nacht ans Fenster und sagte: »Warum habt ihr mir keine Schuhe mitgegeben? Ich muß durch Disteln und Dornen und spitze Steine!« – In Masuren heißt es: der Leiche müssen Schuhe oder Stiefel angezogen werden, sonst kommt sie zu spät zum jüngsten Gericht. – Den Toten zieht man in vielen Teilen Englands und Nordamerikas vor der Beerdigung dauerhafte Schuhe an, »dead men's shoes«. Wenn in Schottland die Leiche eines Landstreichers mit zerrissenen Schuhen gefunden wird, zieht ihr eine mitleidige Seele ein Paar neue an, da sie eine lange Reise ins Jenseits zu wandern hat. Scott gibt eine Mitteilung aus der Zeit der Königin Elisabeth in den Anmerkungen zum Minstreley of the Scottish Barder: »Wenn jemand stirbt, so singen die Frauen an seiner Leiche, sie beschreiben die lange Reise, die er zu machen hat. Sie glauben, es sei gut, wenn jeder in seinem Leben einmal einem armen Mann ein Paar neue Schuhe schenkte, denn jeder müsse nach seinem Tode eine Reise durch ein mit Dornen bewachsenes Land barfuß machen. Hat er nun bei Lebzeiten einem armen Mann ein Paar dauerhafte Schuhe verehrt, so begrüßt ihn jener beim Antritt der Reise und gibt sie ihm zurück. Deshalb soll man niemals seinem Diener alte Schuhe geben«. – Das führt uns auf ähnliche Vorstellungen bei anderen Völkern. Vorstellungen, die einen ethischen Kern enthalten. In der alten christlichen Ethik sind die besten Schuhe für das Jenseits die guten Werke, die der Mensch auf Erden während seines Lebens vollbracht hat; so in Gregors M. Homiliae in Evang. I, II. – Dieselbe ethische Idee begegnet uns bei Muhamed: die Toten haben ihre guten Werke unter den Füßen und können so im jüngsten Gericht über die glühenden Eisenstangen schreiten. – Vielleicht läßt sie sich auch in dem germanischen Mythos nachweisen: zum großen Schuh Widars, mit dem er den Fenriswolf besiegt, werden alle Lederstreifen gesammelt, welche die Menschen von ihren Schuhen schneiden, wo die Zehen und Fersen sitzen. Darum soll jeder diese Streifen wegwerfen. Vielleicht sollte so eine Pflicht der Milde und Barmherzigkeit gegen die Geringen und Armen, welche diese Lederstreifen fänden, eingeschärft werden.

Auch Sterbeorakel stellt man mit dem Schuhe an. Da die Kirche in früheren Zeiten zugleich Begräbnisstätte war, so erklärt sich der Aberglaube, daß der von zwei Neuvermählten zuerst sterben muß, dessen Fußtritte am Altare nach der Trauung am meisten sichtbar werden (Thüringen, Vogtland). Auch in jenem oben erwähnten Brauch in der Hochzeitsnacht tritt die funerale Bedeutung des Schuhes zu Tage: in der Brautnacht wirft der Bräutigam seinen Schuh, fällt die Spitze nach der Wand (Tür?) zu, stirbt der Bräutigam zuerst, fällt sie nach dem Bette zu, stirbt die Braut zuerst (Krain). Ferner: wirft man in einer der Weissagenächte (Christ-, Sylvesternacht usw.) den Schuh, zeigt seine Spitze nach dem Kirchhof, so stirbt man in dem Jahre. – Man stirbt, wenn man die Schuhe in den zwölf Nächten (die den Unterirdischen geweiht waren) schmiert. Man stirbt auch als erster eines Leichengefolges, wenn man seine Stiefel frisch dazu geschmiert hat (Mecklenburg).

Textnachweise

AIGREMONT, G. Schuh-Symbolik und -Erotik, S. 264-289; aus: Fuß- und Schuh-Symbolik und -Erotik. Folkloristische und sexualwissenschaftliche Untersuchungen. Leipzig o. J. [1910], S. 45-67.

DAS ALTE TESTAMENT Die Berufung Moses, S. 25; aus: 2. Mose 3, 1-6.

ANDERSEN, HANS CHRISTIAN Die roten Schuhe, S. 149-156; aus: Sämtliche Märchen und Geschichten in zwei Bänden. Hrsg. u. eingel. v. Leopold Magon. Erster Band. © Sammlung Dieterich Verlagsgesellschaft mbH, Leipzig; 1953, 1992 (für die Übersetzung von Eva-Maria Blühm), S. 404-411.

BECKETT, SAMUEL Warten auf Godot, S. 44-47; aus: Warten auf Godot. Deutsch von Elmar Tophoven. 10. Aufl. Suhrkamp Verlag Frankfurt am Main 1970 (edition suhrkamp 3), S. 7-10.

BONAVENTURA Die vierte Nachtwache, S. 119-135; aus: August Klingemann: Nachtwachen von Bonaventura. Hrsg. u. Nachwort v. Jost Schillemeit. Insel Verlag Frankfurt am Main 1974 (insel taschenbuch 89), S. 38-60.

BUSCH, WILHELM Die fromme Helene, S.237-238; aus: Ausgewählte Werke. Hrsg. v. Gert Ueding. Reclam Verlag Stuttgart 1988, S. 206-208.

CORINO, CARL Leben abgelaufen, S. 135-136; Originalbeitrag. Abdruck mit freundlicher Genehmigung des Autors.

DEFOE, DANIEL Spuren von Menschen, S. 28-44; aus: Robinson Crusoe. Das Original des Daniel Defoe. Bearbeitet v. Otto Zimmermann. 5. Aufl. Leipzig [o. J.], S. 109-125.

FRISIUS, FRIDERICUS Ceremoniel der Schuster, S. 54-63; aus: Der vornehmste Kuenstler und Handwercker Ceremonial-Politica. Erster Theil: Schmiedt, Schneider, Tischer, Beuttler, Boettger, Drechßler, Kuerschner u. Schuster. Groschuffs Buchladen Leipzig 1707, S. 339 ff.

FUCHS, EDUARD Die Rolle des Absatzes am Schuh, S. 179-186; aus:

Illustrierte Sittengeschichte vom Mittelalter bis zur Gegenwart. Bd. 2. Albert Langen, München 1910, S. 166-173.

GLASSBRENNER, ADOLF Die Sandalen, S. 167-168; Eine Werkstatt, S. 72-96; aus: Welt im Guckkasten. Ausgewählte Werke in zwei Bänden. Band 1. Hrsg. u. mit e. Einleit. vers. v. Gert Ueding. Ullstein Verlag Berlin 1985, S. 32; S. 263-280.

GOETHE, JOHANN WOLFGANG Die Anatomie des Fußes, S. 51-54; aus: Zweiter Römischer Aufenthalt. Hamburger Ausgabe in 14 Bänden. Hrsg. v. Erich Trunz. Bd. 11. Autobiographische Schriften III. 10. Aufl. Ch. Beck München 1981, S. 528-530.

Ein Brief an Christiane Vulpius, S. 251-253; aus: Goethes Briefwechsel mit seiner Frau. Hrsg. v. Hans Gerhard Gräf. Bd. 1: 1792-1807. Insel Verlag Frankfurt am Main 1989 (insel taschenbuch 1100), S. 454-456.

Philines Pantoffeln, S. 253-260; aus: Wilhelm Meisters Lehrjahre. Hrsg. v. Erich Schmidt. Insel Verlag Frankfurt am Main 1991, S. 325-331.

GREGOR-DELLIN, MARTIN Schlabrendorfs Stiefel, S. 238-245; aus: Schlabrendorf oder Die Republik. © R. Piper & Co. Verlag München 1982, S. 61-68.

GRIMM, JACOB UND WILHELM Aschenputtel, S. 139-146; Die Wichtelmänner, S. 147-148; aus: Brüder Grimm, Kinder- und Hausmärchen, Band 1. Insel Verlag Frankfurt am Main 1989 (insel taschenbuch 829), S. 153-162; S. 240-243.

HANDKE, PETER Der Schuhputzer von Split, S. 225-227; aus: Noch einmal für Thukydides. © 1990 Residenz Verlag, Salzburg und Wien, S. 9-11.

HAUFS, ROLF Rote Stiefel, S. 238; aus: Allerweltsfieber, Gedichte. © 1990 Carl Hanser Verlag München Wien, S. 38.

HEIN, MANFRED PETER Stunk, S. 51; aus: Rhababer Rhababer. Gedichte Geschichten. © 1991 by Amman Verlag & Co. Zürich, S. 28.

HEINE, HEINRICH Ein Traum, S. 246-247; aus: Ludwig Börne. Eine Denkschrift. Werke. Bd. IV: Schriften über Deutschland. Hrsg. v. Helmut Schanze, Insel Verlag Frankfurt am Main 1968, S. 449f.

HOFMANNSTHAL, HUGO VON Cristinas Heimreise, S. 221-224; aus: Gesammelte Werke in zehn Einzelbänden. Dramen IV: Lustspiele. Hrsg. v. Bernd Schoeller, S. Fischer Verlag GmbH Frankfurt am Main 1979, S. 176-179.

KNEIPP, SEBASTIAN Das Barfußgehen, S. 25-28; aus: Das große Kneippbuch. Ein Volksbuch für Gesunde und Kranke. Von Sebastian Kneipp. Verlag Josef Kösel/Friedrich Pustet München 1928, S. 315-325.

KNÖFEL, ROBERT Was ist Alles dem Schuhmacher zu wissen nöthig?, S. 63-72; aus: Lehrbuch der Fußbekleidungskunst. Rathgeber für Schuhmacher, Schuhfabrikanten, Schuhobertheile-Fabrikanten, Lederhändler etc. 3. Aufl. Verlag der Neuen Wiener Schuhmacher-Zeitung, S. 13-25.

MILLER, ARTHUR Meine Mutter ging mit der Zeit, S. 165-167; aus: Zeitkurven. Ein Leben. © 1987 by Arthur Miller. Deutsch von Manfred Ohl und Hans Sartorius. © S. Fischer Verlag Frankfurt am Main 1987, S. 7-9.

MORGENSTERN, CHRISTIAN Die Schuhe, S. 168-169; aus: Palmström. R. Piper & Co. Verlag München 1983, S. 43 f.

PERRAULT, CHARLES Der gestiefelte Kater, S. 231-237; aus: Sämtliche Märchen. Übersetzung und Nachwort von Doris Distelmaier-Haas. Stuttgart 1986: Reclam, S. 82-89.

RAABE, WILHELM Meister Unwirrsch, S. 104-118; aus: Der Hungerpastor. Gesammelte Werke. Romane und Erzählungen. Erster Band. Nymphenburger Verlag München 1980, S. 127–136.

ROOS, PETER Schuhalter, S. 159; aus: Die wilden 40er. Porträt einer pubertären Generation. © 1992 Econ Verlag Düsseldorf, Wien, New York, Moskau, S. 157.

SEUME, JOHANN GOTTFRIED Lob des Schuhmachers, S. 135; aus: Spaziergang nach Syrakus. 5. Aufl. Bruckmann Verlag München 1979, S. 303.

SWIFT, JONATHAN Tramecksan und Slamecksan, S. 187-193; aus: Gullivers Reisen. Neu übersetzt, kommentiert und mit einem Nachwort versehen v. Hermann J. Real und Heinz J. Vienken. Stuttgart 1987: Reclam, S. 65-70.

VESPER, GUNTRAM Auf Leben und Tod, S. 193-210; aus: Nördlich der Liebe und südlich des Hasses. © 1979 Carl Hanser Verlag München Wien, S. 111-126.

VISCHER, FRIEDRICH THEODOR Wieder einmal über die Mode, S. 175-178; aus: Mode und Cynismus. Beiträge zur Kenntniß unserer Culturformen und Sittenbegriffe. Konrad Wittwer Stuttgart 1879, S. 12-14.

WAGNER, RICHARD Hans Sachs, Schuhmacher und Poet dazu, S. 96-104; aus: Richard Wagner. Alle Libretti. Harenberg Dortmund 1982, S. 426-432.

WESTPHALEN, JOSEPH VON Warum ich trotzdem Turnschuhe trage, S. 159-165; aus: Warum ich Monarchist geworden bin. Zwei Dutzend Entrüstungen. Copyright © 1985 by Haffmans Verlag AG Zürich, S. 16-18.

WILLEMER, MARIANNE VON / GOETHE, JOHANN WOLFGANG Ein Briefwechsel, S.260-264; aus: Johann Wolfgang Goethe: Briefwechsel mit Marianne und Johann Jakob Willemer. Hrsg. v. Hans-J. Weitz. Insel Verlag Frankfurt am Main 1986 (insel taschenbuch 900), S. 53-54.

WOLF, ROR Geld oder wir ziehen die Schuhe aus, S. 170-171; aus: Das nächste Spiel ist immer das schwerste. Athenäum Verlag Frankfurt am Main 1982, S. 262. Copyright © 1990 by Haffmans Verlag AG Zürich.

ZOLA, EMILE Die stiefelwichsende Madonna, S. 213-220; aus: Gesammelte Novellen in zwei Bänden. Erster Band. Übersetzt von Hans Jacob. © 1979 Carl Hanser Verlag München Wien.

Bildnachweise

Fratelli Alinari: S. 83
Bally-Schuh-Museum, Schönenwerd: S. 249
Bata Shoe Museum Foundation, Torronto: S. 157 (Stiefel, getragen von Pablo Picasso, Inv. P83-0365)
Bayerisches Nationalmuseum München: S. 137 (Damenschuhe, Österreich, um 1895), 211 (Schnürstiefel, Deutschland, Mitte 17. Jh., Foto: Marianne Stöckmann, München), 229 (Schuhe König Ottos I. von Griechenland, Foto: Marianne Stöckmann, München)
Dirk Bikkembergs: S. 234
British Film Institute/National Film Archive, London: S. 173, 180, Umschlag (Umschlaggestaltung: Hans-Jörg Brehm), 258
Salvatore Ferragamo (1898-1960). I Protagonisti della moda. Centro Di della edifimi srl, Florenz 1985: S. 49 (Foto: Locchi, Florenz 1955)
Salvatore Ferragamo, Shoemaker of Dreams. The Autobiography of Salvatore Ferragamo. Centro Di, Florenz 1985: S. 4, 56
Salvatore Ferragamo. The Art of the Shoe. 1898-1960. Rizzoli International Publishing Inc. New York 1992: S. 151 (Foto: Meldolesi)
Hulton Deutsch Collection, Copyright, London: S. 216 (Foto: K. Hutton)
Colin McDowell, Schuhe. Schönheit. Mode. Phantasie. Wilhelm Heyne Verlag, München 1989. © Colin McDowell, 1989: S. 163 (Foto: Phil Stern)
Nina Schultz: S. 280
VG Bild-Kunst, Bonn 1995: S. 23 (René Magritte, Le modèle rouge, 1935)

Inhalt

Die mit * gekennzeichneten Titel stammen vom Herausgeber

Warum der Schuh passen muß

Wie der Schuh dem Menschen Halt gibt

Wie Stöckelschuhe dem Känguruh Affenbeine machen

Was das Stiefelwichsen kosten kann

Wo ohne Fußbekleidung niemand guillotiniert wird

Was Frauenpantoffel über Männerträume verraten und umgekehrt

Anthologien
im insel taschenbuch

Alle Jahre wieder. Ein Weihnachtsbuch mit Geschichten, Liedern und Bildern. Ausgewählt von Gottfried Natalis. it 1362

Alt-Prager Geschichten. Gesammelt von Peter Demetz. Mit Illustrationen von Hugo Steiner- Prag. it 613

Alt-Wiener Geschichten. Gesammelt von Joseph Peter Strelka. Mit sechs farbigen Abbildungen. it 784

Das andere Ferienbuch. Herausgegeben von Vera Pagin und Hans-Joachim Simm. it 1174

Arm und Reich. Geschichten und Gedichte. Ausgewählt von Ralf Borchers. it 1031

Bäume. Das Insel-Buch der Bäume. Gedichte und Prosa. Ausgewählt und herausgegeben von Gottfried Honnefelder. Mit sechzehn Farbtafeln. it 1041

Briefe berühmter Frauen. Von Liselotte von der Pfalz bis Rosa Luxemburg. Herausgegeben von Claudia Schmölders. it 1505

Das Buch der Liebe. Gedichte und Lieder, ausgewählt von Elisabeth Borchers. it 82

Ermutigungen. Das Insel-Buch der Tröstungen. Gedichte und Prosa. Ausgewählt von Rainer Malkowski. it 1053

Das Ferienbuch. Literarische Souvenirs, aufgelesen von Vera Pagin und Hans-Joachim Simm. it 1082

Das Frühlingsbuch. Gedichte und Prosa. Herausgegeben von Hans Bender und Nikolaus Wolters. it 914

Geheimnisse des Wassers. Märchen und Geschichten. Gesammelt von Felix Karlinger. it 1331

Geschichten aus dem alten Prag. Sippurim-Geschichten. Ausgewählt und mit einem Nachwort versehen von Peter Demetz. it 1519

Geschichten vom Sport. Gesammelt und in Form gebracht von Bernd Goldmann und Bernhard Schwank. it 1535

Das Gespensterbuch. Herausgegeben von Johann August Apel und Friedrich Laun. Ausgewählt von Robert Stockhammer. it 1388

Glück. Erkundigungen, eingeholt von Gottfried Honnefelder. it 1459

Der Golem. Geschichten um eine Legende. Herausgegeben von Franz-Heinrich Hackel. it 1036

Das Herbstbuch. Gedichte und Prosa. Herausgegeben von Hans Bender. it 657

Das Hundebuch. Geschichten und Gedichte von Hunden und ihren Herren. Gesammelt von Gottfried Honnefelder. it 785

Ich wollt in Liedern oft Dich preisen. Gedichte an den Lebensgefährten. Herausgegeben von Cordula Gerhard. it 1552

163/1/11.93

Anthologien
im insel taschenbuch

Imaginäre Reisen. Herausgegeben von Joseph Peter Strelka. it 1306

Die Insel-Weihnachtskassette. Das Weihnachtsbuch. Das Weihnachtsbuch für Kinder. Das Weihnachtsbuch der Lieder. 3 Bde. in Kassette. it 45/156/157

Gerhard Kaiser: Augenblicke deutscher Lyrik. Von Martin Luther bis Paul Celan. it 978

Das Katzenbuch. Von Katzen und ihren Freunden. Geschichten, Gedichte, Bilder. Gesammelt von Hans Bender und Hans Georg Schwark. it 567

Liebe Mutter. Eine Sammlung von Elisabeth Borchers. it 230

Liebe und Tod in Wien. Geschichten aus einer Stadt. Herausgegeben von Jean Gyory. it 815

Lieber Vater. Eine Sammlung von Gottfried Honnefelder. it 231

Mütter berühmter Männer. Zwölf biographische Portraits. Herausgegeben von Luise F. Pusch. it 1356

Friedrich Nietzsche: ›Wie man wird, was man ist.‹ Ermutigungen zum kritischen Denken. Herausgegeben von Ursula Michels-Wenz. it 1096

Das Poesiealbum. Verse zum Auf- und Abschreiben. Mit Bildern und Vignetten. Ausgewählt und zusammengestellt von Elisabeth Borchers. it 414

Schlimme Hexengeschichten. Herausgegeben von Franz Rottensteiner. it 1380

Schwestern berühmter Männer. Zwölf biographische Porträts. Herausgegeben von Luise F. Pusch. Redaktionelle Mitarbeit: Jutta Wasels. it 796

Das Sommerbuch. Gedichte und Prosa. Herausgegeben von Hans Bender. it 847

Sommerferien. Geschichten für den Reisekoffer gepackt von Götz Silatan. it 1415

Sommerreise. Geschichten für den Urlaubskoffer. Gepackt von Götz Silatan. it 1506

Die Spinne. Ein Lesebuch mit schaurigen und schönen Geschichten. Mit Überlegungen zur Spinnenfurcht. Herausgegeben von Hanne Kulessa. it 1338

Über die Liebe. Gedichte und Interpretationen aus der ›Frankfurter Anthologie‹. Herausgegeben von Marcel Reich-Ranicki. it 794

Valentinstag. Ein Liebesgruß zum 14. Februar. Geschichten, Gedichte und Bilder. Herausgegeben von Klaus Thiele-Dohrmann. it 1381

Der versiegelte Engel. Erzählungen zu Ikonen. Mit farbigen Abbildungen. Ausgewählt und mit einem Nachwort versehen von Angela Martini-Wonde. it 1132

163/2/11.93

Anthologien
im insel taschenbuch

Vom Abschied. Eine Gedichtsammlung. Herausgegeben von Margot Litten. Originalausgabe. it 694

Vom mönchischen Leben. Geschichte einer Sehnsucht. Herausgegeben von Johannes Werner. it 1473

Vom Tod. Ein Lesebuch für jedermann. Herausgegeben von Werner Koch. it 1037

Warum in die Ferne? Das Lesebuch vom Daheimbleiben. Eingerichtet von Hans Christian Kosler. it 1332

Weihnachten. Erzählungen aus alter und neuer Zeit. Ausgewählt von Gottfried Natalis. Mit zahlreichen Abbildungen und Initialen. it 946

Das Weihnachtsbuch. Mit alten und neuen Geschichten, Gedichten und Liedern. Ausgewählt von Elisabeth Borchers. it 46

Das Weihnachtsbuch der Lieder. Mit alten und neuen Liedern zum Singen und Spielen. Ausgewählt von Gottfried Natalis. Mit einem Nachwort von Ernst Klusen. it 157

Wien im Gedicht. Herausgegeben von Gerhard C. Krischker. it 1488

Das Wiener Kaffeehaus. Herausgegeben von Kurt J. Heering. Mit zahlreichen Abbildungen. it 1318

Das Winterbuch. Gedichte und Prosa. Herausgegeben von Hans Bender und Hans Georg Schwark. it 728

Wundersame Geschichten von Engeln. Gesammelt von Felix Karlinger. it 1226

163/3/11.93

Kulturgeschichte
im insel taschenbuch

Ernst Batta: Römische Paläste und Villen. Annäherung an eine Stadt. Mit zahlreichen Abbildungen. it 1324

Jean Anthèlme Brillat- Savarin: Physiologie des Geschmacks oder Betrachtungen über das höhere Tafelvergnügen. Ausgewählt, übersetzt und eingeleitet von Emil Ludwig. Mit Holzschnitten der Ausgabe von 1864. it 423

Reiseführer zu den Sieben Weltwundern. Philon von Byzanz und andere antike Texte. Zweisprachige Ausgabe von Kai Brodersen. Mit zahlreichen Abbildungen. it 1392

Goethes Feste. Festliche Texte. Ausgewählt und mit einem Nachwort versehen von Uwe Hebekus. Mit zahlreichen Abbildungen. it 1325

Victor Hehn: Olive, Wein und Feige. Kulturhistorische Skizzen. Herausgegeben von Klaus von See unter Mitwirkung von Gabriele Seidel-Leimbach. Mit farbigen Abbildungen. it 1427

Freia Hoffmann: Instrument und Körper. Die musizierende Frau in der bürgerlichen Kultur. it 1274

Adolph von Knigge: Über den Umgang mit Menschen. Herausgegeben von Gert Ueding mit Illustrationen von Chodowiecki und anderen. it 273

Salzburg. Ein Städte-Lesebuch. Herausgegeben von Adolf Haslinger. Mit zahlreichen Abbildungen. it 1326

Michael Schroeder: Kleine Wappenkunst. Mit farbigen Abbildungen. it 1281

Was wir gespielt haben. Erinnerungen an die Kinderzeit. Herausgegeben von Ingeborg Weber-Kellermann und Regine Falkenberg. Mit zahlreichen Abbildungen. it 1371

Wiener Adressen. Ein kulturhistorischer Wegweiser von Dietmar Grieser. it 1203

Das Wiener Kaffeehaus. Herausgegeben von Kurt J. Heering. Mit zahlreichen Abbildungen. it 1318

166/1/11.93